D1490971

ANTOLOGÍA DE LA POESÍA DEL ROMANTICISMO HISPANOAMERICANO (1820 - 1890)

COLECCION TEXTOS

EDICIONES UNIVERSAL, Miami, Florida, 1993

CATHARINA V. DE VALLEJO

ANTOLOGÍA DE LA POESÍA DEL ROMANTICISMO HISPANOAMERICANO (1820 - 1890)

EDICIONES UNIVERSAL

*Este libro es
para Aubrey*

ÍNDICE GENERAL

EXPLICACIÓN

Los poemas del romanticismo hispanoamericano se encuentran a menudo recopilados en esparcidos volúmenes, situación que puede producir en el lector interesado la impresión de que el romanticismo poético fue un fenómeno fugaz y aislado en Hispanoamérica; la realidad ha sido muy otra. Los practicantes del movimiento estaban muy conscientes de las actividades de sus contemporáneos y tuvieron un contacto cercano entre sí. En México, Heredia comenta la poesía de Fernando Calderón; en Colombia, jóvenes entusiastas como Jorge Isaacs y Rafael Pombo forman un grupo llamado 'El Mosaico', para leerse sus composiciones; así también en el Uruguay se reúnen los 'proscritos argentinos' Echeverría, Sarmiento, y Juan María Gutiérrez, algunos de los cuales habían organizado el 'Salón Literario'; en México, Ignacio Manuel Altamirano y Manuel Acuña asisten a 'Veladas literarias' y aquél hace crítica literaria de poetas mexicanos de su época; en el Perú existe una entusiasta 'bohemia' romántica. Asimismo, muchos poetas dedican obras a otros escritores coetáneos. Existen, pues, múltiples formas de contacto –personal, epistolar, poético, crítico– entre esas almas consentimentales. En efecto, puede decirse que la comunicación entre las naciones en el área del contacto cultural se efectuaba mayormente por medio de los practicantes de la literatura, en una búsqueda consciente de solidaridad intelectual.

Al reunir selecciones de las obras de estos escritores, el presente trabajo espera exponer el romanticismo poético de Hispanoamérica como la experiencia vital de una época extensa y de gran importancia cultural. Para tal fin, se ha intentado rastrear la cohesión interna manifiesta en las comunes preocupaciones de los poetas conocidos como los 'románticos hispanoamericanos'. Dicha cohesión facilita la comparación y el estudio de ciertas venas temáticas y corrientes nacionales; por ejemplo, el patriotismo, la descripción de la naturaleza, la poesía de amor, el motivo de 'la cautiva' –motivo que permite asimismo una vislumbre de las posiciones tomadas frente a la cuestión indígena–, todas preocupaciones predilectos del romántico. Se espera, así, que el lenguaje de los textos mismos definan –mejor que cualquier expresión metatextual– lo que era el 'romanticismo hispanoamericano.'

En los volúmenes antológicos –y no menos en este caso– es siempre problemática la selección de obras –y autores– a incluir. Las fechas límites del período abarcado son, obviamente, arbitrarias; no existen tales límites de forma tan absoluta. Aparecen más bien como indicio de que en esos años existía ya, o todavía, poesía que puede considerarse 'romántica'. En su mayoría los poemas aquí elegidos son obra de escritores conocidos como poetas (Heredia, Zorrilla, Gómez de Avellaneda), pero asimismo se han incluido poemas de autores conocidos más bien por otros géneros (Isaacs, Altamirano, Mármol –novelistas–, y Ricardo Palma –autor de 'tradiciones'). En realidad, casi todos estos prosistas comenzaron su carrera literaria escribiendo poesía. Igualmente, se justifica la inclusión de poetas hoy considerados 'menores' –y hundidos en antologías generales o desaparecidos del todo– por la popularidad de la que gozaron en su propia época, y por lo que su poesía refleja de los grandes temas románticos. Hasta cierto punto se ha privilegiado a las poetisas, especie de discriminación positiva que se espera sirva de alguna manera de reivindicación. En todos los casos se ha intentado que la selección sea de suficiente alcance para dar una idea cabal de la producción poética del escritor. Se reconoce la arbitaried de inclusión y exclusión, aunque para la selección se ha tratado de mantener la condición de interés, valor e importancia de la poesía para la época, si no la de calidad poética –en todo caso, otro valor arbitrario.

Por cierto, nos hemos visto en la necesidad de excluir a algunos poetas; por ejemplo los que trabajaron en los extremos de la corriente: los prerrománticos Andrés Bello y Bartolomé Hidalgo y, en el otro extremo, ya casi a fines del siglo XIX, José Martí y Manuel González Prada, coetáneos de algunos representados aquí, y poetas cuyas obras mejor se representan en poesía de otra vertiente. Asimismo, se han omitido poetas cuyas obras pueden tener valores a la par de los incluidos, pero que poco contribuirían a lo que ya se ha presentado en este volumen.

Se hace imprescindible algún método de fácil consulta de las selecciones, nuevo parámetro arbitrario. Cualquier ordenamiento –ya sea por (sub)género, por generación, por fecha de la primera obra, o por nacionalidad– delata una toma de posición a priori sobre aspectos que necesitan definición. La decisión en favor de una presentación cronológica –por fecha de nacimiento de los autores– radica en el deseo de presentar el romanticismo como corriente viva, como tendencia que desarrolla, madura y se transforma y, al mismo tiempo, subraya el carácter trasnacional de este grupo de escritores, relacionados entre sí más allá de las fronteras nacionales. Al mismo tiempo puede ser posible deslindar las varias etapas dentro del romanticismo. En cuanto posible, se ha anotado la fecha de composición y/o publicación del poema y, para motivar la discusión y el interés investigativo, se proveen para cada uno de los poetas datos biobibliográficos, con particular interés en los conceptos que sobre teoría de literatura tenían los autores –campo poco estudiado con respecto a los poetas del romanticismo–, así como el lugar que ocupan las letras en el quehacer cultural de su época. Se incluyen igualmente bibliografías de antologías de poesía y del romanticismo en Hispanoamérica.

Este libro antológico intenta ocupar un espacio en el estudio y la crítica de la literatura hispanoamericana, vacío evidente para el interesado en poesía romántica de Hispanoamérica. Se espera que responda a la exigencia de reconsiderar los méritos y valores de los poetas románticos, por un lado en tanto miembros de una corriente vital y literaria de extenso alcance en Latinoamérica y, por otro, como dignos precursores de los celebrados poetas del modernismo y el vanguardismo hispanoamericanos.

Para poder realizar esta obra algunas personas han ofrecido de su tiempo y experiencia con inapreciables estímulos y consejos; en particular quiero dejar constancia de mi agradecimiento a don Emilio Carilla, Malva Filer, Raquel Chang-Rodríguez, y en especial a Lida Aronne-Amestoy. Asimismo agradezco la ayuda del Departamento de 'Interlibrary Loans' de Concordia University y la generosa subvención otorgada por el 'Professional Development Committee' y 'Concordia University Part-Time Faculty Association', para facilitar la publicación de este volumen.

XV

INTRODUCCIÓN:

La poesía del romanticismo de Hispanoamérica

Gertrudis Gómez de Avellaneda vio la literatura 'moderna' como ensanchándose "en inquietud vigorosa, esforzándose por abarcarlo todo, pasado, presente, futuro; ...como si aspirase a sintetizar no ya una nación sino a la humanidad misma". Para Esteban Echeverría la poesía romántica era "la voz íntima de la conciencia."

El romanticismo no constituyó un movimiento exclusivamente literario; comporta una visión del mundo particular a una época y una cultura, y la poesía es quizás la expresión más íntima y auténtica de esa visión. La poesía romántica es uno de los caminos más válidos para recuperar y reactualizar los sucesos históricos y espirituales del siglo XIX hispanoamericano.

La larga extensión temporal del romanticismo hispanoamericano –se puede legítimamente hablar de obras escritas entre 1820 y 1890–, hace que otras corrientes se inmiscuyan en él, a veces coetáneamente, a veces de forma marginal: neoclasicismo, realismo, positivismo, modernismo. Es época de transición política: desde la colonia a la emancipación democrática, democratización que asimismo tiene lugar en la literatura en cuanto exhorta a la participación del pueblo. Acaban, en gran número de los países, las luchas por la independencia, para cambiarse en luchas civiles, caudillaje y dictadura. Es la época de Fernández de Lizardi en México (moralizador, pedagógico), y también de la influencia de Víctor Hugo (muerte de Lizardi y 'Prefacio de Cromwell': 1827); Heredia escribe sobre poetas ingleses románticos en 1826; la polémica entre romanticismo y clasicismo entre Sarmiento y Bello (y otros) tiene lugar en 1842, la primera de muchas; cuando Esteban Echeverría está en plena lucha ideológica en Argentina y presenta su *Dogma socialista*, Marx y Engels publican en Europa su manifiesto comunista (1848). El romanticismo llega así a Hispanoamérica en los mismos años que desarrolla en España, años veinte y treinta del siglo XIX. Se agotará en una visión que desemboca por un lado en una vertiente esteticista –el modernismo– y, por otro, en una social –el realismo y el indigenismo. *Tabaré* se publica en 1888, un año antes que

Aves sin nido de Clorinda Matto de Turner y seis años después de los *Versos libres* de Martí.

Se hará patente asimismo que no es posible hablar de **romanticismo** en llano para Hispanoamérica, sino que habría que hacer cortes en el tiempo y en el espacio. La visión romántica llega en diferentes momentos a diferentes países, con intensidad varia, y también con rasgos diferentes. Cabría hablar de al menos dos tipos de romanticismo en Hispanoamérica: el de la región del Plata (Argentina y Uruguay), y otro(s) de otras partes del continente (Cuba, México, Colombia, Venezuela). Ignacio Manuel Altamirano reconoce la diferencia; insiste en que el sur del continente tiene su 'propia' literatura, citando a Echeverría y a Mármol y lamentando la ausencia de una literatura igualmente 'propia' mexicana. Para Altamirano una literatura auténtica equivale a una literatura 'patriótica', expresada en poesía épica. Es de notar igualmente, con respecto al romanticismo del Plata, la actitud preceptiva de los escritores en prosa (Echeverría). Así, el romanticismo se desarrolla en las diferentes regiones del continente de forma y ritmo diferente. Hay países que apenas cuentan con poetas hoy reconocibles, pero hay otros –Cuba, México, Colombia y sobre todo Argentina–, donde se puede hablar de varias 'generaciones' de poetas románticos, y donde el movimiento pasa por etapas definidas.

Cabría hablar de al menos dos etapas. La primera corre desde la independencia a través la anarquía política hasta más o menos 1855 y configura una época de confirmación de una cultura nacional, de la creación del discurso y el código románticos; se trata de expresión apasionada hasta el exceso, expresión con frecuencia de poetas políticos. La segunda etapa, conseguida ya la consolidación nacional, produce una poesía más íntima y sosegada, más cuidadosa y equilibrada, así como más solitaria, con una consciente recreación crítica de la expresión romántica.

Reconociendo, pues, que los tiempos y las circunstancias varían, sería posible comentar en general sobre el romanticismo hispanoamericano. Existen muchas obras descriptivas sobre el romanticismo en Hispanoamérica, y no es nuestra intención duplicar los esfuerzos de investigadores anteriores. Más bien quisiéramos aquí proponer las bases para una discusión de triple enfoque, cuyos elementos nos parecen de sumo interés, a saber:

XVII

1) ¿Hasta qué punto es **hispanoamericano** el romanticismo de Hispanoamérica? Es decir, ¿cómo se evidencia la expresión de la época –inevitablemente romántica– frente a las circunstancias propias? 2) ¿Cuál es el papel de la **poesía** en la época del romanticismo en Hispanoamérica? ¿Qué géneros poéticos se practicaban? ¿Existe una diferencia –de enfoque, de intención– entre ellos? ¿Tuvieron los poetas alguna estética explícita? 3) ¿Qué importancia tiene la poesía de la época romántica en una visión diacrónica de la literatura de Hispanoamérica? ¿Qué valor tiene el estudio de esa poesía para el **lector contemporáneo**?

La literatura como sistema sígnico forma parte de otros sistemas sígnicos, todos distribuidos en esferas concéntricas que intersectan y cuyas dimensiones extremas se conciben como 'ley' por un lado y, por otro, como 'lengua'. La literatura, cuyo instrumento es la lengua, forma parte de la cultura, que es producto de una sociedad y en la que participan la economía y la política, expresadas por la ideología y constituida en la ley. En Latinoamérica, en la primera mitad del siglo XIX, fueron particularmente estrechas las relaciones entre esos ámbitos; lo cultural y lo literario se constituían en lo político. Durante el primer tercio del siglo XIX se combinan en la cultura de Hispanoamérica dos factores mayores para crear un clima particular. Surge la conciencia del momento histórico particular: independencia política pero no cultural, trueque de una dominación (colonial), por otra (propia: caudillaje y dictadura). Al mismo tiempo, esa conciencia encontró en el romanticismo literario una forma para expresarse.

Este romanticismo se define, así, como una encrucijada de 'ley' y 'lengua' que se centra en la búsqueda de la identidad cultural americana, identidad de hombre y poeta, así como de pueblo y nación. Una rama de la encrucijada la constituye el dominio de una visión abstracta, homogénea, del mundo (ideología), la cual da lugar a una idealización expresada en la postulación de valores positivos universales (de una esperanza o un fin por lograr), mientras que soslaya una realidad heterogénea, de valor negativo y de circunstancias deprimentes. La otra rama es el deseo de comunicar (literatura), lo más directamente posible, la experiencia de la realidad circundante, usar las letras para reaccionar frente a las circunstancias concretas, lo que da lugar a numerosas expresiones literarias. La identidad a que se aspiraba, pues, fue construida simbólicamente, en las prácticas discursivas de una

XVIII

literatura que aspiraba a la expresión directa de la realidad. Esta síntesis de lo abstracto y lo concreto da lugar a las paradojas que fundamentan el romanticismo hispanoamericano.

La literatura hispanoamericana es, desde sus principios, una mezcla de formas y corrientes traídas de Europa, sobre todo de España, y después de Francia, corrientes implantadas en un presente de una tierra ajena que está en vías de hacerse propia. Esa dialéctica entre el presente y el pasado, el aquí y el allá, da lugar a la postulación misma de la esencia de 'lo propio' en cuanto espacio, tiempo, y hombre americanos, cuestionamiento que se cristaliza en características de la literatura del continente en cuanto su espíritu y cultura. La identidad 'americana' se fundirá en las experiencias históricas reconocidas como códigos culturales comunes 'propios' –basados en la entidad cultural de la clase hegemónica–, y que proporcionarán pautas significativas para la vida social del grupo. Durante la segunda época del romanticismo habrá conciencia de que el código dominante de la cultura hispanoamericana se centra en el romanticismo.

La literatura había sido, durante la colonia, un instrumento que sirvió para unir al pueblo, por medio de la expresión, en una lengua, una cultura, una religión y un territorio. Esa coherencia ideológica sobrevivió a la fractura de la colonia para fomentar la independencia. En Hispanoamérica, el romanticismo es uno de los impulsos que anima el movimiento independentista. La discusión acerca de lo que es genuinamente 'nacional' cobra así especial vigencia y vigor hacia la mitad del siglo XIX. La autonomía de la literatura fue conscientemente expresada como 'algo por lograr', y relacionada al 'proyecto' nacional que surgió de la independencia. Abundan expresiones que podrían llamarse 'teoría de lo nacional', desde Esteban Echeverría (1840) hasta Ignacio Manuel Altamirano (1872), y es obvio que ellos consideran que la literatura tiene un papel primordial en la realización de lo nacional. Se puede decir que en la teoría literaria de mediados del siglo, la exigencia primordial que se hace de la literatura es que sea nacional. Para ser calificada como tal, se concluye que debe estar en contacto con la realidad circundante e inmediata, natural, social e histórica, y ser expresión de ella. Esa realidad inmediata es, obviamente, muy distinta de la europea, y de ahí, en parte, las diferencias con el romanticismo europeo. Cada pueblo trasforma las realizaciones culturales –literarias– de otros pueblos de acuerdo con su propio ser y su propia experiencia, y así las 'nacionaliza'.

Es precisamente, y paradójicamente, en el 'proyecto nacional' –el deseo de establecer la nación ideal–, donde surgen las cuestiones acerca de los valores universales postulados como positivos para las nuevas naciones americanas: libertad, igualdad, justicia, progreso, unidad, orden, civilización... –abstracciones que invaden la perspectiva que rige otros aspectos culturales como la autonomía literaria, la mujer, el indígena, y la naturaleza. La universalización abstracta de la ideología, expresada también en la literatura, ignoraba o soslayaba la real heterogeneidad que existía en los pueblos americanos, los que se habían constituido sobre el sistema colonial sin poder deshacerse de su estructura jerarquizada de clases y razas. Los poetas-profetas surgieron en su mayor parte de la clase media alta, blanca, educada –hombres casi todos y constituyendo la hegemonía cultural–, y sólo de paso reconocían a los 'otros', generalmente para absorberlos al infundirles los ideales abstractos.

Así, el romanticismo puede considerarse **hispanoamericano** por cuanto niega algunos rasgos del romanticismo europeo; las naciones recién independizadas no podían tolerar la pasión, la rebeldía, la naturaleza salvaje, elementos tan alabados por los franceses. Por tanto, es sobre todo cuando tocan a lo personal propio, y la inmediatez de sus circunstancias –la soledad del destierro más que 'la nación', la majestad de un río, antes que 'la naturaleza', una muchacha criolla, antes que 'la belleza de la mujer'–, que el poeta se liga con lo concreto y particular hispanoamericano. Es en esos casos que entran las pasiones, el caos de los sentimientos y la violencia de los contornos.

Aunque 'lo propio' debe modelar el estilo y definir el origen de la obra más allá de lo anecdótico, en Hispanoamérica se plantea más bien una diferencia de emoción primaria creativa; se privilegia el 'contenido expresado', sobre la forma. La **poesía** fue siempre el género dominante en la literatura de Hispanoamérica: la novela fue prohibida por decreto oficial, la prosa cobró cualidad de ensayo o de historia, y el teatro fue, en gran parte, presentación españolizante. El romanticismo es la época del nacimiento de la novela en Hispanoamérica, pero la poesía es la expresión primera y primaria del romanticismo. La poesía puede considerarse un vehículo importante en la diseminación de los valores culturales hegemónicos en poblaciones de un nivel inferior de alfabetización y donde la mayor comunicación impresa la constituían los periódicos. Perdura el elemento de la oralidad –trasmisión directa–, ante una creciente demanda pública de literatura. La

XX

poesía se publicaba en los periódicos, se recitaba en funciones públicas, y de ahí fue conservada por los receptores como expresión legítima de la hegemonía. En efecto, fueron los salones, las sociedades económicas y las publicaciones periódicas relacionadas con ellas, los mayores órganos de difusión ideológica de la época, constituyéndose la poesía en recurso de enseñanza.

La poética de los románticos hispanoamericanos es mayormente prescriptiva y de tono moralista, aunque insistían en el vehículo adecuado para formular ese contenido. Muchos, si bien eran antiguos discípulos del romanticismo europeo (francés sobre todo), fulminaban contra la imitación servil de su expresión. Como parte de lo 'propio' del contenido se utiliza un léxico americano que puede verse como cargado de neologismos referentes a los elementos naturales y las costumbres locales. La gran parte de los escritores favorecía la poesía sobre otras formas literarias; es evidente que la poesía fue vista como el fundamento, no sólo de la literatura, sino hasta de la vida misma. La poesía se constituye en creación de esa vida, de la realidad del poeta. Algunos de éstos se pronunciaron en favor de ciertos tipos particulares de poesía: por ejemplo Echeverría, la lírica y la dramática; Altamirano, la épica. Al mismo tiempo, los poetas teorizadores de la lírica, Mitre, Echeverría, Altamirano y Caro, no son, en primer lugar, los que trataron nuevas formas. Ellos más bien establecieron y prescribieron las convenciones de la nueva corriente. Fueron otros, ya hacia finales de la época –Pombo, Gómez de Avellaneda, José Joaquín Pérez– que intentaron romperlas y se evidencian vislumbres de la explosión modernista con su experimentación y su gama de formas de expresión. La polimetría será el signo más notable de la innovación romántica. Para otros poetas, la forma interesaba poco; cuando hay innovación métrica, es reelaboración de las propuestas en España y Francia o de otros poetas hispanoamericanos. Muchos poetas dominaban las formas de tal manera que eran maestros de la improvisación.

La poesía lírica es expresión subjetiva de emoción particular e intensa. El romanticismo es un modo a la vez vital y literario, es identificación de vida y arte, es expresión subjetiva –muchas veces pública– de emoción particular e intensa. La poesía romántica es poesía que siempre tiene presente una subjetividad; el yo es dominante, rebelde, desarraigado, exuberante. Vida y arte se conjugan. A pesar de ser importado de Europa, el romanticismo poético en Hispanoamérica se convierte en auténtico americanismo por ser expresión emotiva de la realidad inmediata, y es recibida con gran conciencia por el pueblo. Por ello resulta más 'americana' la poesía que la novela del romanticismo, la cual en muchos casos estaba limitada a volúmenes publicados y distribuidos por casas editoriales y con un público lector reducido. En la poesía de este continente, los rasgos que caracterizan el romanticismo en Europa cobrarán sabor particular, se transformarán en auténtico americanismo. Sus manifestaciones literarias constituyen el testimonio cultural de un continente durante setenta años de experiencia vital. Nos inclinamos a aseverar que es el **poeta** romántico hispanoamericano el que reitera, en su obra, la agonía de las luchas de la independencia, la angustia del vivir bajo las tiranías que la siguieron, la existencia caótica y fronteriza de los pueblos forzados a la sobrevivencia; y así también describe los pequeños detalles del existir particular y personal de esa época –los fulgores del amor y la grandeza de los fenómenos naturales que rodeaban al poeta. El romanticismo constituye la expresión del yo frente a contextos vitales americanos; saturándose en esas circunstancias: paisaje, vida particular, amor, situación histórica, indio, gaucho...

La poesía romántica se escribe abierta y principalmente desde la persona del poeta; domina en todos los casos el emisor del mensaje, el 'yo', convertido en sujeto del texto y del proceso de la comunicación. En la mayoría de los poemas, la emoción dominante es la patética, expresión de una actitud, estado y condición del alma del emisor, y que busca una conmoción emocional por parte del receptor. La manifestación lingüística más pura de esa función emotiva son las interjecciones, de uso muy corriente en la poesía romántica, sobre todo en su aspecto escrito. Esto no quiere decir que la forma principal adoptada para la poesía en el romanticismo sea la 'sentimental', sino que la función emotiva –el yo sujeto–, domina todos los otros elementos de la comunicación y sus funciones. De ahí que se pueda afirmar que la poesía romántica es ante todo emotiva.

El escritor de la época tenía –como ya quedó dicho– una misión, y ponía su literatura al servicio de las emociones que expresaban esa misión. El forjar de la 'nación' tiene su núcleo conceptual en los lazos de la familia, a cuyos miembros femeninos –sobre todo la madre y la amada–, se cantan poemas igualmente emotivos, e igualmente homogeneizantes.

En ese 'yo' romántico, o mejor dicho, en el poeta que vivía en Hispanoamérica en el segundo tercio del siglo XIX, coincidían una época histórica de grandes torbellinos políticos, y un aire de rebeldía individual, de deseo de libertad para todos. Las protestas contra las injusticias percibidas en su propio país causaron –con triste frecuencia– el desarraigo del exilio para el que las expresaba. Así se plasma aun más el deseo emotivo de la patria, donde el 'yo' puede arraigarse. Sin embargo, a pesar del ferviente nacionalismo, los escritores mantuvieron una conciencia continental; se sentía un lazo, una relación 'propia', con otras naciones (sud)americanas, frente a Europa (España), su 'otro'. Obviamente, lo nacional estaba dado por el compromiso del autor con su propia realidad inmediata. El forzado exilio que sufrieron muchos escritores causó un distanciamiento del terruño que aumentaba el amor a él, y al mismo tiempo, la consiguiente peregrinación por otros países sudamericanos reforzó el lazo con ellos. Es de veras sorprendente notar cuántos poetas se autodenominan –por diferentes razones– "peregrinos": Heredia, Echeverría, Mármol, Gómez de Avellaneda, Pombo, Zamudio... Este sentimiento hace, pues, que el 'yo' emotivo se considere ciudadano de un lugar particular –la patria–, y que esa poesía sea, al mismo tiempo, de tendencia patriótica continental. El fundamental filtro a través del cual el poeta se expresaba, sin embargo, eran siempre sus propias –fuertes– emociones; eran tan vehementes éstas que muchas veces no permitían ambigüedades, matizaciones, pluralidades –rasgos de una realidad concreta, física y presente. La patria –nación, sociedad–, es así vista desde un único enfoque, del que el poeta era la voz.

Aun poemas que se pueden considerar descriptivos, por lo tanto, asumen una fuerte dosis emotiva, ya que es precisamente el contexto de la patria (lejana y añorada, bajo tiranía...) el que se evoca en esa poesía. La poesía no es referencial o descriptiva, sino que radica en el sujeto; es emotiva. Así es una realidad emotivamente inmediata la que expresan los poetas peregrinos. Ese contexto es, si no conocido por el receptor, por lo menos familiar, y la composición serviría para recordarlo o explicitarlo. La poesía descriptiva constituye una experiencia directa e inmediata de los contornos descritos y sentidos, que son los paisajes americanos: los ríos Yumurí, Nima, Atoyac, Cauca; el volcán Chimborazo; la pampa, la flora tropical –naranjos, palmas, café, seibo. Es muy nítidamente una experiencia directa de la naturaleza del hogar, naturaleza sentida y evocada. Y aquí el romanticismo poético hispanoamericano difiere del europeo –y hasta cierto punto del romanticismo de la prosa–, que trataba los paisajes americanos como exóticos y extraños, conjunto homogéneo e idealizado. En Hispanoamérica, al contrario, esa poesía evocadoramente descriptiva se convierte en expresión del patriotismo de las nuevas naciones.

Algo distinto ocurre con la poesía narrativa; es quizás allí donde son menos evidentes las huellas del poeta-sujeto, aunque éste sigue estando presente como admirador de su propia historia o de los personajes que pinta en ella. Estos poemas, en general, son los largos poemas del romanticismo hispanoamericano: *La cautiva, Santos Vega...*, *Martín Fierro*, con frecuencia vistos como las obras maestras de la poesía romántica hispanoamericana. Demuestran otra diferencia con el romanticismo europeo en su actitud hacia la naturaleza y su habitante. En la Europa de principios del siglo XIX se huye de la ciudad al campo, visto éste como Edén, sitio de calidades paradisíacas; en literatura se alaba la naturaleza salvaje de América. El escritor americano, conociendo esa naturaleza como realidad inmediata, conoce también sus peligros y los problemas causados por el habitante autóctono para el pionero europeo o criollo. Así, este habitante no aparece como 'buen salvaje', sino como salvaje simplemente, enemigo del gaucho y amenaza para el blanco (y para la blanca). Resalta, aquí, nuevamente, la inmediatez de la expresión de la experiencia que conocía las circunstancias vitales de los malones fronterizos. Sólo hacia el final de la época (cuando ya se había comenzado la reivindicación del indio, en *Aves sin nido*, de Clorinda Matto de Turner, 1889), nos encontramos con las *Fantasías indíjenas* y con *Tabaré*, obras que presentan el tema del indio romantizado al estilo europeo. Y es interesante notar igualmente, que en el primer largo poema narrativo, *La cautiva* de Echeverría, así como en este último, *Tabaré*, se encuentran las mayores notas líricas frente a la épica de *Santos Vega* y de *Martín Fierro*. Nuevamente se inmiscuye la función emotiva de la comunicación en gran parte de esas obras. Con Echeverría era casi una necesidad cantar, por primera vez en Hispanoamérica y desde su propia persona, la existencia de esa naturaleza y de esa experiencia. Para Zorrilla de San Martín –cuarenta años después–, era ya una emoción de recordada nostalgia por una raza desaparecida. Todos esos poemas narrativos –sobre todo los menos líricos– tenían la patente función de educar al público comunicando información acerca de la vida narrada.

Es perceptible el deseo de democratizar la literatura en el intento de participación implícito en la poesía política y patriótica –dirigida al público lector. Mucha poesía se concibe como discurso público, oratorio y declamatorio, constituyendo un intento de conseguir la comunicación directa de la lengua hablada, y por tanto está colmada de repeticiones, hipérbole, paralelismo, exclamaciones e interrogaciones. Ese énfasis en la exhortación ofrece la posibilidad al emisor de usar el poema como propaganda. La voz particular del 'yo' lírico exhorta al sentimiento o/y a la acción patriótica y política por parte de los receptores de la comunicación. Nuevamente es evidente la calidad hispanoamericana, ya que la circunstancia que se describe (emociona, exhorta), es particular al contexto del emisor y del receptor: circunstancia vital hispanoamericana. Es también evidente en esos poemas la unidad homogénea y la abstracción idealizante de la expresión.

Se ha hecho notar que para que la interpretación de una obra coincida con la intención que se le haya dado su autor, hace falta que el receptor, para descodificar el mensaje, utilice el mismo código que el emisor empleara para su codificación. En muchos casos de poesía romántica, precisamente, se plantea el deseo de convencer al lector de que el código romántico de carácter liberal –vital y literario– sea el credo viable para Hispanoamérica, el código que conferirá los elementos significativos estables de la vida cultural común tanto como los de la experiencia particular. En el romanticismo se pone en juego el código que emplea, código que involucra, como ya se ha dicho, tanto la experiencia vital como la literatura, una tradición literariarretórica y la historia misma. El código poético se convierte, así, en visión del mundo, en ideología, y todos los poemas son, por tanto, expresión de la ideología.

Queda la cuestión de la **legitimidad** –vista hoy– de la expresión poética del romanticismo hispanoamericano. Como se ha dicho, en Hispanoamérica el escritor ha jugado un papel primario en la definición y la formulación de los rasgos culturales de los pueblos. El poeta romántico no era un ser marginado, como lo eran muchos escritores europeos de la época; era figura pública, no sólo conocido sino, muchas veces, oficial de gobierno, educador o líder político. Participaba activamente en los sucesos históricos nacionales. En efecto, en toda esa época, lo cultural y lo literario no se separaba de lo político. No se trataba de escritores profesionales en la mayoría de los casos, esa categoría no se conocerá hasta fines del siglo. Los poetas eran voceros de la ideología de su grupo; la actividad extraliteraria, en muchos casos, era tan importante como la labor de escritor. Se podría

XXV

ver el romanticismo –y a sus escritores–, como el principio que animó esa tradición del escritor como fragua de la conciencia nacional, tradición que en sí se ha hecho característica de la cultura hispanoamericana. Cualquier época tiene su importancia en la crítica histórica literaria –se entiende el presente sólo en función del pasado. La literatura no es un espejo que refleja nítidamente; es una forma de representación estética que produce nuevas imágenes, las que pueden contribuir, a su vez, a nuevas imágenes de la identidad cultural. Por ende, sin comprender ni conocer bien la expresión poética del romanticismo, sería imposible apreciar las corrientes posteriores, algunas tan importantes e inmediatas como el modernismo. El romanticismo fue una época vital, y su expresión literaria no es simplemente el testimonio de un pasado transcurrido, sino que sigue dialogando con la literatura –y de ahí con los lectores– del presente. Los textos del romanticismo constituyen el fundamento del pensamiento del presente; se reactualizan en la lectura moderna y por tanto son sumamente pertinentes hoy; las dos dimensiones temporales importan tomas de conciencia. El emisor de una comunicación tiene visión propia de su circunstancia espacio-temporal, y tiene su propia comprensión del código literario y del texto. El diferente contexto espacio-temporal del receptor moderno colora su interpretación del texto, así como la misma descodificación. Sin embargo, la investigación y la apreciación del texto romántico –y el intento de su comprensión– se pueden convertir, por medio de ese proceso dialéctico, en auto-comprensión, en la que el receptor encuentre la raíz de su propia identidad, a través de la búsqueda de lo propio y auténtico hispanoamericano del poeta romántico.

Catharina de Vallejo

TEXTOS

JOSÉ MARÍA HEREDIA
Cuba: 1803-1839

Nace en Santiago de Cuba de padres dominicanos y, por los puestos diplomáticos del padre, viaja y vive por otros países durante sus años de formación: en Estados Unidos (Florida), República Dominicana, Venezuela, México. Allí, a los 17 años, escribe "En el teocalli de Cholula". En 1820, muerto el padre, se restablece la familia en Cuba. Hace amplias lecturas de escritores latinos clásicos y europeos contemporáneos y aprende el francés. Ya ha comenzado a publicar sus poemas y representar dramas, originales y adaptados del francés, en Cuba y en México. Estudia en varias ciudades, recibiéndose de abogado en La Habana en 1823. Ese mismo año, acusado de complicidad en un complot contra el gobierno colonial en Cuba, se ve forzado a huir y vive en el noreste de Estados Unidos, entre otros exilados, extrañando a su familia y su patria de sol y calor. Durante esa época escribe "Al Niágara", y en 1825 publica una colección de sus poemas. Ese mismo año, por invitación del gobierno de México, puede trasladarse allí y ejercer el derecho como juez y abogado, trabajando en varios proyectos de ley. Entre 1826 y 1832 funda y colabora en varios periódicos literarios mexicanos, escribiendo valiosa crítica literaria. En 1827 se casa con Jacoba Yáñez; el matrimonio tendrá seis hijos, de los que tres mueren antes que el poeta. En 1836 puede hacer un breve viaje a Cuba; a su regreso a México el año siguiente, su situación política empeora y sólo le queda el periodismo, oficio que ejerce en la penuria y con la salud ya quebrantada. Muere de tuberculosis antes de cumplir los 36 años de edad.

Heredia fue revolucionario, poeta, dramaturgo y periodista, así como traductor de escritores continentales de pleno florecimiento romántico –del inglés Scott y el francés Hugo, entre otros. Aunque su formación y su época pudieron hacerlo neoclásico (insistía, por ejemplo, en la conformación de las tres unidades dramáticas), de su temperamento y su trayectoria vital brotó el romanticismo, factor que lo erigió en primer poeta romántico del continente, y que inspiraría, entre otros, al argentino Esteban Echeverría. Su labor de crítico literario lo instituye entre los primeros del siglo XIX en Hispanoamérica, con ensayos sobre la poesía francesa, sobre poetas ingleses 'modernos' y comentarios sobre poesía recién publicada. A un joven poeta explicó que la concepción poética ha de ser "clara y distinta antes de trasladarla al papel, pues no siendo así, sólo producirá una impresión oscura y fatigosa. La poesía en el fondo consiste en la fuerza y belleza de los sentimientos e imágenes". Consideró la literatura como la "fuente pura y viva en que los hijos del genio derramaban expontáneamente sus pensamientos libres..." (en *Reflexiones literarias*). En una serie de artículos "Sobre la rima y el verso suelto", publicada en su periódico *Miscelánea* en México en 1831 opina que la rima consonante se ha hecho una manía: "la rima por sí sola –escribe– no produce placer alguno...; no presta poesía a un pasage que carece absolutamente de ella", y prosigue: "los efectos más frecuentes a que el consonante los induce [a los poetas], son a estropear la nobleza y elegancia de la dicción con palabras bajas y prosaicas, a desconcertar la armonía con términos duros, y faltar a la concisión y a la energía con frases y rodeos inútiles."

Bibliografía breve:

Poesías completas. Selección, estudio y notas por Angel Aparicio Laurencio. Miami: Eds. Universal, 1970 [unos 100 poemas].

Miscelánea. Periódico crítico y literario. 2a época. Toluca: Impr. del Gobierno, 1831.

Revisiones literarias. Selección y prólogo de José María Chacón y Calvo. La Habana: Pubs. del Ministerio de Educación, 1947. [Ensayos periodísticos escritos en su mayoría durante la residencia del poeta en México y publicados allí].

Augier, Angel, "Evocación de José María Heredia", *Revista de literatura cubana*, Vol. 7, 1989. 5-39. [similar a "José María Heredia: novela y realidad de América Latina", *Revista Iberoamericana*, 152-153 (jul-dic. 1990): 733-746].

Carilla, E. "La lírica de Heredia: 'En el teocalli de Cholula'". R. Medina (ed.), *Pedro Henríquez Ureña y otros estudios*. Buenos Aires: 1949. 43-65.

Díaz, Lomberto. *Heredia. Primer romántico hispanoamericano*. Montevideo: Eds. Geminis, 1973.

González, Manuel Pedro. *José María Heredia. Primogénito del romanticismo hispanoamericano*. México: Fondo de Cultura Económica, 1955.

Mañach, Jorge, "Heredia y el romanticismo". *Cuadernos Hispanoamericanos* (Madrid), 1957 (feb.), 86. 195-220.

Rivera Rodas, O. *La poesía hispanoamericana del siglo XIX...*. Madrid: Alhambra, 1988. 3-31, 57-72.

En el teocalli de Cholula (1820; ed. de 1832)[1]

¡Cuánto es bella la tierra que habitaban
los aztecas valientes! En su seno
en una estrecha zona concentrados,
con asombro se ven todos los climas
que hay desde el polo al ecuador. Sus llanos
cubren a par de las doradas mieses
las cañas deliciosas. El naranjo
y la piña y el plátano sonante,
hijos del suelo equinoccial, se mezclan
a la frondosa vid, al pino agreste,
y de Minerva al árbol majestuoso.
Nieve eternal corona las cabezas
de Iztacchihual purísimo, Orizaba
y Popocatepec, sin que el invierno
toque jamás con destructora mano
los campos fertilísimos, do ledo
los mira el indio en púrpura ligera
y oro teñirse, reflejando el brillo
del sol en occidente, que sereno
en hielo eterno y perennal verdura
a torrentes vertió su luz dorada,
y vio a Naturaleza conmovida
con su dulce hervir en vida.

---

[1]Texto de: *Poesías completas*, ed. A. Aparicio Laurencio. Heredia publicó el poema --más breve y con ligeras diferencias-- con el título "Fragmentos descriptivos de un poema mexicano", en sus *Poesías* de 1825.

Era la tarde; su ligera brisa
las alas en silencio ya plegaba
y entre la hierba y árboles dormía,
mientras el ancho sol su disco hundía
detrás de Iztaccihual. La nieve eterna
cual disuelta en mar de oro, semejaba
temblar en torno de él; un arco inmenso
que del empíreo en el cénit finaba
como espléndido pórtico del cielo
de luz vestido y centellante gloria,
de sus últimos rayos recibía
los colores riquísimos. Su brillo
desfalleciendo fue; la blanca luna
y de Venus la estrella solitaria
en el cielo desierto se veían.
¡Crepúsculo feliz! Hora más bella
que la alba noche o el brillante día.
¡Cuánto es dulce tu paz al alma mía!

Hallábame sentado en la famosa
choluteca pirámide. Tendido
el llano inmenso que ante mí yacía,
los ojos a espaciarse convidaba.
¡Qué silencio! ¡Qué paz! ¡Oh! ¿quién diría
que en estos bellos campos reina alzada
la bárbara opresión, y que esta tierra
brota mieses tan ricas, abonada
con sangre de hombres, en que fue inundada
por la superstición y por la guerra...?

Bajó la noche en tanto. De la esfera
el leve azul, oscuro y más oscuro
se fue tornando: la movible sombra
de las nubes serenas, que volaban
por el espacio en alas de la brisa,
era visible en el tendido llano.
Iztaccihual purísimo volvía
del argentado rayo de la luna
el plácido fulgor, y en el oriente

bien como puntos de oro centellaban
mil estrellas y mil...¡Oh! ¡yo os saludo,
fuentes de luz, que de la noche umbría
ilumináis el velo,
y sois del firmamento poesía!

Al paso que la luna declinaba,
y al ocaso fulgente descendía
con lentitud, la sombra se extendía
del Popocatepec, y semejaba
fantasma colosal. El arco oscuro
a mí llegó, cubrióme, y su grandeza
fue mayor y mayor, hasta que al cabo
en sombra universal veló la tierra.

Volví los ojos al volcán sublime,
que velado en vapores transparentes,
sus inmensos contornos dibujaba
de occidente en el cielo.
¡Gigante del Anáhuac! ¿cómo el vuelo
de las edades rápidas no imprime
alguna huella en tu nevada frente?
Corre el tiempo veloz, arrebatando
años y siglos como el norte fiero
precipita ante sí la muchedumbre
de las olas del mar. Pueblos y reyes
viste hervir a tus pies, que combatían
cual hora combatimos y llamaban
eternas sus ciudades, y creían
fatigar a la tierra con su gloria.
Fueron: de ellos no resta ni memoria.
¿Y tú, eterno serás? Tal vez un día
de tus profundas bases desquiciado
caerás; abrumará tu gran ruina
al yermo Anáhuac; alzaránse en ella
nuevas generaciones, y orgullosas
que fuiste negarán...

Todo perece
por ley universal. Aun este mundo
tan bello y tan brillante que habitamos,
es el cadáver pálido y deforme
de otro mundo que fue...

En tal contemplación embebecido
sorprendióme el sopor. Un largo sueño
de glorias engolfadas y perdidas
en la profunda noche de los tiempos,
descendió sobre mí. La agreste pompa
de los reyes aztecas desplegóse
a mis ojos atónitos. Veía
entre la muchedumbre silenciosa
de emplumados caudillos levantarse
el déspota salvaje en rico trono,
de oro, perlas y plumas recamada;
y al son de caracoles belicosos
ir lentamente caminando al templo
la vasta procesión, do la aguardaban
sacerdotes horribles, salpicados
con sangre humana rostros y vestidos.
Con profundo estupor el pueblo esclavo
las bajas frentes en el polvo hundía,
y ni mirar a su señor osaba,
de cuyos ojos férvidos brotaba
la saña del poder.

Tales fueron
tus monarcas, Anáhuac, y su orgullo:
su vil superstición y tiranía
en el abismo del no ser se hundieron.
Sí, que la muerte, universal señora,
hiriendo a par al déspota y esclavo,
escribe la igualdad sobre la tumba.
Con su manto benéfico el olvido
tu insensatez oculta y tus furores
a la raza presente y la futura.

Esta inmensa estructura
vio a la supersiticón más inhumana
en ella entronizarse. Oyó los gritos
de agonizantes víctimas, en tanto
que el sacerdote, sin piedad ni espanto,
les arrancaba el corazón sangriento;
miró el vapor espeso de la sangre
subir caliente al ofendido cielo
y tender en el sol fúnebre velo
y escuchó los horrendos alaridos
con que los sacerdotes sofocaban
el grito del dolor.

           Muda y desierta
ahora te ves, Pirámide. ¡Más vale
que semanas de siglos yazcas yerma,
y la superstición a quien serviste
en el abismo del infierno duerma!
A nuestros nietos últimos, empero
sé lección saludable; y hoy al hombre
que al cielo, cual Titán, truena orgulloso,
sé ejemplo ignominioso
de la demencia y del furor humano.

¡Ay de mí! (1822)

¡Cuán difícil es al hombre
hallar un objeto amable,
con cuyo amor inefable
pueda llamarse feliz!

Y si este objeto resulta
frívolo, duro, inconstante,
¿qué resta al mísero amante,
sino exclamar ¡ay de mí!?

El amor es un desierto
sin límites, abrasado,
en que a muy pocos fue dado
pura delicia sentir.

Pero en sus mismos dolores
guarda mágica ternura,
y hay siempre cierta dulzura
en suspirar ¡ay de mí!

La estrella de Cuba (1823)

¡Libertad! ya jamás sobre Cuba
lucirán tus fulgores divinos.
Ni aun siquiera nos queda ¡mezquinos!
de la empresa sublime el honor.
    ¡Oh piedad insensata y funesta!
¡ay de aquel que es humano y conspira!
Largo fruto de sangre y de ira
cogerá de su mísero error.

Al sonar nuestra voz elocuente
todo el pueblo en furor se abrasaba,
y la estrella de Cuba se alzaba
más ardiente y serena que el sol.
    De traidores y viles tiranos
respetamos clementes la vida,
cuando un poco de sangre vertida
libertad nos brindaba y honor.

Hoy el pueblo de vértigo herido
nos entrega al tirano insolente
y cobarde y estólidamente
no ha querido la espada sacar.
    ¡Todo yace disuelto, perdido...!
Pues de Cuba y de mí desespero,

contra el hado terrible, severo,
noble tumba mi asilo será.

Nos combate feroz tiranía
con aleve traición conjurada,
y la estrella de Cuba eclipsada
para un siglo de horror queda ya.
  Que si un pueblo su dura cadena
no se atreve a romper con sus manos,
bien le es fácil mudar de tiranos,
pero nunca ser libre podrá.

Los cobardes ocultan su frente,
la vil plebe al tirano se inclina,
y el soberbio amenaza, fulmina,
y se goza en victoria fatal.
  ¡Libertad! A tus hijos tu aliento
en injusta prisión más inspira;
colgaré de sus rejas mi lira,
y la gloria templarla sabrá.

Si el cadalso me aguarda, en su altura
mostrará mi sangrienta cabeza
monumento de hispana fiereza,
al secarse a los rayos del sol.
  El suplicio al patriota no infama;
y desde él mi postrero gemido
lanzará del tirano al oído
fiero voto de eterno rencor.

Renunciando a la poesía (1823)

Fue tiempo en que la dulce poesía
el eco de mi voz hermoseaba,
y amor, virtud y libertad cantaba
entre los brazos de la amada mía.

9

Ella mi canto con placer oía,
caricias y placer me prodigaba,
y al puro beso que mi frente hollaba
muy más fogosa inspiración seguía.

¡Vano recuerdo! En mi destierro triste
me deja Apolo, y de mi mustia frente
su sacro fuego y esplendor retira.

Adiós, ¡oh Musa! que mi gloria fuiste:
adiós, amiga de mi ediad ardiente:
el insano dolor quebró mi lira.

Niágara (1824; 1832)[1]

Templad mi lira, dádmela que siento
en mi alma estremecida y agitada,
arder la inspiración. ¡Oh, cuánto tiempo
en tinieblas pasó, sin que mi frente
brillase con su luz..! Niágara undoso,
tu sublime terror sólo podría
tornarme el don divino, que ensañada,
me robó del dolor la mano impía.

Torrente prodigioso, calma, calla,
tu trueno aterrador: disipa un tanto
las tinieblas que en torno te circundan,
y déjame mirar tu faz serena,

---

[1]Heredia escribió también una carta sobre sus experiencias en las cataratas de Niágara en la que explica que pasó el río "en un día oscuro y tempestuoso. El cielo estaba enteramente cubierto de nubes tan espesas que ni aun se distinguía el paraje donde estaba el sol. El viento de la tempestad rugiendo entre aquellas cavernas,... Es indescriptible la impresión que me hacía el estruendo de la Catarata, repetido en el hueco de aquellos peñascos informes..." (en *Reflexiones literarias*). La versión de 1824 fue traducida al inglés y publicada en periódicos norteamericanos desde 1827, luego en una antología editada por Longellow en 1845. Se cita por la ed. de 1832.

y de entusiasmo ardiente mi alma llena.
Yo digno soy de contemplarte: siempre
lo común y mezquino desdeñando,
ansié por lo terrífico y sublime.
Al despeñarse el huracán furioso,
al retumbar sobre mi frente el rayo,
palpitando gocé: vi al Oceano,
azotado por austro proceloso,
combatir mi bajel, y ante mis plantas
vórtice hirviente abrir, y amé el peligro.
Mas del mar la fiereza
en mi alma no produjo
la profunda impresión que tu grandeza.

Sereno corres, majestuoso; y luego
en ásperos peñascos quebrantado,
te abalanzas violento, arrebatado,
como el destino irresistible y ciego.
¿Qué voz humana describir podría
de la sirte rugiente
la aterradora faz? El alma mía
en vago pensamiento se confunde,
al contemplar esa férvida corriente,
que en vano quiere la turbada vista
en su vuelo seguir al borde oscuro
del precipicio altísimo: mil olas,
cual pensamiento rápidas pasando,
chocan, y se enfurecen,
y otras mil, y otras mil ya las alcanzan.

¡Ved! ¡llegan, saltan! El abismo horrendo
devora los torrentes despeñados,
crúzanse en él mil iris, y asordados
vuelven los bosques el fragor tremendo.
En las rígidas peñas
rómpese el agua, vaporosa nube
con elástica fuerza
llena el abismo en torbellino, sube,
gira en torno, y al éter

11

luminosa pirámide levanta,
y por sobre los bosques que le cercan
al solitario cazador espanta.

Mas, ¿qué en ti busca mi anhelante vista
con inquieto afanar? ¿Por qué no miro
alrededor de tu caverna inmensa
las palmas ¡ay! las palmas deliciosas,
que en las llanuras de mi ardiente patria
nacen del sol a la sonrisa, y crecen,
y al soplo de las brisas del océano
bajo un cielo purísimo se mecen?

Este recuerdo a mi pesar me viene...
Nada ¡oh Niágara! falta a tu destino,
ni otra corona que el agreste pino
a tu terrible majestad conviene.
La palma, y mirto, y delicada rosa,
muelle placer inspiren y ocio blando
en frívolo jardín; a ti la suerte
guardó más digno objeto y más sublime.
El alma libre, generosa, fuerte,
viene, te ve, se asombra,
el mesquino deleite menosprecia
y aun se siente elevar cuando te nombra.

¡Omnipotente Dios! En otros climas
vi monstruos execreables,
blasfemando tu nombre sacrosanto,
sembrar error y fanatismo impío,
los campos inundar en sangre y llanto,
de hermanos atizar la infanda guerra,
y desolar frenéticos la tierra.
Vilos, y el pecho se inflamó a su vista
en grave indignación. Por otra parte
vi mentidos filósofos que osaban
escrutar tus misterios, ultrajarte,
y de impiedad al lamentable abismo
a los míseros hombres arrastraban.

Por eso te buscó mi débil mente
en la sublime soledad: ahora
entera se abre a ti; tu mano siente
en esta inmensidad que me circunda,
y tu profunda voz hiere mi seno
de este raudal en el eterno trueno.

¡Asombroso torrente!
¡Cómo tu vista el ánimo enajena
y de terror y admiración me llena!
¿Do tu origen está? ¿Quién fertiliza
por tantos siglos tu inexhausta fuente?
¿Qué poderosa mano
hace que al recibirte,
no rebose en la tierra el Océano?

Abrió el Señor su mano omnipotente;
cubrió tu faz de nubes agitadas,
dio su voz a tus aguas despeñadas,
y ornó con su arco tu terrible frente.
¡Ciego, profundo, infatigable corres,
como el largo torrente de los siglos
en insondable eternidad..! ¡Al hombre
huyen así las ilusiones gratas,
los florecientes días,
y despierta al dolor!... ¡Ay! agostada
yace mi juventud; mi faz, marchita;
y la profunda pena que me agita
ruga mi frente de dolor nublada.

Nunca tanto sentí como este día
mi soledad y mísero abandono,
y lamentable desamor... ¿Podría
en edad borrascosa
sin amor ser feliz?... ¡Oh, si una hermosa
mi cariño fijase,
y de este abismo al borde turbulento
mi vago pensamiento
y mi andar solitario acompañase!

13

¡Cómo gozara, viéndola cubrirse
de leve palidez, y sonreírse
al sostenerla mis amantes brazos..!
¡Delirios de virtud..! ¡Ay, desterrado,
sin patria, sin amores,
sólo miro ante mí, llanto y dolores!

¡Niágara poderoso!
¡Adios, adiós! Dentro de pocos años
ya devorado habrá la tumba fría
a tu débil cantor. ¡Duren mis versos
cual tu gloria inmortal! ¡Pueda piadoso
viéndote algún viajero,
dar un suspiro a la memoria mía!
Y yo, al abismarse Febo en occidente,
feliz yo vuele do el Señor me llama,
y al escuchar los ecos de mi fama,
alce en las nubes la radiosa frente.

Himno del desterrado (1825)

Reina el sol, y las olas serenas
corta en torno la prora triunfante,
y hondo rastro de espuma brillante
va dejando la nave en el mar.

¡Tierra! claman; ansiosos miramos
al confín del sereno horizonte,
y a lo lejos descúbrese un monte...
Le conozco... ¡Ojos tristes, llorad!

Es el Pan... En su falda respiran
el amigo más fino y constante,
mis amigas preciosas, mi amante...
¡Qué tesoros de amor tengo allí!

Y más lejos, mis dulces hermanas,
y mi madre, mi madre adorada,

14

de silencio y dolores cercada
se consume gimiendo por mí.

Cuba, Cuba, que vida me diste,
dulce tierra de luz y hermosura,
¡cuánto sueño de gloria y ventura
tengo unido a tu suelo feliz!

¡Te vuelvo a mirar...! ¡Cuán severo,
hoy me oprime el rigor de mi suerte!
La opresión me amenaza con muerte
en los campos do al mundo nací.

Mas, ¿qué importa que truene el tirano?
Pobre, sí, pero libre me encuentro;
sola el alma del alma es el centro;
¿qué es el oro sin gloria ni paz?

Aunque errante y proscripto me miro,
y me oprime el destino severo,
por el cetro del déspota ibero
no quisiera mi suerte trocar.

Pues perdí la ilusión de la dicha,
dame, ¡oh gloria! tu aliento divino.
¿Osaré maldecir mi destino,
cuando puedo vencer o morir?

Aunque habrá corazones en Cuba
que me envidien de mártir la suerte,
y prefieran espléndida muerte
a su amargo azoroso vivir.

De un tumulto de males cercado
el patriota inmutable y seguro,
o medita en el tiempo futuro,
o contempla en el tiempo que fue.

Cual los Andes en luz inundados
a las nubes superan serenos,
escuchando a los rayos y truenos
retumbar hondamente a su pie.

¡Dulce Cuba! en tu seno se miran
en su grado más alto y profundo,
la belleza del físico mundo,
los horrores del mundo moral.

Te hizo el cielo la flor de la tierra;
mas tu fuerza y destinos ignoras,
y de España en el déspota adoras
al demonio sangriento del mal.

¿Ya qué importa que al cielo te tiendas
de verdura perenne vestida,
y la frente de palmas ceñida
a los besos ofrezcas del mar,

si el clamor del tirano insolente,
del esclavo el gemir lastimoso,
y el crujir del azote horroroso
se oye sólo en tus campos sonar?

Bajo el peso del vicio insolente
la virtud desfallece oprimida,
y a los crímenes y oro vendida
de las leyes la fuerza se ve.

Y mil necios que grandes se juzgan
con honores al peso comprados,
al tirano idolatran, postrados
de su trono sacrílego al pie.

Al poder el aliento se oponga,
y a la muerte contraste la muerte;
la constancia encadena la suerte,
siempre vence quien sabe morir.

Enlacemos un nombre glorioso
de los siglos al rápido vuelo;
elevemos los ojos al cielo,
y a los años que están por venir.

Vale más a la espada enemiga
presentar el impávido pecho,
que yacer de dolor, en un lecho,
y mil muertes muriendo sufrir.

Que la gloria en las lides anima
el ardor del patriota constante,
y circunda con halo brillante
de su muerte el momento feliz.

¿A la sangre teméis...? En las lides
vale más derramarla a raudales,
que arrastrarla en sus torpes canales
entre vicios, angustias y horror.

¿Qué tenéis? Ni aun sepulcro seguro
en el suelo infeliz cubano.
¿Nuestra sangre no sirve al tirano
para abono del suelo español?

Si es verdad que los pueblos no pueden
existir sino en dura cadena,
y que el cielo feroz los condena
a ignominia y eterna opresión;

de verdad tan funesta mi pecho
el horror melancólico abjura,
por seguir la sublime locura
de Washington, y Bruto, y Catón.

¡Cuba! al fin te verás libre y pura
como el aire de luz que respiras,
cual las ondas hirvientes que miras
de tus playas la arena besar.

17

Aunque viles traidores le sirvan,
del tirano es inútil la saña,
que no en vano entre Cuba y España
tiende inmenso sus olas el mar.

A Bolívar (1827) [selecciones]

¡Libertador! Si de mi libre lira
jamás el eco fiero
al crimen halagó ni a los tiranos,
escucha su himno de loor que inspira
ferviente admiración. Alto, severo
será por siempre de mi voz el tono.
Sí, columna de América: no temo
al cantar tus hazañas inmortales
que me escuchen los genios celestiales,
y juzgue el Ser Supremo.

¿Qué era, decid, el vasto continente
que Colón reveló? Bajo la saña
de la terrible España
tres centurias gimió su opresa gente
en estéril afán, en larga pena,
en tinieblas mentales y cadena.
Mas el momento vencedor del hado
al fin llegó; los hierros se quebrantan,
el hombre mira al sol, osado piensa,
y los pueblos de América, del mundo
sienten al fin la agitación inmensa,
y osan luchar, y la victoria cantan.

Bella y fugaz aurora
lució de libertad. Desastre inmenso
cubrió a Caracas de pavor y luto.
Del patriótico afán el dulce fruto
fatal superstitición seca y devora.
De libertad sobre la infausta ruina
más osado y feroz torna el tirano,

y entre la desolación, insano
amenaza y fulmina.

Pero Bolívar fue. Su heroico grito
"Venganza, patria y libertad" aclama.
Venezuela se inflama,
y trábase la lucha
ardua, larga, sangrienta,
que de gloria inmortal cubre a Bolívar
en diez años de afán. ...
....

¡Bolívar inmortal! ¿Qué voz humana
enumerar y celebrar podría
tus victorias sin fin, tu eterno aliento?
Colombia independiente y soberana
es de tu gloria noble monumento.

....
Jamás impunemente
al pueblo soberano
pudo imponer un héroe ciudadano
el sello del aldón sobre la frente.
El pueblo se alza, y su voraz encono
sacrifica al tirano,
que halla infamia y sepulcro en vez de trono,
así desvanecerse vio la tierra
de Napoleón y de Agustín la gloria,
y prematura tumba los encierra,
y la baña con llanto la Victoria.
¡Hijo de Libertad privilegiado,
no a su terrible majestad atentes,
ni a nuestro asombro y lástima presentes
un laurel fulminado..!

La ausencia (1827)

Cuando angustiado gimo
en esta ausencia impía,
escucha, amada mía,
la voz de mi dolor.
Y cuando aquestos versos
repitas con ternura,
júrame en tu alma pura
fino y eterno amor.
¿Quién me quitó tu vista?
¿Quién ¡ay! tu dulce lado?
Objeto idolatrado,
¿quién me te arrebató?
Mientras otros prodigan
en vicios su riqueza,
la bárbara pobreza
de ti me separó.
De ella con mis afanes
alcanzaré victoria,
y entre placer y gloria
a ti me reuniré.
Te estrecharé a mi seno,
te llamaré mi esposa,
y en unión deliciosa
contigo viviré.
Si no muda mi suerte,
si aun me persigue el hado,
nunca, dueño adorado,
mis votos burlarán.
Pues pobre te haré mía,
y de ventura lleno
te acostaré en mi seno,
te haré comer mi pan.
Mas no; dulce esperanza
me halaga en lo futuro,
y de tu amor seguro
pongo mi vida en ti.
Cuando suspiro triste,

sé que en aquel instante,
tu corazón amante
palpita fiel por mí.
    Sufre, cual yo, y espera,
objeto a quien adoro,
mi gloria, mi tesoro,
divinidad mortal.
    Piensa en mi amor constante;
y la esperanza amiga
alivie la fatiga
de ausencia tan fatal.

JOSÉ ANTONIO MAITÍN
Venezuela: 1804-1874

Nace en Puerto Cabello, Venezuela, donde es apresado con su familia en 1812 durante las guerras de Independencia. Se educa en Cuba, donde se radica la familia con escasos fondos y gran añoranza de la patria. Es nombrado Adjunto a la Legación de la República de Colombia en Londres, donde estudia informalmente la música, y comienza a componer poesía. Es hombre de gran melancolía. Vuelto a Venezuela en 1826, publica dos dramas (en 1835 y 1838), dominados por un aire europeizante todavía neoclásico. De distinguida familia y regular fortuna, se retira al ambiente pastoril de Choroní por el resto de su vida, y se dedica a la lectura de los dramaturgos franceses neoclásicos. En 1841 descubre la poesía del español José Zorrilla, lo que le convierte en fervoroso romántico. Comienza a publicar poemas en los periódicos sobre sus recuerdos infantiles, poesía de melancolía y de resignación. Populariza el romanticismo en Venezuela, siendo su poesía bien recibida por el público en general, aunque criticada por su melancolía –considerada poco varonil–, y por su falta de grandes temas nacionales –considerados necesarios por ser útiles a la sociedad–. Casi a pesar suyo, se publica un volumen de su obra en 1851. Hombre introvertido, decepcionado con la vida urbana, entregado a los placeres de la lectura y la música, vive en un pequeño pueblo de la costa y escribe poco después de 1851. Participa brevemente de la vida política, pero nunca de asuntos públicos. Es de su época el poeta más conocido popularmente en Venezuela.

Su poesía de la vida íntima y familiar, con sus imágenes domésticas, es primera de este tipo en Hispanoamérica. Maitín, sin embargo, no parecía tener mucha fe en su talento, sintiendo la necesidad de "disculparme con el público... Temo que algunos de mis versos, ... sean recibidos con disgusto; porque yo mismo, al expresarlos, los he condenado y me he visto tentado a suprimirlos" (Carta, en *Obras poéticas...*). Consideró que la poesía tenía forzosamente que llevar carácter melancólico: "la literatura del día, y mucho más la poesía, debe resentirse de cierto tinte de melancolía... melancolía sublime y apacible..., porque la sociedad ha llegado a tal altura de civilización, de conocimientos y de saber,... que el corazón del hombre, vacío de sus agradables ilusiones a fuerza de saber, no ve más que realidades en torno suyo..." (Carta cit.)

Bibliografía breve:

Obras poéticas de José Antonio Maitín. Prólogo de Simón Camacho. Caracas: Almacén de José María de Rojas, 1851. [Incluye una carta del poeta al editor].

Pardo, I.J. "José Maitín y su 'Canto fúnebre'", *Revista Nacional de Cultura* (La Habana), no. 121-122, 1957. 7-54.

La fuentecilla[1]

Fuentecilla solitaria
de aqueste bosque sombrío,
si vas a morir al río,
¿para qué corres así?
¿A quién el presente llevas
de esas perlas que derramas?
Fuentecilla, si no amas,
¿adónde las llevas, di?

Entre sus pliegues undosos,
recoge ambicioso el viento
el embalsamado aliento
de la flor matutinal
y al escuchar el concierto
de tu inocente murmullo,
lo aspira con un arrullo
sobre tu onda de cristal.

Tu corriente cristalina
el campo fecunda hermoso,
y tu giro caprichoso
placer a la vista da:

---

[1]Texto de: *Obras poéticas de José Antonio Maitín*.

tu linfa clara y serena
sirve a las aves de espejo,
que se miran al reflejo
de tu luminosa faz.

   Si tus cristales recoges
al abrigo de un remanso
para dar algún descanso
a tu curso triunfador,
allí te halaga amorosa
la vaga, la blanda brisa,
y tu faz tranquila riza
con sus suspiros de amor.

   Así corres, fuente clara,
entre auríferas arenas,
de tus márgenes amenas
delicia a la vez y honor.
Mas ¡ay del bien que disfrutas!
¡Ay de tu correr sereno!,
si llega a agitar su seno
un pensamiento de amor.

   Tu corriente retozona
pasa libre entre las flores
y desdeña los amores,
los campos, aves y flor;
mas ¡ay de tu curso grato!,
que el bien se torna en fatiga
cuando en el seno se abriga
un pensamiento de amor.

   Cerca de mi ingrata, ¡oh fuente!,
al pasar tus ondas bellas,
no la retrates en ellas,
para no mirarla yo,
porque si distante lloro,
si lejos de ella suspiro,

¿qué haré, si en tu fondo miro
su retrato encantador?

Muerte es para mí la noche,
muerte para mí el día claro,
y muerte es el desamparo
en que me tiene mi bien.
Turbio me parece el cielo;
turbia la onda me parece;
turbio el césped, que florece
bajo mi lánguido pie.

¡Ay! del triste que olvidado
por una ingrata suspira,
y por sus ojos delira,
y por su cuerpo gentil,
mientras ella, indiferente,
de su pena no se cura,
ni de su horrible amargura,
ni de su dolor sin fin.

Maldición en la mujer
que turba nuestro sosiego
con su mirada de fuego,
con su sonrisa de amor,
y después alegre ríe,
mientras el amante llora,
mientras el pecho devora
en silencio su dolor.

¡Oh fuente! Si no has amado,
huye de amor el veneno:
triste de ti si en el seno
fácil cabida le das:
que, si encuentras por acaso,
quien a tu amor no responda,
más vale que turbe tu onda
el cierzo y el vendaval.

El hogar campestre [selecciones]

A la falda del aquel cerro,
que el sol temprano matiza,
un arroyo se desliza
entre violas y azahar.
Allí tengo mis amigos,
allí tengo mis amores,
allí mis dulces dolores
y mis placeres están.

Allí al lado se levantan
de peñascos cenicientos
los bucares corpulentos
de dimensión colosal;
y allí al ánima se olvida,
en su embeleso profundo,
del laberinto del mundo,
del ruido de la ciudad.

No hay allí suntuosos templos
cuya gótica techumbre
con su mole y pesadumbre
piensa la tierra oprimir;
donde en los rostros se nota
del concurso cortesano
que un pensamiento mundano
lo va persiguiendo allí.

Pero hay sencilla una iglesia,
con su campanario y torre,
a donde el creyente corre
de la campana al clamor:
allí sus cantos entona
postrado, humilde, en el suelo,
y su oración sube al cielo
hasta el trono del Señor.

No hay un órgano en el coro
que despide noche y día
a torrentes la armonía
de los tubos de metal;
y en el aire se derrama
bajo del cóncavo techo,
y baja a oprimir el pecho
con su encanto celestial.

Pero se oye del Ministro
la voz trémula y doliente
que del cristiano la frente
a la tierra hace inclinar;
en tanto que del incienso
la pura, la blanca nube,
a besar la planta sube
de Dios que está en el altar.

Allí no hay bellos palacios,
ni dorados artesones,
ni estatuas en los salones
sobre rico pedestal;
ni músicas exquisitas,
ni bulliciosas placeres,
ni artificio en las mujeres,
ni en los hombres vanidad.

Pero hay árboles copados
que se mecen blandamente,
y un arroyo transparente
con sus hondas de cristal,
y una tórtola amorosa
oculta en la selva umbría,
que exhala, al nacer el día,
su arrullo sentimental.

No alumbra la alegre fiesta
clara, elegante burgía
que se pueda con el día

comparar en esplendor;
Ni exquisitos los pebetes,
aromáticos olores
difunden en corredores,
y del baile en el salón.

Mas hay lánguida una luna
que sirve de antorcha al cielo,
y que refleja en el suelo
su melancólica faz;
y hay claveles entreabiertos
en las colinas cercanas,
donde sus alas livianas
va la brisa a perfumar.

Ni de la doncella hermosa
cubre el cuello delicado
el magnífico tocado
de fino encaje o tisú;
ni lleva sobre los hombros
o revuelto sobre el pelo
de seda el flotante velo
o de transparente tul.

Pero sin esos primores
es la honesta campesina
por sí sola peregrina
y por sí sola gentil;
y en vez de rica diadema
o de artificioso adorno,
se ve de su frente en torno
brillar cándido jazmín.

¡Oh valle ameno y frondoso
que el sol temprano matiza,
cuyo arroyo se desliza
entre violas y azahar!
Contigo están mis amigos,
contigo están mis amores,

en ti mis dulces dolores
y mis placeres están.

—————————

....

Canto fúnebre [selecciones]

*Consagrado a la memoria de la señora
Luisa Antonia Sosa de Maitín.*

I

Llegaron, ¡oh dolor! las tristes horas
de un pesar para mí desconocido.
Ilusiones de paz encantadoras,
contentos de mi hogar, os he perdido.
Perdí el único ser que más amaba,
la compañera tierna de mi vida,
cuya mano de esposa me alargaba
cargada de cariño y beneficios,
en cuyo corazón solo encontraba
amor, abnegación y sacrificios.
Ella era mi universo, mi energía,
mi porvenir, mi fuerza, mi conciencia;
era ella a quien debía
el sosiego feliz de mi existencia,
de mis serenas horas la alegría,
mi descanso, mi paz, mi independencia.

II

La leve contracción de un paroxismo,
un segundo bastó, ¡mísera suerte!,
para hacerte salvar el hondo abismo
que separa la vida de la muerte...

III

¡Te fuiste sin saber que te sentía!
¡Te fuiste sin saber que te lloraba!
No pude darte esta última alegría,
y tú, ¡ni este consuelo
le pudiste dejar al que te amaba!
Si yo quedaba aquí, ¿por qué partiste?
¿Por qué ese amargo cáliz de infortunio
hacerme saborear con tal exceso?
¿Por qué morir de modo que moriste?
¿Por qué no recibir mi último beso?
¿Por qué dejarme en soledad tan triste?
¡Mi Dios!, ¡mi Dios!, ¡mi Dios! ¿cómo fue eso?
....

VII

Este es el aposento.
Testigo de un dolor nunca explicado,
del drama fugitivo de un momento
y de un violento fin inesperado.
Aquel es el rincón que ocupa el lecho
revuelto todavía
y en desorden fatal, sin cabecera;
la tela que lo cubre aun no bien fría,
puesta la colcha en confusión ligera
por el leve temblor de la agonía,
por la suprema convulsión postrera.
Un oculto poder desconocido
me lleva al pie del lecho abandonado;
vaga en el aire fúnebre un gemido
que llega al corazón, suspiro ahogado
como de alguno en lucha con la muerte,
como el último adiós de un desdichado.
A tales impresiones,
a visión tan fatal me rindo y cedo;
sobre la débil planta
escasamente sostenerme puedo,

y de un supersticioso,
de un extraño terror sobrecogido,
temo la soledad, me espanta el ruido,
me estremezco, vacilo..., tengo miedo...
En aquella hora de suprema angustia
me cubro el rostro con entrambas manos;
inmóvil permanezco,
ignoro cuanto tiempo,
presa de estos dolores sobrehumanos;
y al separarme del desierto lecho,
el llanto que he vertido
me llena de humedad manos y pecho.

VIII

Aquí, sobre la mesa,
yace en olvido, triste y descuidada,
la tela para mí tan conocida,
por sus hábiles dedos hilvanada.
La aguja permanece aún enclavada
en la margen del lienzo laboreado,
cual si esperase allí que su ágil mano
le imprima el movimiento comenzado.
Mil veces he querido
ver y juzgar esta obra no acabada,
este trabajo ayer interrumpido
por una muerte pronta y despiadada.
¡Inútil pretensión, intento vano!
Esta muda labor abandonada,
caliente todavía
con la presión reciente de su mano,
ante mi vista turbia y empañada
oscila, desparece,
vuelve, se borra, empáñase, vacila
a través de la nube que me ciega
y del llanto que inunda mi pupila.
....

XVI

Sombra de la que amé, solo y perdido
quedo en la tierra. Tímido, cansado,
un rumbo seguiré no conocido,
a la merced del vendaval airado,
tal vez por las borrascas combatido,
acaso por los hombres olvidado.
El mundo es todo para mí un desierto.
De mi existencia usada
el proceloso mar surcaré incierto,
cual nave destrozada
que lanza el huracán lejos del puerto.
No sé cual es la suerte que me guarda
oscuro el porvenir; mas imitando
tu ejemplo santo y raro,
siguiendo tus virtudes una a una,
inspirado por ti, bajo tu amparo,
contrastaré el vigor de la fortuna.
Me haré mejor, pensando
en la existencia pura y bendecida
que junto a mí pasaste, y de esta suerte,
si debí mis contentos a tu vida
deberé mis virtudes a tu muerte.

XVII

Adiós, adios. Que el viento de la noche
de frescura y de olores impregnado,
sobre tu blanco túmulo de piedra
deje, al pasar, su beso perfumado.
Que te aromen las flores que aquí dejo;
que tu cama de tierra halles liviana.
Sombra querida y santa, yo me alejo.
Descansa en paz... Yo volveré mañana.

ESTEBAN ECHEVERRÍA
Argentina: 1805-1851

Una de las más destacadas figuras del romanticismo hispanoameri-
cano, nace en Buenos Aires. Cansado de su vida adolescente desahoga-
da y rebelde, decide en 1826 viajar a Francia. Allí persigue en forma
independiente un arduo curso de estudios en ciencas, artes, literatura,
historia y política, en la época de apogeo del romanticismo europeo.
En 1830 es forzado a volver a la Argentina por razones económicas y
comienza a publicar –anónimamente– poemas de carácter romántico.
Introduce así el romanticismo (francés más que español) en la
Argentina. Sus poemas, su presencia en tertulias, sus discursos y
publicaciones periodísticas sobre la política, la enseñanza, los ideales
democráticos, la literatura, la moral, lo establecen como líder de la
nueva corriente en la región del Plata. Se encuentra cada vez más
deprimido por la situación de su patria, que sufre bajo la tiranía de
Rosas. En 1837 funda la 'Asociación de mayo', sociedad secreta que
reúne a muchos de los jóvenes románticos argentinos, y aboga por la
derrota de Rosas y la vuelta a la libertad política. Es ya consagrado
poeta y revolucionario cuando, en 1840, decide desterrarse al Uruguay,
donde permanecerá hasta su muerte, que le halla solitario y amargado.
Interesan sobremanera sus obras en cuanto presentan un complejo
cuadro de las aspiraciones nacionales del romanticismo en sus aspectos
político, social y literario. Su *Dogma socialista* (1837) inspiró a una
joven generación argentina, el *Manual de enseñanza moral* (1840) es
un texto educativo, y sus ensayos literarios presentan un ideal literario-
teórico que delatan un pensamiento profundo. Algunos de sus
conceptos teóricos aun hoy permanecen vigentes. En "Fondo y forma
en las obras de imaginación" afirma: "El fondo es el alma; la forma, el
organismo de la poesía: aquél comprende los pensamientos, ésta, la
armazón o estructura orgánica, el método expositivo de las ideas, el
estilo, la elocuencia y el ritmo. En toda obra verdaderamente artística,
el fondo y la forma se identifican y completan... Cada concepción
poética tiene en sí su propia y adecuada forma: cada artista original sus
ideas y modo de expresarlas; cada pueblo o civilización su poesía, y por
consiguiente, sus formas poéticas características... El clima, la religión,
las leyes, las costumbres, modificando, excitando su energía, deben

necesariamente dar impulso distinto a la imaginación poética de los pueblos y formas singulares a su arte, pues sujetos están a todos los sucesos y accidentes, tanto externos como internos que su vida o su historia constituyen... La forma de toda obra de arte, comprende la armazón o estructura orgánica, el método expositivo, el estilo o la fisonomía del pensamiento, el lenguaje o el colorido, el ritmo o la consonancia silábica y onomatopéyica de los sonidos; y el fondo, son los pensamientos o la idea generatriz que bajo esa forma se trasluce y da a ella completo y característico ser... La forma y el fondo deben identificarse y completarse en toda obra verdaderamente artística... Distínguese principalmente por el ritmo el estilo poético del prosaico. El ritmo es la música por medio de la cual la poesía cautiva los sentido y habla con más eficacia al alma" (*Obras completas*, 460-463, 481).

Sostuvo Echeverría un concepto fundamental para el romanticismo: "es la poesía moderna que, fiel a las leyes esenciales del arte, no imita ni copia, sino que busca sus tipos y colores, sus pensamientos y formas en sí mismo, en su religión, en el mundo que lo rodea y produce con ello obras bellas, originales..." ("Clasicismo y romanticismo", ed. cit. 471). "La poesía romántica no es el fruto sencillo y espontáneo del corazón, o la expresión armoniosa de los caprichos de la fantasía, sino la voz íntima de la conciencia, la sustancia viva de las pasiones, el profético mirar de la fantasía, el espíritu meditabundo de la filosofía..." (ibid., 474). Como otros de su generación –Gutiérrez y Altamirano, por ejemplo–, creyó en la urgencia de crear una literatura nacional, consecuencia natural de la expresión espontánea del poeta romántico: "La poesía nacional es la expresión animada, el vivo reflejo de los hechos heroicos, de las costumbres, del espíritu, de lo que constituye la vida moral, misteriosa, interior y exterior de un pueblo" ("Sobre el arte de la poesía", ed. cit. 484). Adoptando una actitud común a muchos hispanoamericanos de su tiempo, se negó a ver la literatura española como modelo: "La América, que nada debe a la España en punto a verdadera ilustración, debe apresurarse a aplicar la hermosa lengua que le dió en herencia al cultivo de todo linaje de conocimientos; a trabajarla y enriquecerla con su propio fondo, pero sin adulterar con postizas y exóticas formas su índole y esencia, ni despojarla de los atavíos que le son característicos" ("Fondo y forma...", 480). Y, en otro ensayo: "Nosotros no reconocemos mayor superioridad literaria, en punto a originalidad, en la España sobre la joven América... Además, la índole objetiva y plástica de la literatura y en particular del Arte español, no se aviene con el carácter idealista y profundamente subjetivo y social que en concepto nuestro revestirá el Arte america- no..." ("La situación y el porvenir de la literatura hispano-americana" [1846], ed. cit. 509-11).

Su *Elvira o la novia del plata* (1832), largo poema hoy considerado más por ser una de las primeras composiciones 'románticas' de Hispanoamérica (recuérdese que *El moro expósito* del duque de Rivas se publica en España en 1834), que por sus valores literarios. No fue muy bien recibido, en contraste con *Los consuelos*, poemas líricos publicados en 1834 que gozaron de gran fama, y se cuentan entre las primeras colecciones poéticas en lengua española en la que domina lo romántico. Las *Rimas* (1837), y sobre todo el largo poema de este volumen, "La cautiva", le ganaron renombre internacional y puede considerarse la culminación de su poesía. En este poema narrativo –más lírico que épico–, es notable la visión del paisaje y del indio, así como de la mujer heroica, frente a la idealización romántica europea de esos elementos.

Echeverría dejó largas obras poéticas de historia nacional, las que resultan patrióticamente subjetivas –como el presagio de su propia muerte en "A don Juan Cruz Varela"–, y una refundición de la leyenda de don Juan, sumando su producción más de cien composiciones poéticas. Su ficción breve, "El matadero" sigue suscitando vivo interés en cuanto a su género y afiliación literaria.

Bibliografía breve:

Obras completas de Esteban Echeverría. Compilación y biografía de Juan María Gutiérrez (1870-1874). Reed. por Ant. Zamora, Buenos Aires, 1951. Con estudios de José P. Barreiro y Eduardo Joubin Colombres. [Incluye los ensayos citados].

Dumas, Claude. "Contribución al estudio del romanticismo hispanoamericano: el caso de 'La cautiva' del argentino Echeverría". *Hommage des Hispanistes Français à Noel Salomon*. Barcelona: Laia, 1979. 237-249.

Frederick, Bonnie, "Reading the Warning: The Reader and the Image of the Captive Woman", *Chasqui*, 1989 (nov.) 18(2): 3-11.

Giusti, Roberto. "Esteban Echeverría, poeta". *Poetas de América y otros ensayos*. Buenos Aires: Losada, 1956. 62-70.

Jitrik, Noé. *Esteban Echeverría*. Buenos Aires: CEAL, 1967.

Lagmanovich, D. "Tres cautivas: Echeverría, Ascasubi, Hernández", *Chasqui*, 1979 (mayo) 8(3): 24-33.

Palcos, Alberto, *Historia de Echeverría*. Buenos Aires: Emecé Eds., 1960.

LOS CONSUELOS (1834)

Crepúsculo (1830)[1]
En el mar

> *Antes de expirar el día*
> *vi morir a mi esperanza.*
> (Zárate)

Allá en el horizonte el rey del día
su frente hunde radiosa,
y por el vasto espacio va flotando
su cabellera de oro luminosa.

De arreboles vistosos y cambiantes
se adorna el firmamento,
que entre negros celajes se confunden
en su brillante, airoso movimiento.

Y poco a poco sus inmensas alas
la noche va extendiendo,
y con manto de duelo los adornos
y las galas del orbe va cubriendo.

Es la hora en que los tristes corazones
ven la imagen sombría
de la esperanza que los sustentaba
desvanecerse con la luz del día.

---

[1]Texto de *Obras completas de Esteban Echeverría*.

Y la hora en que yo veo de mi vida
la trama deshacerse,
y el porvenir glorioso que la halaga,
como el cielo entre sombras esconderse.

En que yo digo adiós a la esperanza
y a los goces del mundo,
y con incierto paso y sin vigía
marcho por un destierro tremebundo.

En que contemplo mi fugaz aurora
sin lucir disiparse,
y las lozanas flores de mi vida
sin exhalar perfume deshojarse.

En que, a la vez, mis bellas ilusiones
toman cuerpo, se abultan,
tocan la realidad, y desmayadas
en crepúsculo negro se sepultan.

Canciones

Melodía sonora, e concertada,
Suave a letra, angélica a soada.
                                Camoens

I. La ausencia

Fuése el hechizo
del alma mía,
y mi alegría
se fué también:
en un instante
todo he perdido.
¿Dónde te has ido
mi amado bien?

Cubrióse todo
de oscuro velo,
el bello cielo,
que me alumbró;
y el astro hermoso
de mi destino,
en su camino
se oscureció.

Perdió su hechizo
la melodía,
que apetecía
mi corazón.
fúnebre canto
sólo serena
la esquiva pena
de mi pasión.

Doquiera llevo
mis tristes ojos,
hallo despojos
del dulce amor;
doquier vestigios
de fugaz gloria,
cuya memoria
me da dolor.

Vuelve a mis brazos
querido dueño,
sol halagüeño
me alumbrará:
vuelve; tu vista,
que todo alegra,
mi noche negra
disipará.

II. La diamela[1]

Diome un día una bella porteña,
que en mi senda pusiera el destino,
una flor, cuyo aroma divino
llena el alma de dulce embriaguez;
me la dió con sonrisa halagüeña,
matizada de puros sonrojos,
y bajando hechicera los ojos,
incapaces de engaño y doblez.

En silencio y absorto toméla
como don misterioso del cielo
que algún ángel de amor y consuelo
me viniese, durmiendo, a ofrecer;
en mi seno inflamado guardéla,
con el suyo mezclado mi aliento,
y un hechizo amoroso al momento
yo sentí por mis venas correr.

Desde entonces, doquiera que miro,
allí está la diamela olorosa,
y a su lado una imagen hermosa
cuya frente respira candor;
desde entonces, por ella suspiro,
rindo el pecho inconstante a su halago,
con su aroma inefable me embriago,
y a ella sola consagro mi amor.

---

[1] Esta composición es una de las más difundidas de Echeverría, publicada poco antes de las *Rimas*, y en 1837 arreglada como canción.

RIMAS: LA CAUTIVA[1] (1837) [selecciones]

Primera Parte: El desierto

> *Ils vont. L'espace est grand.*
>
> Hugo

Era la tarde, y la hora
en que el sol la cresta dora
de los Andes. El desierto
inconmensurable, abierto
y misterioso a sus pies
se extiende, triste el semblante,
solitario y taciturno
como el mar, cuando un instante
el crepúsculo nocturno
pone rienda a su altivez.

Gira en vano, reconcentra
su inmensidad, y no encuentra
la vista, en su vivo anhelo,
do fijar su fugaz vuelo,
como el pájaro en el mar.
Doquier campos y heredades
del ave y bruto guaridas;
doquier cielo y soledades
de Dios sólo conocidas,
que El sólo puede sondar.

A veces la tribu errante,
sobre el potro rozagante,
cuyas crines altaneras

---

[1]El poema se divide en diez partes: 1. "El desierto" (que en varias de sus estrofas exhibe marcado recuerdo de "El Teocalli de Cholula" de Heredia); 2. "El festín"; 3. "El puñal"; 4. "La alborada"; 5. "El pajonal"; 6. "La espera"; 7. "La quemazón"; 8. "Brián"; 9. "María"; y el "Epílogo".

flotan al viento ligeras,
lo cruza cual torbellino,
y pasa; o su toldería
sobre la grama frondosa
asienta, esperando el día
duerme, tranquila reposa,
sigue veloz su camino.

¡Cuántas, cuántas maravillas,
sublimes y a par sencillas,
sembró la fecunda mano
de Dios allí! ¡Cuánto arcano
que no es dado al mundo ver!
La humilde hierba, el insecto,
la aura aromática y pura;
el silencio, el triste aspecto
de la grandiosa llanura,
el pálido anochecer.

Las armonías del viento
dicen más al pensamiento
que todo cuanto a porfía
la vana filosofía
pretende altiva enseñar.
¿Qué pincel podrá pintarlas
sin deslucir su belleza?
¿Qué lengua humana alabarlas?
Sólo el genio su grandeza
puede sentir y admirar.

Ya el sol su nítida frente
reclinaba en occidente,
derramando por la esfera
de su rubia cabellera
el desmayado fulgor.
Sereno y diáfano el cielo,
sobre la gala verdosa
de la llanura, azul velo

esparcía, misteriosa
sombra dando a su color.

El aura moviendo apenas
sus olas de aromas llenas,
entre la hierba bullía
del campo que parecía
como un piélago ondear.
Y la tierra, contemplando
del astro rey la partida,
callaba, manifestando,
como en una despedida,
en su semblante pesar.

Sólo a ratos, altanera
relinchaba un bruto fiero
aquí o allá, en la campaña;
bramaba un toro de saña,
rugía un tigre feroz;
o las nubes contemplando,
como extático y gozoso,
y el Yajá, de cuando en cuando,
turbaba el mudo reposo
con su fatídica voz.

Se puso el sol; parecía
que el vasto horizonte ardía:
la silenciosa llanura
fue quedando más oscura,
más pardo el cielo, y en él,
con luz trémula brillaba
una que otra estrella, y luego
a los ojos se ocultaba,
como vacilante fuego
en soberbio chapitel.

El crepúsculo, entretanto,
con su claroscuro manto,
veló la tierra; una faja,

negra como una mortaja,
el occidente cubrió;
mientras la noche bajando
lenta venía, la calma
que contempla suspirando
inquieta a veces el alma,
con el silencio reinó.

Entonces, como el rüido,
que suele hacer el tronido
cuando retumba lejano,
se oyó en el tranquilo llano
sordo y confuso clamor:
se perdió... y luego violento,
como baladro espantoso
de turba inmensa, en el viento
se dilató sonoroso,
dando a los brutos pavor.

Bajo la planta sonante
del ágil potro arrogante
el duro suelo temblaba,
y envuelto en polvo cruzaba
como animado tropel,
velozmente cabalgando;
víanse lanzas agudas,
cabezas, crines ondeando,
y como formas desnudas
de aspecto extraño y cruel.

¿Quién es? ¿Qué insensata turba
con su alarido perturba
las calladas soledades
de Dios, do las tempestades
sólo oyen resonar?
¿Qué humana planta orgullosa
se atreve a hollar el desierto
cuando todo en él reposa?

¿Quién viene seguro puerto
en sus yermos a buscar?

¡Oíd! Ya se acerca el bando
de salvajes, atronando
todo el campo convecino.
¡Mirad! Como torbellino
hiende el espacio veloz.
El fiero ímpetu no enfrena
del bruto que arroja espuma;
vaga al viento su melena
y con ligereza suma
pasa en ademán atroz.

¿Dónde va? ¿De dónde viene?
¿De qué su gozo proviene?
¿Por qué grita, corre, vuela,
clavando al bruto la espuela,
sin mirar alrededor?
¡Ved que las puntas ufanas
de sus lanzas, por despojos,
llevan cabezas humanas,
cuyos inflamados ojos
respiran aún furor!

Así el bárbaro hace ultraje
al indomable coraje
que abatió su alevosía;
y su rencor todavía
mira, con torpe placer,
las cabezas que cortaron
sus inhumanos cuchillos,
exclamando: —"Ya pagaron
del cristiano los caudillos
el feudo a nuestro poder.

Ya los ranchos do vivieron
presa de las llamas fueron,
y muerde el polvo abatida

su pujanza tan erguida.
¿Dónde sus bravos están?
Vengan hoy del vituperio,
sus mujeres, sus infantes,
que gimen en cautiverio,
a libertar, y como antes
nuestras lanzas probarán".

Tal decía, y bajo el callo
del indómito caballo,
crujiendo el suelo temblaba;
hueco y sordo retumbaba
su grito en la soledad.
Mientras la noche, cubierto
el rostro en manto nubloso,
echó en el vasto desierto,
su silencio pavoroso,
su sombría majestad.

Segunda Parte: El festín

....
Así bebe, ríe, canta,
y al regocijo sin rienda
se da la tribu: aquél ebrio
se levanta, bambolea,
a plomo cae, y gruñendo
como animal se revuelca.
Este chilla, algunos lloran,
y otros a beber empiezan.
De la chusma toda al cabo
la embriaguez se enseñorea
y hace andar en remolino
sus delirantes cabezas.
Entonces empieza el bullicio,
y la algazara tremenda,
el infernal alarido
y las voces lastimeras,

mientras sin alivio lloran
las cautivas miserables,
y los ternezuelos niños
al ver llorar a sus madres.
Las hogueras entretanto
en la oscuridad flamean,
y a los pintados semblantes
y a las largas cabelleras
de aquellos indios beodos
da su vislumbre siniestra
colorida tan extraño,
traza tan horrible y fea,
que parecen del abismo
precita, inmunda ralea,
entregada al torpe gozo
de la sabática fiesta.
Todos en silencio escuchan;
una voz entona recia
las heroicas alabanzas,
y los cantos de la guerra:

"Guerra, guerra, y exterminio
al tiránico dominio
del Huinca; engañosa paz:
devore el fuego sus ranchos,
que en su vientre los caranchos
ceben el pico voraz.
Oyó gritos el caudillo,
y en su fogoso tordillo
    salió Brián;
pocos eran y él delante
venía, al bruto arrogante
dio una lanzada Quillán.
Lo cargó al punto la indiada:
con la fulminante espada
    se alzó Brián;
grandes sus ojos brillaron,
y las cabezas rodaron
de Quitur y Callupán.

Echando espuma y herido
como toro enfurecido
    se encaró;
ceño torvo revolviendo,
y el acero sacudiendo:
nadie acometerle osó.
Valichu estaba en su brazo;
pero al golpe de un bolazo
    cayó Brián.
Como potro en la llanura:
cebo en su cuerpo y hartura
encontrará el gavilán.
.......................''

Tercera Parte: El puñal

....

Silencio: ya el paso leve
por entre la hierba mueve,
como quien busca y no atina,
y temeroso camina
de ser visto o tropezar,
una mujer; en la diestra
un puñal sangriento muestra.
Sus largos cabellos flotan
desgreñados, y denotan
de su ánimo el batallar.

Ella va. Toda es oídos;
sobre salvajes dormidos
va pasando; escucha, mira,
se para, apenas respira,
y vuelve de nuevo a andar.
Ella marcha, y sus miradas
vagan en torno azoradas,
cual si creyesen ilusas
en las tinieblas confusas
mil espectros divisar.

Ella va; y aun de su sombra,
como el criminal, se asombra;
alza, inclina la cabeza;
pero en un cráneo tropieza
y queda al punto mortal.
Un cuerpo gruñe y resuella,
y se revuelve; mas ella
cobra espíritu y coraje,
y en el pecho del salvaje
clava el agudo puñal.

El indio dormido expira;
y ella veloz se retira
de allí, y anda con más tino
arrostrando del destino
la rigurosa crueldad.
Un instinto poderoso,
un afecto generoso
la impele y guía segura,
como luz de estrella pura,
por aquella oscuridad.

Su corazón de alegría
palpita; lo que quería,
lo que buscaba con ansia
su amorosa vigilancia
encontró gozosa al fin.
allí, allí está su universo,
de su alma el espejo terso,
su amor, esperanza y vida;
allí contempla embebida
su terrestre serafín.

"–Brián –dice–, mi Brián querido,
busca durmiendo el olvido;
quizás ni soñando espera
que yo entre esta gente fiera
le venga a favorecer.
Lleno de heridas, cautivo,

no abate su ánimo altivo
la desgracia, y satisfecho
descansa, como en su lecho,
sin esperar, ni temer.
..........................."

Allí está su amante herido,
mirando al cielo, y ceñido
el cuerpo con duros lazos,
abiertos en cruz los brazos,
ligadas manos y pies.
Cautivo está, pero duerme;
inmoble, sin fuerza, inerme
yace su brazo invencible:
de la pampa el león terrible
presa de los buitres es.

Allí, de la tribu impía,
esperando con el día
horrible muerte, está el hombre
cuya fama, cuyo nombre
era, al bárbaro traidor,
más temible que el zumbido
del hierro o plomo encendido;
más aciago y espantoso
que el Valichu rencoroso
a quien ataca su error.

Allí está; silenciosa ella,
como tímida doncella,
besa su entreabierta boca,
cual si dudara le toca
por ver si respira aún.
Entonces las ataduras,
que sus carnes roen duras,
corta, corta velozmente
con su puñal obediente,
teñido en sangre común.
....

49

Y en labios de su querida
apura aliento de vida,
y la estrecha cariñoso
y en éxtasis amoroso
ambos respiran así;
mas, súbito él la separa,
como si en su alma brotara
horrible idea, y la dice: –
"María, soy infelice,
ya no eres digna de mí.

Del salvaje la torpeza
habrá ajado la pureza
de tu honor, y mancillado
tu cuerpo santificado
por mi cariño y tu amor;
ya no me es dado quererte."
Ella le responde: –"Advierte
que en este acero está escrito
mi pureza y mi delito,
mi ternura y mi valor.

Mira este puñal sangriento
y saltará de contento
tu corazón orgulloso;
diómelo para matar
al salvaje que insolente
ultrajar mi honor intente;
para, a un tiempo, de mi padre,
de mi hijo tierno y mi madre
la injusta muerte vengar.

Y tu vida, más preciosa
que la luz del sol hermosa,
sacar de las fieras manos
de estos tigres inhumanos,
o contigo perecer.
....

Levanta, mi Brián, levanta,
sigue, sigue mi ágil planta;
huyamos de esta guarida
donde la turba se anida
más inhumana y fatal.
........................"

Octava Parte: Brián

Les guerriers et les coursiers eux mêmes sont là pour attester les
victoires de mon bras. Je dois ma renommée à mon glaive...
                                                                    Antar

Los guerreros y aun los bridones de las batallas existen para
atestiguar las victorias de mi brazo. Debo mi renombre a mi
espada.

....
[María] se sienta; extática mira,
como el que en vela delira;
lleva la mano a su frente
sudorífera y ardiente,
¿qué cosas su alma verá?
La luz, noche le parece:
tierra y cielo se obscurece;
y rueda en un torbellino
de nubes. "Este camino
lleno de espinas está:

  Y la llanura, María,
¿no ves cuán triste y sombría?
¿Dónde vamos? A la muerte.
Triunfó la enemiga suerte
–dice delirando Brián–.
¡Cuán caro mi amor te cuesta!
¡Y mi confianza funesta,
cuánta fatiga y ultrajes!
Pero pronto los salvajes
su deslealtad pagarán".

51

Cobra María el sentido
al oír de su querido
la voz, y en gozo nadando,
se incoropora en él clavando
su cariñosa mirada.
"Pensé dormías –la dice–.
y despertarte no quise;
fuera mejor que durmieras
y del bárbaro no oyeras
la estrepitosa llegada."
....

Se alzó Brián enajenado,
y su bigote erizado
se mueve; chispean rojos
como centellas sus ojos
que hace el entusiasmo arder;
el rostro y talante fiero,
do resalta con viveza
el valor y la nobleza,
la majestad del guerrero
acostumbrado a vencer.

Pero al punto desfallece.
Ella, atónita, enmudece,
ni halla voz su sentimiento;
en tan solemne momento
flaquea su corazón.
El sol pálido declina:
en la cercana colina
triscan las gamas y ciervos,
y de caranchos y cuervos
grazna la impura legión.

De cadáveres avara,
cual su muerte presagiara.
....

Novena Parte: María

¿Qué hará María? En la tierra
ya no se arraiga su vida.
¿Dónde irá? Su pecho encierra
tan honda y vivaz herida,
tanta congoja y pasión,
que para ella es infecundo
todo consuelo del mundo,
burla horrible su contento;
su compasión un tormento;
su sonrisa una irrisión.

¿Qué le importan sus placeres,
su bullicio y vana gloria,
si ella entre todos los seres,
como desdichada escoria,
lejos, olvidada está?
¿En qué corazón humano,
en qué límite del orbe,
el tesoro soberano,
que sus potencias absorbe,
ya perdido encontrará?

Nace del sol la luz pura,
y una fresca sepultura
encuentra: lecho postrero,
que al cadáver del guerrero
preparó el más fino amor.
Sobre ella hincada, María,
muda como estatua fría,
inclinada la cabeza,
semejaba a la tristeza
emebebida en su dolor.
....

Mas, ¡ah!, que en vivos corceles
un grupo de hombres armados
se acerca. ¿Serán infieles,
enemigos? No, soldados
son del desdichado Brián.
Llegan; su vista se pasma;
ya no es la mujer hermosa,
sino pálido fantasma;
mas reconocen la esposa
de su fuerte capitán.

¡Creíanla cautiva o muerta!
Grande fue su regocijo.
Ella los mira, y despierta:
"¿No sabéis qué es de mi hijo?"
con toda el alma exclamó.
Tristes mirando a María
todos el labio sellaron.
Mas luego una voz impía:
"Los indios lo degollaron"
roncamente articuló.

Y al oír tan crudo acento,
como quiebra el seco tallo
al menor soplo de viento
o como herida del rayo
cayó la infeliz allí.
Viéronla caer, turbados,
los animosos soldados.
Una lágrima le dieron;
y funerales le hicieron
dignos de contarse aquí.
....

A Don Juan Cruz Varela (1839) [Selecciones]
(Muerto en la expatriación)

Pobre al fin, desterrado
de su patria querida
el poeta Argentino
dijo adiós a la lira,
dijo adiós al vivir;
¡Triste destino el suyo!
En diez años, un día
no respirar las auras
de la natal orilla,
¡no verla ni al morir!

....

Cuando anhelante mira
su espíritu agitado
alborear victorioso
el nuevo sol de Mayo,
el sol de Libertad;
cuando otra vez la pluma
temible a los tiranos
toma en pro de la Patria
y de sus fueros sacros,
pasa a la eternidad.

....

¡Oh Dios! ¡Cuánto infortunio
reservado al poeta,
reservado al ingenio
que en la común palestra
se avanza a combatir,
en pro de la justicia
y la verdad austera;
sin más arma que el filo
de incorruptible lengua,
firme en su fe y sentir.

....

Poeta, ¿qué es la vida,
después que victoriosos
del combate salimos,
mostrando arado el rostro
de honrosa cicatriz?
¿Qué es? Inacción molesta,
triste afanar: sin logro,
ir, venir como el vulgo
con el costal al hombro:
¡oh! ¡Tú fuiste feliz!

Mas morir cuando el alma
lleva joven y ardiente
la ambición generosa,
que a conquistar impele
el lauro vencedor;
al poner pie en la liza
que ambicionan los fuertes
morir desesperado;
triste destino es éste,
éste, acerbo dolor.

Paz al noble poeta,
honra al digno patriota,
que en la arena luchando
supo doble corona
a su frente ceñir.
Musa de nuestro siglo,
la libertad lo llora
mártir esclarecido,
y su ejemplar memoria
transmite al porvenir.

FERNANDO CALDERÓN
México: 1809-1845

Nace en Guadalajara y estudia Derecho en la Universidad de esa ciudad, recibiéndose en 1829. Desde 1825, en contra de los deseos de su padre, el Conde de Santa Rosa, escribe poesías y obras teatrales, algunas de las cuales se representan a partir de 1827, tanto en las provincias como, después, en la capital del país. Lucha contra el general López Santa-Anna, es herido en la acción de 1835 y cae prisionero. Desterrado a la capital en 1837, vive allí modestamente. Participa en la vida cultural-literaria de la capital; generoso, simpático, alegre, era muy bienvenido en las tertulias. Trata con los escritores mejor conocidos, entre ellos a José María Heredia y Guillermo Prieto. Puede regresar a Zacatecas, donde desempeña algunos cargos públicos, y continúa su producción literaria dramática.

Guillermo Prieto da un retrato ameno y detallado del poeta mexicano, y escribe en sus *Memorias de mis tiempos* que el lirismo de Fernando Calderón "es el lirismo de Calderón y de Lope" (I, 212). Ignacio Manuel Altamirano censuró los dramas de Calderón por seguir "servilmente la escuela romántica dominante entonces" (*La literatura nacional*, III, 238). La obra poética de Calderón puede verse, pues, como iniciadora ambivalente del romanticismo en México. Heredia, a pesar de descubrir en Calderón los trazos de la "corrupción del gusto en el siglo anterior", reconoce la importancia del escritor criollo para la literatura nacional. En su artículo sobre el volumen publicado en 1828, *Las obras de Fernando Calderón*, anota la preferencia del público y de la crítica por toda obra extranjera: "la preocupación vulgar,... echa un anatema literario a todo libro impreso en la república, error que si no se corrige, será un gravísimo obstáculo a los progresos de la literatura americana" (*Revisiones literarias*).

Calderón es conocido mayormente como autor de obras teatrales que tratan de temas europeos, con la excepción de su más conocida y todavía representada comedia *A ninguna de las tres*, sátira de la sociedad mexicana de la época.

Bibliografía breve:

Dramas y poesías, México: Porrúa, 1959 [contiene tres dramas y unos 25 poemas].

Heredia, José María, "*Obras de F. Calderón*. Tomo 1o, Guadalajara, 1828." *Revisiones literarias*, 179-183.

Monterde, Fr. "Prólogo" a *Dramas y poesías*. vii-xv.

Prieto, Guillermo. *Memorias de mis tiempos*, 2 vols. París: Librería la Vda. de C. Bouret, 1906.

A una rosa marchita (1828)[1]

¿Eres tú, triste rosa,
la que ayer difundía
balsámica ambrosía,
 y tu altiva cabeza levantando,
eres la reina de la selva umbría?
¿Por qué tan pronto, dime,
hoy triste y desolada
te encuentras de tus galas despojada?

Ayer viento süave
te halagó cariñoso,
ayer alegre el ave
su cántico armonioso
ejercitaba, sobre ti posando;
tú, rosa, le inspirabas,
y a cantar sus amores le excitabas.

Tal vez el fatigado peregrino
al pasar junto a ti quiso cortarte:
tal vez quiso llevarte

---

[1]Texto de *Dramas y poesías*. Esta poesía fue comentada por Heredia en 1828: "purgada de algunos ligeros lunares, puede en su género competir con las mejores de nuestro idioma" (en Heredia, *Revisiones literarias*, p. 180).

algún amante a su ardoroso seno;
pero al ver tu hermosura,
la compasión sintieron,
y su atrevida mano detuvieron.

Hoy nadie te respeta;
el furioso aquilón te ha deshojado;
ya nada te ha quedado,
¡oh reina de las flores!
de tu pasado brillo y tus colores.

La fiel imagen eres
de mi triste fortuna:
ay, todos mis placeres,
todas mis esperanzas, una a una,
arrancándome ha ido
un destino funesto, ¡cual tus hojas
arrancó el huracán embravecido!

¿Y qué, ya triste y sola
no habrá quien te dirija una mirada?
¿Estarás condenada
a eterna soledad y amargo lloro?
No; que existe un mortal sobre la tierra,
un joven infeliz, desesperado,
a quien horrible suerte ha condenado
a perpetuo gemir: ven, pues, ¡oh rosa!
ven a mi amante seno, en él reposa,
y ojalá de mis besos la pureza
resucitar pudiera tu belleza.

Ven, ven ¡oh triste rosa!
Si es mi suerte a la tuya semejante,
burlemos su porfía;
ven, todas mis caricias serán tuyas
y tu última fragancia sería mía.

A Hidalgo (1837)

En sepulcral silencio se encontraba
el pueblo mexicano sumergido.
¡Fatal silencio sólo interrumpido
por la dura cadena que arrastraba!

Como crimen atroz se castigaba
del triste esclavo el mísero gemido,
o de los opresores al oído,
cual música de triunfo resonaba.

Grita Hidalgo, por fin, con voz divina:
"¡México libre para siempre sea!"
Y al tirano español guerra fulmina.

¡Once años dura la mortal pelea,
el trono se desploma, y en su ruina,
de libertad el estandarte ondea!

El soldado de la libertad (1838)[1]

Sobre un caballo brioso
camina un joven guerrero
cubierto de duro acero,
lleno de bélico ardor.
Lleva la espada en el cinto,
lleva en la cuja la lanza,

---

[1]Este poema tiene claros recuerdos de la "Canción del pirata" de Espronceda (1835), y establece a Calderón como poeta romántico; el estribillo refleja el sentimiento expresado por Heredia en su "Himno del desterrado", q.v. La transparente referencia a los hechos históricos de su época fue reconocida; Guillermo Prieto escribe que se traducía como "un grito de guerra contra la tiranía" (*Memorias de mis tiempos*, I, 211).

brilla en su faz la esperanza,
en sus ojos el valor.

De su diestra el guante quita,
y el robusto cuello halaga,
y la crin, que al viento vaga,
de su compañero fiel.
Al sentirse acariciado
por la mano del valiente,
ufano alzando la frente
relincha el noble corcel.

Su negro pecho y sus brazos
de blanca espuma se llenan;
sus herraduras resuenan
sobre el duro pedernal;
y al compás de sus pisadas,
y al ronco son del acero,
alza la voz el guerrero
con un acento inmortal:

"Vuela vuela, corcel mío
            denodado;
no abatan tu noble brío
enemigos escuadrones,
que el fuego de los cañones
siempre altivo has despreciado,
            y mil veces
            has oído
            su estallido
            aterrador,
            como un canto
            de victoria,
            de tu gloria
            precursor.
"Entre hierros, con oprobio
gocen otros de la paz;
yo no, que busco en la guerra
la muerte o la libertad.

"Yo dejé el paterno asilo
        delicioso;
dejé mi existir tranquilo
para ceñirme la espada,
y del seno de mi amada
supe arrancarme animoso;
        vi al dejarla
        su tormento,
        ¡qué momento
        de dolor!
        Vi su llanto
        y pena impía;
        fue a la mía
        superior.
"Entre hierros, con oprobio
gocen otros de la paz;
yo no, que busco en la guerra
la muerte o la libertad.

"El artero cortesano
        la grandeza
busque adulando al tirano,
y doblando la rodilla;
mi trotón y humilde silla
no daré por su riqueza.
        y bien pueden
        sus salones
        con canciones
        resonar;
        corcel mío,
        yo prefiero
        tu altanero
        relinchar.
"Entre hierros, con oprobio
gocen otros de la paz;
yo no, que busco en la guerra
la muerte o la libertad."

"Vuela, bruto generoso,
          que ha llegado
el momento venturoso
de mostrar tu noble brío,
y hollar del tirano impío
el pendón abominado;
          en su alcázar
          relumbrante
          arrogante
          pisarás,
          y en su pecho
          con bravura
          tu herradura
          estamparás.
"Entre hierros, con oprobio
gocen otros de la paz;
yo no, que busco en la guerra
la muerte o la libertad."

Así el guerrero cantaba,
cuando resuena en su oído
un lejano sordo ruido,
como de guerra el fragor:
"A la lid", el fuerte grita,
en los estribos se afianza,
y empuña la dura lanza,
lleno de insólito ardor.

En sus ojos, en su frente,
la luz brilla de la gloria,
un presagio de victoria,
un rayo de libertad.
Del monte en las quiebras hondas
resuena su voz terrible,
como el huracán horrible
que anuncia la tempestad.
Rápido vuela el caballo,
ya del combate impaciente,

mucho más que el rayo ardiente
en su carrera veloz.

Entre una nube de polvo
desaparece el guerrero,
se ve aún brillar su acero,
se oye a lo lejos su voz:
     "¡Gloria, gloria! ¡Yo no quero
una vergonzosa paz;
busco en medio de la guerra
la muerte o la libertad!"

A mi amada llorando (1840)

No llores, amada mía,
que con tu llanto de fuego
arrebatas el sosiego
de mi amante corazón.
     No naciste para el llanto,
que el placer es tu destino;
sobre tu rostro divino
no reine, hermosa, el dolor.

Llore el triste que te adora,
y que en su dolor no alcanza
ni consuelo ni esperanza
a su ardiente y fino amor.
     Llore el mísero que lucha
con una pasión insana;
llore al que esperanza vana
engañó su corazón.

Pero tú, mujer divina,
no naciste para el duelo;
perteneces toda al cielo,
y en el cielo no hay dolor.
     En tu boca purpurina
tenga la risa su asiento;

en tus ojos el contento;
la paz en tu corazón.

No el llanto, no, de tus ojos
eclipse la luz fulgente;
levanta al cielo tu frente,
ángel de dicha y amor.
Y pasa alegre tu vida
circundada de ventura,
en tanto que de amargura
el cáliz apuro yo.

Mi tristeza

Exhala pesarosa el alma mía
suspiros tiernos en la noche obscura;
de dolor lleno, lleno de amargura
me encuentra sin cesar el claro día.

La sonora y acorde melodía
de las aves; la rústica natura;
su perfección, sus obras, su hermosura,
nada puede distraer mi fantasía.

Tristeza es solamente mi elemento,
tristeza en derredor tan sólo miro;
tristeza engendra en mí también el viento

Que siempre lo trasformo en un suspiro,
y de tanto penar el complemento
es este amor fatal que yo respiro.

JUAN MARÍA GUTIÉRREZ
Argentina: 1809-1878

Ingeniero y abogado, poeta reconocido en su país, hombre de grandes y variados talentos, crítico feroz de España y de todo lo español, aun en 1875 rechaza el diploma de Miembro Correspondiente de la Real Academia Española, causando escándalo comentado hasta por el colombiano Miguel Antonio Caro. Realiza investigaciones políticas, históricas, sociales y antropológicas; escribe crítica literaria y desempeña cargos políticos, periodísticos y universitarios. Muy amigo de los poetas de su tiempo, participa en el 'Salón literario' y la 'Asociación de Mayo' en Buenos Aires, contribuyendo varios discursos. Por su oposición al régimen de Rosas, se hace uno de los proscritos argentinos, estableciéndose en Montevideo, donde en un famoso certamen poético, en 1841, gana el primer premio. En *América poética*, publicado en 1846, reúne por primera vez en un volumen composiciones de poetas de once naciones hispanoamericanas. Viaja por Europa, Brasil, Chile (donde es Director de la Escuela de Náutica de Valparaíso), Perú y Ecuador, volviendo a la Argentina en 1852. Allí se dedica a la publicación y colección de libros, desempeña cargos en varios gobiernos, y es nombrado Rector de la Universidad en 1861. Su amistad con los poetas románticos contemporáneos suyos, por ejemplo con los colombianos José Eusebio Caro y Rafael Pombo, perdura y da lugar a una larga correspondencia. Escribe versos a lo largo de su vida, aunque con intermitencias; entre ellos se le reconocen sobre todo sus poemas patrióticos.

Generalmente conocido como espíritu razonable entre los apasionados románticos, alguna de su poesía evidencia rasgos de vehemente patriotismo en la descripción viva de la historia reciente de su país. Fue gran defensor del americanismo en la literatura. Creía que en la literatura española no hay libro que se equipare con lo mejor de la literatura francesa, inglesa e italiana. En su "Discurso" de 1837 había pronunciado: "Nula, pues, la ciencia y la literatura españolas, debemos nosotros divorciarnos completamente con ellas, y emanciparnos a este respecto de las tradiciones peninsulares, como supimos hacerlo en política, cuando nos proclamamos libres... Si hemos de tener una literatura, hagamos que sea **nacional**; que represente nuestras costumbres y nuestra naturaleza..." (37), porque –había dicho– la literatura "es tan peculiar a cada pueblo, como las facciones del rostro entre los individuos: la influencia extranjera es pasajera en ella; pero en su esencia no está, ni puede estarlo, sujeta a otros cambios que a los que trae consigo el progreso del país a que pertenece" (30). Consideraba que la poesía es "una planta que nace espontáneamente en el seno de las sociedades que empiezan a formarse" (40). Explicitó que la poesía es "el fruto de una fantasía fértil y poderosa, que expresa con rara vivacidad y con palabras inmortales las cosas que la hieren: que es la contemplación fervorosa y grave que hace el alma sobre sí misma, y sobre los grandiosos espectáculos que presenta la naturaleza" (39). Su ensayo "La literatura de Mayo", de 1871, ofrece una entusiasta evaluación de la poesía de la Independencia, llamando a los poetas "los sacerdotes de la creencia de Mayo" (164).

Bibliografía breve:

Poesías. Estudio preliminar y notas de Rafael Alberto Arrieta. Buenos Aires: Eds. Estrada, 1945.

"Discurso en la inauguración del salón literario, el 23 de junio de 1837", en *El ensayo romántico*. Selección por Adolfo Prieto. Buenos Aires: CEAL, 1967. 29-41.

"La literatura de Mayo" [1871], en Juan María Gutiérrez, *Estudios histórico-literarios*. Selección, prólogo y notas de Ernesto Morales. Buenos Aires: Ed. Angel Estrada y Cía, 1940. 163-182.

Revista de la Universidad de Buenos Aires, Año IV no. 4 (oct-dic. 1959) [número dedicado a Gutiérrez].

Rodó, José E. "Juan María Gutiérrez" [1895], *Obras completas*. Madrid: Aguilar, 1957. 745-751.

Endecha del gaucho (1838)[1]

Mi caballo era mi vida,
mi bien, mi único tesoro;
a quien me vuelve mi Moro,
yo le daré mi querida
que es hermosa como un oro.

A mí nada me faltaba
cuando mi Moro vivía,
libre era cuanto quería,
ni guapetón me insultaba,
ni alcalde me perseguía.

En todo pago y camino
donde estampó las pisadas,
allí sus glorias grabada
dejó, y renombre divino,
por las carreras ganadas.

Fuego en sus ojos lucía,
y de rabia y de despecho,
la espuma arrojaba al pecho,
si tras el pato corría,
y otro le ganaba en trecho.

Mi caballo era una flecha
cuando la espuela le hincaba:
zanjas y arroyos saltaba,
cuando en mi mano derecha
la bola certera alzaba.

¡Ombú que me das abrigo!
¿Te acuerdas cuando venía
bajo tu sombra María,

---

[1]Texto de: *Poesías*. Este poema, con "La bandera de Mayo", se hizo muy popular en su época.

68

a ponerte por testigo
de las llamas en que ardía?

¿Te acuerdas cómo bufaba
el moro lleno de brío,
al sentir que el amor mío
con tus crines jugueteaba
como con olas del río?..

Mi caballo era mi vida,
mi bien, mi único tesoro:
¡Indio, vuélveme mi Moro,
yo te daré mi querida
que es luciente como el oro!

Escenas de la mazorca (1841) [selecciones]

Frenética turba de plebe insolente
se lanza a las calles cual lava ferviente
que brota del seno de oscuro volcán;
y trémulas manos del miedo guiadas
elevan al cielo con voces turbadas
las madres que al sueño los ojos no dan.

Las blandas doncellas que en blanco y celeste,
colores del cielo, matizan la veste
y al cuello los llevan que el sol les doró,
esconden llorosas las cintas azules,
los velos y encajes, las flores y tules
que tantas miradas y triunfos les dió.

Cerrojos y llaves y pasos medrosos
se escuchan mezclados con tristes sollozos,
y el muerto silencio sucede al placer.
Los dedos que herían el piano y guitarra,
helados trepidan cual tiembla en la garra
del tigre del bosque la corza al nacer.

La noche se envuelve de horror en crespones,
las casas parecen calladas prisiones,
las luces se extinguen del alto fanal.
Parece que el viento silbara en cipreses
y el oído imagina que escucha las preces
del pueblo cadáver que fué capital.

En tanto cien monstruos abortos del crimen,
trenzados flagelos rojizos esgrimen,
con brazo pujante que anima el licor:
del labio vomitan palabras obscenas,
aguzan puñales, preparan cadenas
y entonan cantares que infunden pavor:

"¡Que tiemblen, que tiemblen los cultos porteños!
¡Que tiemblen en vela, que tiemblen en sueños,
su llanto queremos, su sangre y su honor!
Nosotros nacimos en chozas pajizas,
nosotros queremos volver en cenizas
las ricas moradas del rico señor.
....

"¡Qué bella es la calle que llaman Florida
para una carrera de pato tendida
do luzcan a un tiempo jinete y bagual!
Haremos que vengan dos mil unitarios,
dos mil parricidas, dos mil unitarios
y arranquen las piedras dejándola igual.
........................"

Al eco salvaje de tales canciones
el brío se abate de mil corazones,
y el sueño y la calma con ellos se van.
Y el bárbaro aguza sus canes hambrientos
porque le solazan los tristes lamentos
que en duros martirios sus víctimas dan.

¡Ay, tristes! Penetran en quieta morada...
Mañana de luto toda ella colgada

dirá sin palabras las cosas que vió:
el tálamo vuelto sepulcro de esposos,
el látigo hiriendo los senos hermosos,
y el hondo quejido do el beso sonó.

El árbol de la llanura (1842)

Sobre la faz severa de la extendida pampa
su sombra bienhechora derrama el alto ombú,
como si fuera nube venida de los cielos
para templar en algo los rayos de la luz.

El solo, poderoso, puede elevar la frente
sin que la abrase el fuego del irritado sol,
en la estación que el potro discurre en la llanura
de libertad sediento, frenético de amor.

El solo, hijo gigante de América fecunda,
aislado se presenta con ademán audaz,
a desafiar el golpe del repentino rayo,
a desafiar las iras del recio vendaval.

En tanto que las hojas de su guirnalda inmensa,
apenas se conmueven sobre su altiva sien,
apuran sus corceles los hombres del desierto,
asilo, temboloroso, pidiéndole a su pie.

Y encuentran cobijados del pabellón frondoso,
abrigo contra el soplo del viento destructor,
y en calorosa siesta la sombra regalada
que inspira dulces sueños cargados de ilusión.

¡Oh! necio del que inculpa por indolente al gaucho
que techo artificioso no quiere levantar:
el cielo le ha construído palacio de verdura
al pie de la laguna, su transparente umbral.

¿No mira cual se mecen las redes del hamaca,
al viento perfumado que ha calentado el sol,
y dentro de ella un niño desnudo y sin malicia
de los amores fruto que el árbol protegió?

¿En derredor no mira los potros maniatados,
las bolas silbadoras, el lazo y el puñal?
¿La hoguera que sazona riquísimos ijares
y el poncho y la guitarra y el rojo chiripá?

En todos los placeres del gaucho y los dolores,
el árbol del desierto derrama protección:
con su murmurio encubre la voz de los amantes
o el ¡ay! del que al certero cuchillo sucumbió.

Por eso muchas veces se miran lavantados
al pie del vasto tronco de un olvidado ombú,
pidiendo llanto y preces al raudo pasajero,
los siempre abiertos brazos de la bendita cruz.

La flor del aire (1843)

"¡Oh bella flor, oh bella flor del aire!
¿Quién eres, dime, quién te dio tu ser?
Es imposible que entre ti no aliente
el tierno corazón de una mujer.

"Dímelo a mí, que soy discreto y te amo;
el eco tuyo nadie escuchará;
duermen aún las aves en el nido
y las olas también del Paraná."

Así una vez interrogué curioso
a ese ente puro, blanco, celestial,
que más que flor la lágrima parece
que arranca al alma el amoroso mal.

A ese ente puro que cual perla brilla
sobre las ramas ricas en verdor;
huye la tierra, y solo pide al cielo
húmedas brisas, luces y calor.

Un colibrí, moviendo las alitas,
rubí, topacios, oro derramó,
y fue amoroso revolando inquieto
y dentro el cáliz de la flor bebió.

Entonces vi, cual llanto doloroso,
líquidas perlas de la flor brotar,
la pérdida llorando del almíbar
que el colibrí se deleitó en libar.

Cerró las hojas pálidas, marchitas;
el albo seno púdica veló,
como la virgen que al salir del baño
huellas humanas en la arena vio.

Corrió ante mí sus velos el misterio,
supe el emblema de la aislada flor:
ella es la esencia del candor del alma
que se disipa al beso del amor.

Mi ausente (1844)

Abrazada de un árbol
   la flor del aire,
se inclinaba a un arroyo
   para besarle,
   mientras con ámbar,
a los vientos livianos,
   aprisionaba.

Yo no sé por qué al verla
   lancé un suspiro,
y al pensar en mi ausente

sentí martirio:
Flor es del aire
en fragancia, en belleza,
y en lo mudable.

La bandera de Mayo (1846)

Al cielo arrebataron nuestros gigantes padres
el blanco y el celeste de nuestro pabellón,
por eso en las regiones de la victoria ondea
ese hijo de los cielos que no degeneró.

Cual águila en acecho se alzaba sobre el mundo
para saber qué pueblos necesitaban de él;
y llanos y montañas atravesando y ríos,
la libertad clavaba donde clavaba el pie.

Del cóndor de los Andes las alas no pudieron
seguir en sus victorias al pabellón azul;
ni la pupila impávida del águila un momento
pudo mirar de frente su inextinguible luz.

Alcemos sus colores con vanidad, hermanos,
de nuestra gran familia el apellido es él:
dos bandos fratricidas le llevan en sus lanzas,
mañana en torno suyo se abrazarán también.

GABRIEL DE LA CONCEPCIÓN VALDÉS
(«Plácido»)
Cuba: 1809-1844

Existen pocos datos biográficos sobre este poeta, conocido en Hispanoamérica como 'Plácido'. Nace en Matanzas, hijo ilegítimo de un mulato criollo y una española, tomando el apellido de Fray Gerónimo Valdés, fundador de la Casa Cuna donde es bautizado. Es criado por la abuela materna; nunca recibe educación formal, aunque demuestra tempranos talentos de lectura y pintura. Comienza a escribir versos en la adolescencia. Se gana la vida malamente como tipógrafo, carpintero y peinetero, a la vez que deambula por la isla recitando sus versos y escribiendo otros por encargo. Es gran improvisador, fácil versificador y alegre contertulio, con gran familiaridad de la poesía de su época. Se enamora de Fela, quien muere de cólera en 1833; en 1842 se casa con María Gila Morales. Obtiene un arreglo con un periódico de Matanzas para publicar poemas con regularidad. Logra hacer una edición de sus poesías, en 1836; es poeta prolífico pero muy desigual. Acusado como uno de los participantes de un supuesto complot contra el gobierno, es fusilado por las autoridades españoles. Más de 20,000 espectadores asisten para ver morir al poeta popular el que se convierte así en figura mártir. Los oficiales que le acusan son luego ellos mismos acusados y hoy se reconoce que el caso contra Plácido y sus diez co-acusados carecía de fundamento.

Acaso por su poca formación intelectual y su gran facilidad de versificar, sus poemas –que cuentan más de 400, casi todos breves– son muy desiguales. Son notables algunos por sus rasgos imitativos como otros por su originalidad y soltura. Abundan los versos de circunstancia (cumpleaños, muerte, dedicados y de álbum). Escribió sonetos, romances, y fábulas, poemas sobre temas históricos, religiosos y en especial de amor. Es notable, con respecto al tema de la mujer, que Plácido –aunque puede expresar idealización–, es de los pocos poetas que reconoce la situación real de la mujer en su época. Le ganó fama póstuma la "Plegaria a Dios", escrita durante los últimos días de su vida, en la prisión y condenado a muerte.

Bibliografía breve:

Plácido. Poesías completas (Con doscientas diez composiciones inéditas y su retrato y un prólogo biográfico) por Sebastián Alfredo de Morales. La Habana: La Primera de Papel, 1886. [esta ed. es considerada la más completa, ya que su compilador fue amigo de 'Plácido'; los datos biográficos sobre el poeta fueron tomados mayormente de este volumen].

Poesías de Plácido (Gabriel de la Concepción Valdés). Francisco Javier Vingut, ed. New York: Roe Lockwood and Son, 1855 (Morales disputa la validez de esta edición; existen ligeras variantes entre los textos de las dos ediciones).

Castellano, J. "Plácido, poeta social", *Exilio* 5, 2(1971): 63-96.

Stimson, F.S. y H.E. Robles, "Introducción" a *Los poemas más representativos de Plácido (ed. crítica)*. Chapel Hill, NC.: Estudios de Hispanófila, 1976. 9-27.

A una ingrata[1]
(Soneto)

Basta de amor: si un tiempo te quería
ya se acabó mi juvenil locura,
porque es, Celia, tu cándida hermosura
como la nieve, deslumbrante y fría.

No encuentro en ti la estrema simpatía
que ansiosa mi alma contemplar procura,
ni en el silencio de la noche oscura,
ni a la espléndida faz del claro día.

Amor no quiero como tú me amas,
sorda a mis ayes, insensible al ruego;
quiero de mirtos adornar con ramas

---

[1]Textos de *Plácido. Poesías completas...*, ed. Alfr. de Morales.

Un corazón que me idolatre ciego;
quiero abrazar una mujer de llamas,
quiero besar una mujer de fuego.

Al Yumurí

Manso arroyuelo que un día
de Sur a Norte corrieras,
antes que te diese el paso
esa montaña soberbia
que a impulsos de un terremoto
su seno profundo abriera:
de entonces acá variaste,
y en vez de campiña amena,
poblada de gayas flores,
y verdes enredaderas;
cambiaste por cieno inmundo
tu fina y brillante arena;
hoy llevas cardos por lirios,
y manglares por palmeras.
Tú, semejante a los hombres,
ambiciosos de grandezas,
cuanto más tu cauce ensanchas
tienes la tumba más cerca.

¡Quién sabe, si antes que ese monte altivo
senda te abriese al borrascoso mar
ya tú minabas su cimiento vivo,
para mas breve sepultura hallar!

Así los séres que Jehová creara
como revelación de su existir,
derriban la virtud que les ampara
y anhelando gozar, van a morir.

¡Quién sabe si en tu fondo cenagoso
algun tesoro oculto se hallará,

o en subterráneo oscuro, misterioso,
de Hatuey entero el esqueleto está!

¡Quizá en él mismo se hallará clavada
morisca lanza que Almanzor blandió,
y en Santa Fe delante de Granada
familias mil en la orfandad sumió...!

Y esa, que vió turbantes con rubíes,
y gallardos pendones ondear,
y sobre capellares carmesíes
cifras de oro de ofir reverberar,

Esa que en los torneos y saraos
lucir apuestos caballeros vió,
y vió de Palos al partir las naos
llorar el pueblo que Colón dejó:

¡Hoy despreciada, ignota, enmohecida
aciértanla tal vez solo a tocar
piedra por las crecientes impelida,
o el remo de una lancha en baja-mar.

¿Dónde fueron, río manso,
aquellas góndolas listas,
con sus caprichosas velas
de verde guano tejidas?

¿Dónde aquellas banderolas
de nítido algodón, fijas
sobre derechos bambúes
rojos soles de bija?

¿Dónde aquellas prestas balsas
fingiendo flotantes islas
con sus guirnaldas de hojas
por gallardetes de cintas?

¿Dónde los hombres tostados,
cuyas zumbadoras viras,
alcanzaban en las nubes
las garzas que el aire hendían?

¿Y dónde, por fin, aquellas
modestas vírjenes indias,
sutiles como tus olas,
y puras como ellas mismas;

Que en la noche con antorchas
de sasafrás encendidas,
formando un bosque de fuego
te iluminaban festivas?

¡Aun me parece escuchar
sus selváticas cantigas,
y que redoble sus ecos
la inmensa gruta vecina!

¡Aun las contempla mi mente
al soplo de blanda brisa,
que sus cimeras de plumas
y sus cendales agita!

Sus negras madejas veo
por la áurea espalda tendidas,
sus ledas frentes, sus ojos
centellantes de alegría.

¿Qué fué de esa pompa agreste?
¿De esa perdurable vida?
¿De esos amores sin celos?
¿De esos goces sin malicia?

¡Todo se acabó!... ¡Desierto,
solitario al mar caminas,
al triste son de las ranas
que nacen en tus orillas!...

Eres recuerdo profundo,
como osamenta marina
hallada por un viajero
en los desiertos de Libia.

Cuando la noche te cubre
de opacas sombras ceñida,
te es dado ver solamente
en tu ribera sombría,

Algún amante que espera,
algún vate que medita,
o desventurados siervos
que sus tormentos disipan.

Perdiste tus festines y tus flores,
tersura, arenas, palmas y nación;
eres como un poeta sin amores,
como la ancianidad sin sucesión.

¡Quién sabe si en algún cobo
de magnitud prodigiosa,
con jeroglíficos signos
estará escrita una historia;

Y al encontrarlo en tu marjen
tosco pescador lo arroja
por parecerle las cifras
arañazos de la concha!

¡Quién sabe si un joven indio
del conticinio en la hora,
te atravesó recitando
amantes y dulces trovas,

Y al cabo de cuatro siglos,
aun viene a llorar su sombra
sobre tí, que eres la tumba
de sus hijos y su esposa!

Hoy tienes vírjenes bellas,
mas aristócratas todas,
que a la par que se llaman tuyas,
miran con desdén tus olas.

Ni a tus orillas se acercan
porque rehusan o ignoran
los inocentes placeres
que en tu soledad se gozan.

¡Tanto es verdad que los pueblos
henchidos de fausto y gloria
pierden en puras delicias
cuanto aventajan en pompa!

Adios, callado y memorable río,
cual mística sirena entra en el mar,
recitando el humilde canto mío,
de tus ondas al dulce murmurar.

El almo Dios consérvelas serenas,
y de los siglos vuélvate hasta el fin,
tus góndolas, tus palmas, tus arenas,
y tus conchas de nácar y carmín.

La flor del café

Prendado estoy de una hermosa
por quien la vida daré
si me acoje cariñosa;
porque es cándida y preciosa
como la flor del café.

Son sus ojos refulgentes,
grana en sus labios se ve,
y son sus menudos dientes,
blancos, parejos, lucientes,
como la flor del café.

Una sola vez la hablé
y la dije: "¿Me amas, Flora?
Y más cantares te haré,
que perlas llueve la aurora
Sobre la flor del café.

Ser fino y constante juro,
de cumplirlo estoy seguro,
hasta morir te amaré;
porque mi pecho es tan puro
como la flor del café."

Ella contestó al momento:
"De un poeta el juramento
en mi vida creeré,
porque se va con el viento,
como la flor del café.

"Cuando sus almas fogosas
ofrecen eterna fe,
nos llaman ninfas y diosas,
más fragantes que las rosas
y las flores del café.

"Mas cuando ya han conseguido,
ver su amor correspondido
y va a ellos nuestra fe
como el céfiro dormido
sobre la flor del café.

"Entonces, abandonada
en soledad desgraciada
dejan la que amante fue,
como en el polvo agostada
yace la flor del café."

Yo repuse: "Tanta queja
suspende, Flora, porque
también la mujer se deja

picar de cualquier abeja
como la flor del café.

"Quiéreme, trigueña mía,
y hasta el postrimero día
no dudes que fiel seré;
tú serás mi poesía
y yo tu flor del café.

A tu lado cantaré,
de amor al lánguido rayo
radiante de gloria y fe
como en mañana de mayo
brilla la flor del café."

Suspiró con emoción,
miróme, calló y se fue;
y desde tal ocasión
siempre sobre el corazón
traigo la flor del café.

(Epigrama)

Casóse Lesbia, y ganó
con sólo haberse casado.
–"¿Tú presumes que ha ganado?
Pues al contrario, perdió."
–"¿Cómo dices que ha perdido
en sentencia terminante?"
–"Porque se acaba el amante
en donde empieza el marido."

A mi amigo Nicolás Ayala. En la muerte de Fela
(1833)

Brilla el Sol en Oriente, reina el día
marchando llega al fin de su carrera,

húndese en el ocaso, y la ancha esfera
cubre la noche de tiniebla fría:
Sigue al Invierno rica de alegría
la risueña y felice Primavera,
y Otoño aguarda que el Estío muera
para extender su blanda monarquía.

Todo tiene su fin; la risa, el llanto,
y el placer, Nicolás; pero mi suerte,
mi crecido dolor y mi quebranto,

Mi terrible aflicción y pena fuerte
por el perdido bien que adoré tanto,
sólo puede aliviarse con la muerte.

El eco de la gruta (1834)[1]

"¡Hijo de Hatuey, salud!" dijeron ledas
las altas cumbres y arenosas playas
que ornan los campos de la virgen Cuba;
cuando el bajel velero divisaran
conductor de su bardo, el dulce HEREDIA
a quien cubriera de laurel la Fama.

Las bellas sienes de jazmin ceñidas
sus ninfas muestran y azucenas blancas,
y al son del plectro que los vates pulsan,
en sacros himnos sus loores cantan.

No de otra suerte de Fingal las hijas
de Morven por las selvas solitarias,
cánticos gratos de placer virtiendo,
y al palacio de Selma se acercaban,

---

[1]Cuando Heredia visitó en 1834 la ciudad de Matanzas, Cuba, este poema
le fue entregado por Plácido en pliego cerrado, con la condición de que no
rompiese el sello hasta alta mar, de regreso para México (*Poesías*, Nota de
Fr. Javier Vingut, ed.; pág. 246).

a victorear la deseada vuelta
de Osián famoso por la voz y el arpa.

   Yo, el más humilde y débil de los hijos
que del índico mar la reina halaga,
en tu prez canto de lisonja ajeno;
y cual la gota líquida que el alba
destila sobre el cáliz de una rosa,
así mi voz será, pura y sin mancha.[1]
....

   Admite, pues, de quien tu ingenio admira,
El ECO DE LA GRUTA, que en las aguas
del sesgo Yumurí cantan Nereidas
de aguinaldos y güines coronadas,
y en la serena noche lo repiten
la voz de sus arroyos y sus palmas.

A una virjen muerta (1839)[2]

   ¿Es el mundo un jardín de alegres flores,
en que velan los justos como amores
para sus bellos cálices libar?
¿Será nuestro existir dulce beleño?
¿De fantasmas y sombras será sueño?
¿Será tal vez de lágrimas un mar,
en que surca la nave de la vida,
teniendo por borrascas combatida
al puerto de las tumbas que arribar?

   La tumba es el puerto, la nave es la vida,
que al templo nos lleva de la eternidad.

---

[1]Elipsis en el texto.

[2]En la edición de Vingut este poema aparece --con ligeros variantes--,
bajo el título "En la muerte de la señorita Doña Juana Ruiz de la Plaza".

¡Ay de la que llega con presta corrida
cual ésta, infelice!... Mortales mirad
en fúnebre lecho de llanto y tristura
como en seco polvo marchito alelí,
mirad sin aliento la virjen mas pura
de cuantas ha visto brillar Yumurí.

Al verla se desconsuelan
los que adoran su virtud,
aun sus gracias se revelan,
y castos amores vuelan
en torno de su ataúd.
Llora el bardo, y tristemente
su canto de muerte entona
cándida palma fuljente
orna su mano, y su frente
ciñe divinal corona.

Duerme en la tumba,
duerme feliz,
virjen sagrada
del Yumurí.
Desde la gloria
que habitas, sí,
baja tu frente
de albo jazmín,
y tu mirada
de serafín,
mas que el Sol clara
sobre el zenit,
fíjala, bella,
fíjala en mí;
en este amigo
triste, infeliz,
que fiel derrama
lágrimas mil,
y sin consuelo
llora por ti.
Cual puro lirio

nacer te vi,
y cual temprana
rosa, morir.
   ¡Ay! para siempre
ya te perdí;
mas no te inquietes
por mi sentir.
   Duerme en la tumba,
duerme feliz,
virjen sagrada
del Yumurí.

Y en tanto que cubre la fúnebre losa
tan tierna belleza, tan rara virtud,
escucha, doncella, mi voz querellosa,
y el eco que vierte mi triste laúd.
   Y sonríe a la voz de un amigo,
que quisiérate al mundo tornar,
o bajar al sepulcro contigo,
o contigo en la gloria morar.

A una joven (1839)

Virgen incauta, por tu suerte mira,
huyendo del lazo que falaz te tiende
profano seductor, cuando pretende
mostrarte amor y finje que suspira.
   Torna airada la faz velada en ira,
si su eco impuro tu modestia ofende,
y el fuego vil a sofocar aprende,
que su perverso corazón respira.
   Mas si escuchares su mentido halago,
cuando quieras hacer en la indigencia
de tus virtudes un recuerdo vago,
   Perdido habrás tu cándida inocencia,
y la mofa del mundo será el pago
de tu triste y fatal condescendencia.

Plegaria a Dios (1844)[1]

Ser de inmensa bondad, ¡Dios poderoso!
A Vos acudo en mi dolor vehemente...
¡Extended vuestro brazo omnipotente,
rasgad de la calumnia el velo odioso
y arrancad este sello ignominioso
con que el mundo manchar quiere mi frente!

¡Rey de los Reyes! ¡Dios de mis abuelos!
Vos solo sois mi defensor. ¡Dios mío!
Todo lo puede quien al mar sombrío
olas y peces dio, luz a los cielos,
fuego al Sur, giro al aire, al Norte hielos,
vida a las plantas, movimiento al río.

Todo lo podéis Vos, todo fenece
o se reanima a vuestra voz sagrada;
fuera de Vos, Señor, el todo es nada,
que en la insondable eternidad perece
y aun esa misma nada os obedece,
pues de ella fue la Humaniadad creada.

Yo no os puedo engañar, Dios de clemencia,
y pues vuestra eternal sabiduría
ve a través de mi cuerpo el alma mía,
cual del aire a la clara transparencia,
estorbad que humillada la inocencia
bata sus palmas la calumnia impía.

Estorbadlo, Señor, por la preciosa
sangre vertida, que la culpa sella
del pecado de Adán, o por aquella
Madre cándida, dulce y amorosa,

---

[1]Según cuenta la tradición, este poema fue escrito en su celda, y 'Plácido'
lo recitaba camino a su ejecución.

cuando envuelta en pesar, mustia y llorosa
siguió tu muerte como helíaca estrella.

Mas si cuadra a tu Suma omnipotencia
que yo perezca cual malvado impío,
y que los hombres mi cadáver frío
ultrajen con maligna complacencia...
suene tu voz, acabe mi existencia...
¡Cúmplase en mí tu voluntad, Dios mío!

GERTRUDIS GÓMEZ DE AVELLANEDA
Cuba: 1814-1873

Nace en Camagüey, Cuba, hija de padre español y madre criolla, y comienza a escribir y representar dramas y comedias con sus amigas desde muy joven. A los 22 años, sale para España con su madre y su padrastro –con quien tendrá disgustos a lo largo de su vida–, luego de rechazar varias posibilidades de matrimonio. Entre 1839 y 1854 mantiene correspondencia con Ignacio Cepeda y Alcalde, primero con amor apasionado y luego con amistad. En 1844 tiene una hija, cuyo padre es el poeta Gabriel García Tassara, y que muere a los pocos meses de nacida. Vive una existencia activa, y gana gran prestigio: asiste a tertulias, a conciertos, tiene amores y estrena sus dramas *Munio Alfonso* (1844), *El príncipe de Viana*, (1844), *Baltasar*, (1858) entre otros. En 1846 se casa con Pedro Sabater, quien pronto la deja viuda. En 1853 aspira a ser miembro de la Real Academia Española, pero se le niega entrada por ser mujer. En 1855 contrae un segundo matrimonio, con Domingo Verdugo, quien es apuñalado en 1859 y queda débil de salud. Los esposos son enviados a Cuba, donde Avellaneda se ocupa de publicar revistas y escribir. En las fiestas celebradas en su honor en La Habana, Luisa Pérez de Zambrana le coloca la corona. El esposo sobrevive sólo pocos años, y en 1864 Gómez de Avellaneda decide regresar a España, nuevamente viuda. Muere en Madrid, solitaria y casi olvidada.

Gertrudis Gómez de Avellaneda había podido publicar tres ediciones de su poesía, en 1841, 1850 y 1873. Sus novelas *Sab* (de 1841) y *Guatimozín, último emperador de México* (de 1846) son notables por ser de las primeras obras abolicionista e indianista, respectivamente. En alguna de su prosa –sobre todo, por ejemplo, en su obra *Dos mujeres*, de 1844 y en una serie de ensayos periodísticos publicados en Madrid en 1860–, hay indicios un feminismo siglo diecinueve. En cuanto a sus ideas sobre poesía, es de gran interés el prólogo que escribió la poetisa para la segunda edición de las *Poesías* de Luisa Pérez de Zambrana. Allí opinó: "Si bien la poesía de un pueblo o de una época, considerada en su espíritu general, nos presenta indudablemente la síntesis imperecedera de la vida común, de las ideas y las pasiones dominantes en la atmósfera moral e intelectual en que fue producida; en el poeta individualmente examinado, no sólo no hallamos siempre la imagen o la expresión de la sociedad en que vive, sino que suele presentársenos como su enérgica antítesis; como heraldo peregrino y solitario de un orden de ideas mucho más avanzado que su nación o su siglo... Esa facultad misteriosa, esencialmente creadora y como tal dotada del íntimo sentimiento de lo bello, de la aspiración al infinito, que constituye su fecunda vida y su sublime infortunio, más bien parece apropiada para misión de inspirar, dirigir y fecundizar el espíritu de la época, que para asimilárselo meramente revistiéndole de formas inmortales." Avellaneda consideraba la literatura 'moderna' como en "perfecta consonancia con el espíritu moderno, evidentemente nivelador y universal" (ibid.).

En su prolífica producción hay abundantes temas y motivos cubanos. Sin embargo, su larga estancia en España ha dado lugar a una polémica acerca su ubicación literaria nacional, algunos críticos considerándola como poeta peninsular. Su poesía fue considerada 'varonil' en su época; se ha hecho famosa la frase de uno de sus contemporáneos: "Es mucho hombre esa mujer", y Juan Nicasio Gallego, prologuista a la primera edición de los poemas de Avellaneda afirma que en sus poemas se entrevé "gravedad y elevación de los pensamientos... Cuesta trabajo persuadirse que no son obra de un escritor del otro sexo". José Martí comentó en 1875 que "no hay mujer en Gertrudis Gómez de Avellaneda: todo anunciaba en ella un ánimo potente y varonil; era su cuerpo alto y robusto, como su poesía ruda y energética..." Hoy se le reconocen a Gertrudis Gómez de Avellaneda sus innovaciones métricas.

Bibliografía breve:

Obras literarias de la señora doña Gertrudis Gómez de Avellaneda. Madrid: Imprenta y estereotipia de M. Rivadeneyra, 1869. Tomo I. "Poesías líricas".
Diario de amor. Autobiografía, cartas a Ignacio de Cepeda. [1839-1854]. La Habana: Instituto del Libro, 1969.
"Prólogo" a la segunda edición de las *Poesías* de Luisa Pérez de Zambrana (q.v.).
Arias, S. "Algunas notas sobre la poesía lírica de la Avellaneda", *Islas*, 44 (1973): 43-90.

Bravo-Villasante, Carmen, *Una vida romántica – la Avellaneda.* Barcelona: Edhasa, 1967.

Lazo, R. *Gertrudis Gómez de Avellaneda. La mujer y la poetisa lírica.* México: Porrúa, 1973.

Martí, José. "Tres libros – poetisas americanas..." *Obras completas.* Vol. 8. 2a ed. La Habana: Ed. de Ciencias sociales, 1975. 309-313.

Roselló, Aurora. "Naturaleza, ambiente, y paisaje en la poesía lírica de Gómez de Avellaneda", en Zaldívar y Martínez, q.v.: 153-173.

Zaldívar, G. "La noche mágica y otros temas afines en un poema de la Avellaneda", en Zaldívar y Martínez, q.v.: 174-179.

Zaldívar, Gladys y R. Martínez de Cabrera, *Homenaje a Gertrudis Gómez de Avellaneda. Memorias del simposio en el centenario de su muerte.* Miami: Eds. Universal, 1981.

Al partir (1836)[1]

¡Perla del mar! ¡Estrella de Occidente!
¡Hermosa Cuba! tu brillante cielo,
la noche cubre con su opaco velo
como cubre el dolor mi triste frente.

¡Voy a partir!... La chusma diligente
para arrancarme del nativo suelo
las velas iza y pronta a su desvelo
la brisa acude de tu zona ardiente.

¡Adios, patria feliz, edén querido!
Doquier que el hado en su furor me impela
tu dulce nombre halagará mi oído.

¡Adiós!... Ya cruje la turgente vela,
el ancla se alza... el buque, estremecido
las olas corta y silencioso vuela!

---

[1]Texto de *Obras literarias...*, 1869.

Al sol (1839)
(En un día del mes de diciembre)

Reina en el cielo ¡Sol! reina, e inflama
con tu almo fuego mi cansado pecho;
sin luz, sin brío, comprimido, estrecho,
un rayo anhela de tu ardiente llama.

A tu influjo feliz brote la grama,
el hielo caiga a tu fulgor deshecho;
¡Sal, del invierno rígido a despecho,
rey de la esfera, sal; mi voz te llama!

De los dichosos campos, do mi cuna
recibió de tus rayos el tesoro,
me aleja para siempre la fortuna:

Bajo otro cielo, en otra tierra lloro...
Donde la niebla abrúmame importuna...
¡Sal rompiéndola, Sol; que yo te imploro![1]

A una mariposa (1841)

Fugaz mariposa,
que de oro y zafir
las alas despliegas,
gozosa y feliz.

¡Cuál siguen mis ojos
tu vuelo gentil,
cuando reina te alzas
del bello jardín!

---

[1] En la versión original los dos últimos versos rezan: "esta nieve luciente
me importuna. / ¡El invierno me mata!... yo te imploro."

Si le dan riquezas
la aurora y abril
—de albores y aromas—
todo es para ti.

Te rinde la dalia
su vario matiz;
su altiva hermosura
te presenta el lis.

Perfumes la viola
—que evita el lucir—
te manda en las alas
del aura sutil.

Ya libas el lirio,
ya el fresco alhelí,
ya trémula besas
el blanco jazmín.

Mas ¡ay! cuán en vano
mil flores y mil
por fijar se afanan
tu vuelo sin fin!...

¡Ay!, que ya te lleva
tu audaz frenesí
do ostenta la rosa
su puro carmín.

¡Temeraria, tente
¿Do vas infeliz?...
¿No ves las espinas
punzantes salir?

¡Torna a tu violeta!
¡Torna a tu alelí!
No quieras ¡incauta!
clavada morir.[1]

A la poesía (1841)

¡Oh tú, del alto cielo
precioso don, al hombre concedido!
¡Tú, de mis penas íntimo consuelo.
De mis placeres manantial querido!
¡Alma del orbe, ardiente Poesía,
dicta el acento de la lira mía!

Díctalo, sí; que enciende
tu amor mi seno y sin cesar ansío
la poderosa voz –que espacios hiende–
para aclamar tu excelso poderío;
y en la naturaleza augusta y bella
buscar, seguir y señalar tu huella.

¡Mil veces desgraciado
quien –al fulgor de tu hermosura ciego–
en su alma inerte y corazón helado
no abriga un rayo de tu dulce fuego;
que es el mundo, sin ti, templo vacío,
cielos sin claridad, cadáver frío!

---

[1]Este poema sufrió mayores revisiones entre la primera y última edición. Por ejemplo, después de la segunda estrofa, en la primera versión las siguientes cuatro estrofas rezan así: Ya rauda te lanzas / al bello jardín, / ya en rápidos giros / te acercas a mí. / Del sol a los rayos / que empieza a lucir, / ¡con cuánta riquza / te brinda el pensil! / Sus flores la acacia / despliega por ti / y el clavel fragante / su ardiente rubí. / Abre la violeta / su seno turquí, / la anémona luce / su vario matiz. / Ya libas... etc.

Mas yo doquier te miro;
doquier el alma, estremecida, siente
tu influjo inspirador. El grave giro
de la pálida luna, el refulgente
trono del sol, la tarde, la alborada...
Todo me habla de ti con voz callada.

En cuanto ama y admira
te halla mi mente. Si huracán violento
zumba, y levanta el mar, bramando de ira;
si con rumor responde soñoliento
plácido arroyo al aura que suspira...
Tú alargas para mí cada sonido
y me explicas su místico sentido.

Al férvido verano,
a la apacible y dulce primavera,
al grave otoño y al invierno cano
embellece tu mano lisonjera;
que alcanza, si los pintan tus colores.
¡Calor el hielo, eternidad las flores!

¿Qué a tu dominio inmenso
no sujetó el Señor? En cuanto existe
hallar tu ley y tus misterios pienso:
el universo tu ropaje viste,
y en su conjunto armónico demuestra
que tú guiaste la hacedora diestra.

¡Hablas! ¡Todo renace!
Tu creadora voz los yermos puebla;
espacios no hay, que tu poder no enlace;
y rasgando del tiempo la tiniebla,
de lo pasado al descubrir rüinas,
con tu mágica voz las iluminas.

Por tu acento apremiados,
levántanse del fondo del olvido,
ante tu tribunal, siglos pasados;

y el fallo que pronuncias –transmitido
por una y otra edad en rasgos de oro–
eterniza su gloria o su desdoro.

Tu genio independiente
rompe las sombras del error grosero;
la verdad preconiza; de su frente
vela con flores el rigor severo;
dándole al pueblo, en bellas creaciones,
de saber y virtud santas lecciones.

Tu espíritu sublime
ennoblece la lid; tu épica trompa
brillo eternal en el laurel imprime;
al triunfo presta inusitada pompa;
y los ilustres hechos que proclama
fatiga son del eco de la fama.

Mas si entre gayas flores
a la beldad consagras tus acentos;
si retratas los tímidos amores;
si enalteces sus rápidos contentos;
a despecho del tiempo, en tus anales
beldad, placer y amor son inmortales.

Así en el mundo suenan
del amante Petrarca los gemidos;
los siglos con su canto se enajenan;
y unos tras otros –de su amor movidos–
van de Valclusa a demandar al aura
el dulce nombre del cantor de Laura.

¡Oh! No orgullosa aspiro
a conquistar el lauro refulgente
que humilde acato y entusiasta admiro
de tan gran vate la inspirada frente;
ni ambicionan mis labios juveniles
el clarín sacro del cantor de Aquiles.

No tan ilustres huellas
seguir es dado a mi insegura planta...
Mas –abrasada al fuego que destellas–,
¡oh, ingenio bienhechor! a tu ara santa
mi pobre ofrenda estremecida elevo,
y una sonrisa a demandar me atrevo.

Cuando las frescas galas
de mi lozana juventud se lleve
el veloz tiempo en sus potentes alas,
y huyan mis dichas, como el humo leve,
serás aún mi sueño lisonjero,
y veré hermoso tu favor primero.

Dame que pueda entonces,
¡virgen de paz, sublime Poesía!,
no transmitir en mármoles ni en bronces
con rasgos tuyos la memoria mía;
sólo arrullar, cantando mis pesares,
a la sombra feliz de tus altares.

A él

En la aurora lisonjera
de mi juventud florida,
en aquella edad primera,
–breve y dulce primavera
de tantas flores vestida–

Recuerdo que cierto día
vagaba con lento paso
por una floresta umbría,
mientras el sol descendía
melancólico a su ocaso.

Mi alma –que el campo enajena–
se agitaba en vago anhelo

y en aquella hora serena
–de místico encanto llena
bajo el tórrido cielo–

Me pareció que el sinsonte
que sobre el nido piaba;
y la luz que acariciaba
la parda cresta del monte
cuando apacible espiraba;

Y el céfiro, que al capullo
suspiros daba fugaz;
y del arroyo el murmullo,
que acompañaba el arrullo
de la paloma torcaz;
Y de la oveja el balido,
y el cántico del pastor,
y el soñoliento rumor
del ramaje estremecido...
¡Todo me hablaba de amor!

Yo –temblando de emoción–
escuché concento tal,
y en cada palpitación
comprendí que el corazón
llamaba a un ser ideal.

Entonces ¡ah! de repente,
–no como sombra de un sueño,
sino vivo, amante, ardiente–
se presentó ante mi mente
el que era su ignoto dueño.

Reflejaba su mirada
el azul del cielo hermoso;
no cual brilla en la alborada,
sino en la tarde, esmaltada
por tornasol misterioso.

Ni hercúlea talla tenía;
mas esbelto –cual la palma–
su altiva cabeza erguía,
que alumbrada parecía
por resplandores del alma.

Yo, en profundo arrobamiento
de su hálito los olores
cogí en las alas del viento
mezclado con el aliento
de las balsámicas flores;

Y hasta su voz percibía
–llena de extraña dulzura–
en toda aquella armonía
con que el campo despedía
del astro rey la luz pura.

¡Oh, alma!, di ¿quién era aquél
fanstasma amado y sin nombre?...
¿Un genio? ¿Un ángel? ¿Un hombre?
¡Ah, lo sabes!, era *él*;
que su poder no te asombre.

Volaban los años y yo vanamente
buscando seguía mi hermosa visión...
Mas dió al fin la hora; brillar vi tu frente,
Y "es él", dijo al punto mi fiel corazón.

Porque era, no hay duda, tu imagen querida,
–que el alma inspirada logró adivinar–
aquella que en alba feliz de mi vida
miré para nunca poderla olvidar.

Por ti fué mi dulce suspiro primero;
por ti mi constante, secreto anhelar...
y en balde el destino –mostrándose fiero–
tendió entre nosotros las olas del mar.

Buscando aquel mundo que en sueños veía,
surcólas un tiempo valiente Colón...
Por ti –sueño y mundo del ánima mía–
también yo he surcado su inmensa extensión.

Que no tan exacta la aguja al marino
señala el lucero que lo ha de guiar,
cual fija mi mente marcaba el camino
do hallar de mi vida la estrella polar.

Mas ¡ay! yo en mi patria conozco serpiente
que ejerce en las aves terrible poder...
Las mira, les lanza su soplo atrayente
y al punto en sus fauces las hace caer.

¿Y quién no ha mirado gentil mariposa
siguiendo la llama que la ha de abrasar?
¿O quién a la fuente no vió presurosa
correr a perderse sin nombre en el mar?...

¡Poder que me arrastras! ¿Serás tú mi llama?
¿Serás mi oceáno? ¿Mi sierpe serás?...
¿Qué importa? Mi pecho te acepta y te ama,
ya vida, ya muerte, le aguarde detrás.

A la hoja que el viento potente arrebata,
¿De qué le sirviera su rumbo inquirir?...
Ya la alce a las nubes, ya al cieno la abata,
volando, volando la habrá de seguir.

A él (1845)

No existe lazo ya: todo está roto:
plúgole al cielo así: ¡Bendito sea!
Amargo cáliz con placer agoto:
mi alma reposa al fin: nada desea.

Te amé, no te amo ya: piénsolo al menos:
¡Nunca, si fuere error, la verdad mire!
Que tantos años de amargura llenos
trague el olvido, el corazón respire.

Lo has destrozado sin piedad: mi orgullo
una vez y otra vez pisaste insano...
Mas nunca el labio exhalará un murmullo
para acusar tu proceder tirano.

De graves faltas vengador terrible,
dócil llenaste tu misión: ¿lo ignoras?
No era tuyo el poder que irresistible
postró ante ti mis fuerzas vencedoras.

Quísolo Dios y fué: ¡gloria a su nombre!
Todo se terminó: recobro aliento:
¡Angel de las vengazas! ya eres hombre...
Ni amor ni miedo al contemplarte siento.

Cayó tu cetro, se embotó tu espada...
Mas ¡ay! ¡Cuán triste libertad respiro!
Hice un mundo de ti, que hoy se anonada,
y en honda y vasta soledad me miro.

¡Vive dichoso tú! Si en algún día
ves este *adiós* que te dirijo eterno,
sabe que aún tienes en el alma mía
generoso perdón, cariño tierno.

Elegía I (1846)
Despúes de la muerte de mi marido

Otra vez llanto, soledad, tinieblas...
¡Huyó cual humo la ilusión querida!
¡La luz amada que alumbró mi vida
    un relámpago fue!

Brilló para probar sombra pasada;
brilló para anunciar sombra futura;
brilló para morir... y en noche oscura
    para siempre quedé.

Tras luengos años de tormenta ruda,
comenzaba a gozar benigna calma;
mas, ¡ay! que sólo por burlar el alma
    la abandonó el dolor.

Así la pérfida alimaña finge
que a su presa infeliz escapar deja,
y con las garras extendidas, ceja,
    para asirla mejor.

El que ayer era mi sostén y amparo,
hoy de la muerte es mísero trofeo...
¡Por corona nupcial me dio Himeneo
    mustio y triste ciprés!

A las cubanas (1860)

Respiro entre vosotras, ¡oh, hermanas mías!
pasados de la ausencia los largos días,
    y al blando aliento
de vuestro amor el alma revivir siento.

¡Oh! ¡sí! que en el encanto de vuestros ojos
treguas logran del pecho crudos enojos,
    cual dulces brisas
refrescando mi frente vuestras sonrisas.

¡Oh! ¡sí! que en la dulzura de vuestro acento
parece que se embota todo tormento,
    y al alma herida
vuestro cariño lleva savia de vida.

Mi gratitud quisiera, por cada halago,
las perlas de ambos mares rendir en pago,
   y aun cuanto encierra
de más hermoso y rico la vasta tierra.

Mas, ¡ay! de las que vengo, tierras lejanas,
sólo una lira traigo, bellas cubanas...
   ¡Sólo una lira,
que al soplo de las auras triste suspira!

El que antes exhalaba, ferviente canto,
raudales apagaron de acerbo llanto;
   y hoy, cuando vibra,
de postración gemidos al aire libra.

Así, empero, os la rindo; pues no poseo
mayor bien en el mundo, mejor trofeo...
   y acaso aun rotas
sus cuerdas os respondan con dulces notas.

Quizá en este ambiente de poesía
para cantaros cobre nueva armonía,
   y al sol de Cuba
–vuestro amor bendiciendo– su canto suba.

Sí; porque en esta zona de resplandores,
virtudes misteriosas guardan las flores;
   y el pecho herido
se siente por su aroma fortalecido.

Sí; porque en esta Antilla, llena de hechizos,
hay silfos que se mecen en vuestros rizos,
   y a cuyo aliento
se despliegan las alas del pensamiento.

Sí; porque en esta patria de la hermosura
se aspiran en los vientos gloria y ventura,
   y hay en sus sones
de amor y de entusiasmo palpitaciones.

¡Oh, hijas bellas de Cuba! ¡Oh, hermanas mías!
¡Que aquí término el cielo ponga a mis días,
　　y aquí el sonido
postrero de mi lira vague perdido!

Noche de insomnio y de alba[1]
Fantasía

Noche
triste
viste
ya,
aire,
cielo,
suelo,
mar.

Brindándole
al mundo
profundo
solaz,
derraman
los sueños
beleños
de paz:
y se gozan
en letargo,
tras el largo
padecer,

---

[1]Este poema recuerda, en su técnica de versos que aumentan una sílaba
en cada estrofa, a *El estudiante de Salamanca* de Espronceda (vv. 1385-1680),
publicado en 1840, y éste a "Les djinns" de Víctor Hugo (publicado en 1829).
Nótese también los versos de 9 y de 13 sílabas, muy poco usados en la
versificación española.

los heridos
corazones,
con visiones
de placer.

Mas siempre velan
mis tristes ojos;
ciñen abrojos
mi mustia sien;
sin que las treguas
del pensamiento
a este tormento
descanso den.
El mudo reposo
fatiga mi mente;
la atmósfera ardiente
me abrasa doquier;
y en torno circulan
con rápido giro
fantasmas que miro
brotar y crecer.

¡Dadme aire! ¡Necesito
de espacio inmensurable,
do del insomnio al grito
se alce el silencio y *hable!*
Lanzadme presto fuera
de angostos aposentos...
¡Quiero medir la esfera!
¡Quiero aspirar los vientos!
Por fin dejé el tenebroso
recinto de mis paredes...
Por fin, ¡oh, espíritu! puedes
por el espacio volar...
Mas, ¡ay! que la noche oscura,
cual un sarcófago inmenso,
envuelve con manto denso
calles, campos, cielo, mar.

Ni un eco se escucha, ni un ave
respira, turbando la calma;
silencio tan hondo, tan grave,
suspende el aliento del alma.
El mundo de nuevo sumido
parece en la nada medrosa;
parece que el tiempo rendido
plegando sus alas reposa.

Mas, ¡qué siento!... ¡Balsámico ambiente
se derrama de pronto!... El capuz
de la noche rasgando, en Oriente
se abre paso triunfante la luz.
¡Es el alba!: se alejan las sombras,
y con nubes de azul y arrebol
se matizan etéreas alfombras,
donde el trono se asiente del sol.
Ya rompe los vapores matutinos
la parda cresta del vecino monte:
ya ensaya el ave sus melífluos trinos:
ya se despeja inmenso el horizonte.
Tras luenga noche de vigilia ardiente
es más bella la luz, más pura el aura...
¡Cómo este libre y perfumado ambiente
ensancha el pecho, el corazón restaura!

Cual virgen que el beso de amor lisonjero
recibe agitada con dulce rubor,
del rey de los astros el rayo primero
natura palpita bañada de albor.
Y así cual guerrero que oyó enardecido
de bélica trompa la mágica voz,
él lanza impetuoso, de fuego vestido,
al campo del éter su carro veloz.
¡Yo palpito, tu gloria mirando sublime,
noble autor de los vivos y varios colores!

¡Te saludo si puro matizas las flores!
¡Te saludo si esmaltas fulgante la mar!

En incendio la esfera zafírea que surcas
ya convierte tu lumbre radiante y fecunda,
y aun la pena que el alma destroza profunda,
se suspende mirando tu marcha triunfal.
¡Ay! de la ardiente zona do tienes almo asiento
tus rayos a mi cuna lanzaste abrasador...
¡Por eso en ígneas alas remonto el pensamiento,
y arde mi pecho en llamas de inextinguible amor!
Mas quiero que tu lumbre mis ansias ilumine,
mis lágrimas reflejen destellos de tu luz,
y sólo cuando yerta la muerte se avecine
la noche tienda triste su fúnebre capuz.

¡Qué horrible me fuera, brillando tu fuego fecundo,
cerrar estos ojos, que nunca se cansan de verte;
en tanto que ardiente brotas la vida en el mundo,
cuajada sintiendo la sangre por hielo de muerte!
¡Horrible me fuera que al dulce murmurio del aura,
unido mi ronco gemido postrero sonase;
que el plácido soplo que al suelo cansado restaura,
el último aliento del pecho doliente apagase!

¡Guarde, guarde la noche callada sus sombras de duelo,
hasta el triste momento del sueño que nunca termina;
y aunque hiera mis ojos, cansados por largo desvelo,
dale, ¡oh, sol! a mi frente, ya mustia, tu llama divina!
Y encendida mi mente inspirada, con férvido acento
–al compás de la lira sonora– tus dignos loores
lanzará, fatigando las alas del rápido viento,
a do quiera que lleguen triunfantes tus sacros fulgores.

JOSÉ EUSEUBIO CARO
Colombia: 1817-1853

Nace en Ocaña, Colombia; queda huérfano a los trece años y es recogido y educado por el abuelo. En 1836 funda, con otros familiares, un periódico literario, *La Estrella Nacional*, y poco después obtiene el título de bachiller en Derecho, aunque nunca quiere recibirse ni ejercer la profesión. Estudia matemática –reforma el sistem de contabilidad pública y llega a ser Ministro de Finanzas–, filosofía y lenguas (francés, inglés, italiano y latín). Publica sus *Poesías* en 1837, y a partir de 1839 en su obra poética se destaca la vena amorosa por la mujer con quien se casará en 1843. Desde 1840 se dedica casi totalmente a la política, expresando su convicción de que debe haber libertad con respeto a la autoridad, la ley y el orden. Aboga por reformas constitucionales en pro de la tolerancia religiosa, el sufragio universal, y la separación de las funciones legislativas y ejecutivas del gobierno. Participa como soldado en la revolución de 1840 por el catolicismo liberal colombiano y desempeña cargos públicos. Es periodista –funda varios periódicos católicos y políticos–, polemista, político y poeta, hombre de contradictorios impulsos: apasionado y organizado, espíritu a la vez ferviente y disciplinado. Lucha con su fe cristiana, pero termina creyendo que la moral cristiana es la única y verdadera base de las ciencias humanas. Es respetado por los intelectuales de su país así como por el pueblo. En 1850 participa en un duelo político y tiene que exilarse en Estados Unidos; muere a su regreso, antes de poder reunirse con su mujer e hijos, (uno de los cuales será Presidente de Colombia), en 1853.

Escribió Caro apasionadas cartas públicas a las autoridades, abogando por reformas políticas y educacionales, por ejemplo: "Sobre la educación pública en Nueva Granada" (1840), y "La cuestión moral" (1849), en el que explica su versión de la diferencia entre 'civilización' y 'barbarie'. Asimismo escribe, en "La libertad y la virtud" (1849), sobre la literatura: "El poeta, el novelista, el dramaturgo, reina[n] en el mundo de los sentimientos y de los caracteres... Esos mundos no son fantásticos; son por el contrario la región de la verdad... Ese mundo no recibe solamente las visitas y los viajes del poeta; también recibe las visitas y los viajes del moralista, del político, del historiador. El poeta mismo no puede combinar caprichosamente los elementos que ese mundo le ofrece. Sin duda que sus creaciones no pueden ser históricamente verdaderas; pero no deben jamás faltar a la verdad moral..." Y en "La frivolidad" (1852): "No es la ficción sino la verdad lo que constituye [la poesía]... La poesía así quedará reducida a su elemento esencial, que es la poesía lírica, la oda. La poesía es el centro del hombre y nada más... La literatura de pura ficción, tengo para mí que es en su esencia mala... Cuando [el poeta] no canta lo que siente, sino cuenta lo que inventa, baja de poeta a novelista,... Un novelista no es un poeta sino un fabricador de cuentos". Así, fulmina contra "el abuso y el exceso de la ficción literaria, ...la inundación de novelas de todas clases, [que] han contribuido increíblemente a hacer frívolas a los hombres de nuestro tiempo...". Esa frivolidad, según Caro, ha sido adoptada en imitación de lo francés (menciona en particular las obras de Hugo, Jorge Sand y Alejandro Dumas), y en contradicción al carácter anglo-sajón: "En el carácter francés entran dos elementos preponderantes y funestísimos: frivolidad y vanidad". Concibe, asimismo, esa frivolidad como típica de cierta clase de romanticismo: "El fervor romántico es de este siglo y de ayer. Walter Scott le dió impulso; pero son los franceses los que verdaderamente lo han propagado, viciando más y más el carácter". Por fin, le atribuye Caro una responsabilidad muy grande a ese estilo: "La causa que ha impedido fundar la libertad en Francia es la misma que lo ha impedido en la América del Sur: la frivolidad... esa es nuestra enfermedad radical".

Durante sus últimos años de vida revisó Caro rigurosamente su producción literaria, buscando regularidad en el ritmo y control de la expresión. Siempre auténtico en la expresión de sus sentimientos, le falta el exagerado emocionalismo del primer romanticismo latinoamericano. Se lo considera 'poeta filósofo', de vida corta pero intensa, y algunos lo ven como precursor de los modernistas por cuanto se dedicaba a la innovación métrica. En efecto, pueden hallarse algunos rasgos estilísticos y métricos de Caro en la poesía de Darío. Es asimismo notable su poesía por el fervor amoroso expresado hacia la esposa. Al contrario de muchos poetas de su época, Caro nunca escribió versos ocasionales ni frívolos y su producción poética es bastante corta.

Bibliografía breve:

Antología; verso y prosa, prólogo de Rafael Maya. Bogotá: Ministerio de Educación Nacional, 1951 [incl. los ensayos citados arriba].

Caro, Miguel Antonio. "José Eusebio Caro" (1873). En *Obras completas*, Tomo II: *Estudios literarios*. Bogotá: Impr. Nacional, 1920. 56-108.

Martín, J.L. *La poesía de José Eusebio Caro: contribución estilística al estudio del romanticismo hispanoamericano.* Bogotá: Caro y Cuervo, 1966.

Buenas noches patria mía (1834)[1]

> *My native land –Good night!*
> Byron, *Childe Harold*

Lejos, ¡ay!, del sacro techo
que mecer mi cuna vio,
yo, infeliz proscrito, arrastro
mi miseria y mi dolor.
Reclinado en la alta popa
del bajel que huye veloz,
nuestros montes irse miro
alumbrados por el sol.
¡Adiós, patria! ¡Patria mía,
aun no puedo odiarte, adiós!

A tu manto, cual un niño,
me agarraba en mi aflicción;
mas, colérica, tu mano,
de mis manos lo arrancó;

---

[1]Textos de: *Antología, verso y prosa*. El título de este poema es, según José Luis Martín, el de la edición de 1857; posteriormente aparece también como "Despedida de la patria."

y en tu saña desoyendo
mi sollozo y mi clamor,
más allá del mar tu brazo
de gigante me lanzó.
¡Adiós, patria! ¡Patria mía,
aun no puedo odiarte, adiós!

De hoy ya más, vagando triste
por antípoda región,
con mi llanto al pasajero
pediré el pan del dolor:
de una en otra puerta el golpe
sonará de mi bastón,
¡ay, en balde! En tierra extraña,
¿quién conocerá mi voz?
¡Adiós, patria! ¡Patria mía,
aun no puedo odiarte, adiós!

¡Ah, de ti solo una tumba
demandaba humilde yo!
Cada tarde la excavaba
al postrer rayo de sol:
"¡Ve a pedirla al extranjero!",
fue tu réplica feroz;
y llenándola de piedras
tu planta la destruyó.
¡Adiós, patria! ¡Patria mía,
aun no puedo odiarte, adiós!

En un vaso un tierno ramo
llevo de un naranjo en flor;
¡el perfume de la patria
aun aspiro en su botón!
El mi huesa con su sombra
cubrirá, y entonces yo
dormiré mi último sueño
de sus hojas al rumor.
¡Adiós, patria! ¡Patria mía,
aun no puedo odiarte, adiós!

112

En boca del último inca (1835)

Ya de los blancos el cañón, huyendo,
hoy a la falda del Pichincha vine,
como el sol vago, como el sol ardiente,
    como el sol libre.

¡Padre Sol, oye! Por el polvo yace
de Manco el trono; profanadas gimen
tus santas aras; yo te ensalzo solo,
    ¡solo, mas libre!

¡Padre Sol, oye! Sobre mí la marca
de los esclavos señalar no quise
a las naciones; a matarme vengo,
    ¡a morir libre!

Hoy podrás verme desde el mar lejano,
cuando comiences en ocaso a hundirte
sobre la cima del volcán tus himnos
    cantando libre.

Mañana solo, cuando ya de nuevo
por el Oriente tu corona brille,
tu primer rayo dorará mi tumba,
    ¡mi tumba libre!

Sobre ella el cóndor bajará del cielo;
sobre ella el cóndor, que en las cumbres vive,
pondrá sus huevos y armará su nido,
    ¡ignoto y libre!

Al Chimborazo (1835)
   (Soneto)

¡Oh monte-rey, que la divina frente
Ciñes con yelmo de lumbrosa plata,

113

Y en cuya mano al viento se dilata
De las tormentas el pendón potente!

¡Gran Chimborazo! tu mirada ardiente
Sobre nosotros hoy revuelve grata,
Hoy que de la alma Libertad acata
El sacro altar la americana gente.

Mas ¡ay! si acaso en ominoso día
Un trono levantándose se muestra
Bajo las palmas de la Patria mía,

Volcán tremendo, tu furor demuestra,
Y el suelo vil que holló la tiranía
Hunda en los mares tu invencible diestra.

En alta mar (1838)[1]

¡Céfiro rápido lánzate! ¡rápido empújame y vivo!
más redondas mis velas pon; del proscrito a los lados,
haz que tus silbos susurren dulces y dulces suspiren;
¡Haz que pronto del patrio suelo se aleje mi barco!

¡Mar eterno! por fin te miro, te oigo, te tengo.
Antes de verte hoy, te había ya adivinado.
Hoy en torno mío tu cerco por fin desenvuelves.
Cerco fatal, maravilla en que centro siempre yo hago.

¡Ah! que esta gran maravilla conmigo forma armonía;
yo proscrito, prófugo, pobre, infeliz, desterrado,
lejos voy a morir del caro techo paterno,
lejos, ¡ay! de aquellas prendas que amé, que me amaron.

---

[1]Las fechas de este poema y los restantes son las dadas por José Luis Martín.

Tanto infortunio sólo debe llorarse en tu seno;
quien de su amor arrancado y de Patria y de hogar y de hermanos
solo en el mundo se mira, debe primero que muera,
darte su adiós, y por última vez, contemplarte, Océano.

Yo por la tarde así, y en pie de mi nave en la popa,
alzo los ojos –miro–: ¡sólo tú y el espacio!
Miro al sol que, rojo, ya medio hundido en tus aguas,
tiende, rozando tus crespas olas, el último rayo.

Y un pensamiento de luz entonces llena mi mente:
pienso que tú, tan largo, y tan ancho, y tan hondo, y tan vasto,
eres con toda tu mole, tus playas, tu inmenso horizonte
¡sólo una gota de agua, que rueda de Dios en la mano!

Luego, cuando en hosca noche, al son de la lluvia,
poco a poco me voy durmiendo, en mi Patria pensando,
sueño correr en el campo do niño corrí tantas veces,
ver a mi madre que llora a su hijo; lanzarme a sus brazos...

Y oigo junto entonces bramar tu voz incesante;
oigo bramar tu voz, de muerte vago presagio;
oigo las lonas que crujen, siento el barco que vuela.
Dejo entonces mis dulces sueños y a morir me preparo.

¡Oh, morir en el mar! ¡morir terrible y solemne,
digno del hombre! Por tumba el abismo, el cielo por palio.
¡Nadie que sepa dónde nuestro cadáver se halla!
Que echa encima el mar sus olas, ¡y el tiempo sus años!

Sociedad y soledad (1839)

¿Sabes quién soy, oh dulce amiga mía?
¿Quieres saber lo que otro tiempo fui,
y lo que soy, y lo que ser podría,
y cuanto duerme oculto dentro en mí?

¿Quieres sondar los senos de mi alma,
sacar a luz y conocer mi amor,
y de la mar, que has visto solo en calma,
ver la tormenta en todo su esplendor?

¡Oh! Cada noche haciendo larga rueda,
con doce más en tu oriental sofá,
antes que hurtar mi puesto nadie pueda,
cerca de ti me ves sentado ya.

Mas, mientras gira en torno de mi lado
el dulce hablar y el dulce sonreír,
yo permanezco estúpido y callado
como el que nada tiene que decir.

Es que a otro mundo entonces tú me llevas;
es que mi alma siento engrandecer;
¡es que de pronto, en mí, potencias nuevas
siento agitarse y contemplar mi ser!

Si entonces yo, sin más rubor, gritara;
si reventar dejara el corazón,
¡de inolvidable asombro os penetrara
ese grande rugido de león!

Es de noche: a la luz de las estrellas,
cuando el matiz de fuego y arrebol
ya está borrado de las vivas huellas
que al aire estampa en Occidente el sol;

Es de un peñasco en la estampada altura,
de donde puedo libre contemplar
los verdes campos, la montaña oscura,
el cielo azul, la inmensidad del mar.

Es, pues, allí, y entonce, amada mía,
cuando conmigo y Dios no más estoy,
¡y mi ser brilla en pleno mediodía,
y me aparezco a mí tal cual yo soy!

¡Nadie me ha visto así transfigurado!
Mi propia forma yo no más la sé:
que torno a entrar apenas en poblado
y nada resta de lo que antes fue.

Solo en mis cantos vive algún diseño
de esa gloria de noche y soledad.
¡Como del niño en el primer ensueño
aun luce la reciente eternidad!

¡Guarda mis cantos, dulce amiga mía!
Esa es mi herencia, que te lego a ti.
¡Cuando en el mundo no me llega el día,
quede a lo menos ese son de mí!

Estar contigo (1839)

¡Oh! ya de orgullo estoy cansado,
ya estoy cansado de razón;
déjame, en fin, hablar a tu lado
cual habla sólo el corazón.

No te hablaré de grandes cosas;
quiero más bien verte y callar,
no contar las horas odiosas,
y reír oyéndote hablar.

Quiero una vez estar contigo,
cual Dios el alma te formó;
tratarte cual a un viejo amigo
que en nuestra infancia nos amó.

Volver a mi vida pasada,
olvidar todo cuanto sé,
extasiarme en una nada,
¡y llorar sin saber por qué!

117

¡Ah! para amar Dios hizo al hombre.
¿Quién un hado no da feliz,
por esos instantes sin nombre
de la vida del infeliz,

cuando, con larga desgracia
de amar doblado su poder,
toda su alma ardiendo vacia
en el alma de una mujer?

¡Oh padre Adán! ¡qué error tan triste
cometió en ti la humanidad,
cuando a la dicha preferiste
de la ciencia la vanidad!

¿Qué es lo que dicha aquí se llama
sino no conocer temor,
y con la Eva que se ama,
vivir de ignorancia y de amor!

¡Ay! mas con todo así nos pasa;
con la Patria y con la juventud,
con nuestro hogar y antigua casa,
con la inocencia y la virtud.

Mientras tenemos despreciamos,
sentimos después de perder;
y entonces aquel bien lloramos
¡Que se fue para no volver!

A mi primogénito (1843)[1] [Selecciones]

¿Quién eres tú que habitas ese seno,
criatura, a quien de pasmo y gozo lleno,
bajo mi mano siento remover?
¡Tú, que en una mujer ya tienes madre,
tu, de quien ya, feliz, me llamo padre,
sin poderte siquiera conocer!

¿De dónde vienes? ¿Sales de la nada...?
¿Hay **nada**, pues? ¿hay **cosa** así llamada?
La Nada es el no-ser; ¿puede existir?
Puede ser fecundada? ¿y un vacío
inerte, mudo, tenebroso, frío,
luz, mente, vida puede producir?

¿De dónde vienes? ¿cómo tu progreso
maravilloso comenzó? ¿qué es eso
que no era ayer y es hoy? ¿qué eras ayer?
¿Qué es empezar? –¡Crepúsculo sin nombre,
en que su débil vista cansa el hombre
buscando el paso de la nada al ser!

¿Y a dónde vas? ¿qué te reserva el mundo?
¡Angel de luz! ¿tu espíritu fecundo
explicará los cielos cual Newton?
¿o, demonio sangriento, por la tierra
el azote agitando de la guerra,
de América serás Napoleón?

¿Virgen de un ciego voto arrepentida,
triste, en el claustro pasarás tu vida
llorando sin cesar ante la cruz?
¿O por la libertad de un pueblo heroico

---

[1]Este poema dio lugar a que Caro tuviera que defenderse contra
acusación de obscenidad en su obra, polémica que duró varios años.

a un calabozo irás, mártir estoico,
para morir sin sociedad ni luz?

  ¿O en una linda y patriarcal cabaña,
construída a los pies de una montaña,
al borde de un torrente bramador,
con tus manos labrando un ancho huerto,
solo con tu familia y el desierto,
te hará feliz un inocente amor?

  ¡Oh! ¡todo puede ser! ¡sin duda, todo!
–¡Todo! diamante puro, sucio lodo,
una persona, dos, varón, mujer:
a tu madre o a mí más parecido...
¡Ay! ¡aun acaso sin haber vivido,
informe monstruo, mueras al nacer!

  ¡Oh! ¡todo puede ser! –¡Débil simiente,
en tu existencia actual, de Dios la mente
prepara tu ignorado porvenir;
tal como en ese vientre de antemano
la oscura cárcel preparó su mano
do ignorado comienza tu existir!

  Si de tu ser conciencia y voz tuvieras,
yo te rogara, sí, que nos dijeras
qué vida llevas encerrado ahí:
tus lágrimas, tus risas, tus intentos
de escaparte, tus vagos pensamientos...
¡El hombre entero que germina en tí!

  ¿Tienes un alma ya? –¿O ese destello,
que hace del hombre el ser aquí más bello,
aun en su mano te lo guarda Dios?
O, así cual una sangre os alimenta
a tu madre y a tí, ¿su alma os alienta
y divide su luz entre los dos?

....

Una lágrima de felicidad (1843) [selecciones]

Solos, ayer, sentados en el lecho
do tu ternura coronó mi amor,
tú, la cabeza hundida entre mi pecho,
yo, circundando con abrazo estrecho
    tu talle encantador;

Tranquila tú dormías, yo velaba;
llena de los perfumes del jardín,
la fresca brisa por la reja entraba,
y nuestra alcoba toda embalsamaba
    de rosa y de jazmín.

Por cima de los árboles tendía
su largo rayo horizontal el sol,
desde el remoto ocaso do se hundía:
inmenso, en torno dél, resplandecía
    un cielo de arrebol.

Del sol siguiendo la postrera huella,
dispersas al acaso, aquí y allí,
asomaban, con luz trémula y bella,
hacia el oriente alguna y otra estrella
    sobre un fondo turquí.

Ningún rumor, o voz, o movimiento
turbaba aquella dulce soledad;
sólo se oía susurrar el viento,
y oscilar, cual un péndulo, tu aliento
    con plácida igualdad.

¡Oh! yo me estremecí... sí; de ventura
me estremecí, sintiendo en mi redor
aquella eterna, fúlgida natura.
En mis brazos vencida tu hermosura,
    en mi pecho el amor.

Y, cual si alas súbito adquiriera,
o en las suyas me alzara un serafín,
¡mi alma rompió la corporal barrera,
y huyó contigo, de una en otra esfera,
    con un vuelo sin fin!

Buscando allá con incansable anhelo
para tí, para mí, para los dos,
del tiempo y de la carne tras el velo
ese misterio que llamamos cielo–
    ¡la eternidad de Dios!

Para fijar allí, seguro y fuerte,
libre de todo mundanal vaivén,
libre de los engaños de la suerte,
libre de la inconstancia y de la muerte
    de nuestro amor el bien.

Y, en un rapto de gloria, de improviso,
lo que mi alma buscaba hallar creí;
una secreta voz del paraíso
dentro de mí gritóme: ¡Dios lo quiso;
    sea tuya allá y aquí!

Y enajenado, ciego, delirante,
tu blando cuerpo que el amor formó
traje contra mi pecho palpitante...
y en tu faz una lágrima quemante
    de mis ojos cayó.

¡Ay! despertaste... Sobre mí pusiste
tu mirada, feliz al despertar;
mas tu dulce sonrisa en ceño triste
cambióse al punto que mis ojos viste
    aguados relumbrar.

De entonce acá, ¡oh amante idolatrada
mas sobrado celosa!, huyes de mí;
si a persuadirte voy no escuchas nada,

o de sollozos clamas sofocada:
    ¡Soy suya, y llora así!

    ¡Oh! no, dulce mitad del alma mía,
no injuries de tu amigo el corazón;
¡Ay! ¡ese corazón en la alegría
sólo sabe llorar, cual lloraría
    el de otro en la aflicción!
....

JOSÉ MÁRMOL
Argentina: 1817-1871

Nace en Buenos Aires; existe alguna confusión acerca de la fecha precisa de su nacimiento, que varía entre 1816, 1817 o 1818. Su familia se traslada a Montevideo alrededor de 1832; Mármol allí queda huérfano y es cuidado por los familiares de su madre. Vuelve a Buenos Aires en 1837 y, durante sus estudios universitarios de Derecho, es detenido por las autoridades rosistas. En la cárcel, en 1839, escribe sus primeros versos, apasionado y sincero ataque contra Rosas. En 1840 se destierra, sobre todo en el Uruguay con estancias en Brasil y Chile, donde participa y se hace conocer por sus actividades poéticas y políticas contra Rosas, a partir de un celebrado certamen poético en 1841 (el que fue ganado por Juan María Gutiérrez). En 1846 comienza a publicar los *Cantos del peregrino*, su obra poética más ambiciosa que intentó servir como expresión de los sentimientos de los proscritos y que demuestra también su pasión grandiosa por la naturaleza americana. En 1851 publica *Armonías*, los 40 poemas hasta entonces escritos; asimismo publica en el destierro numerosos artículos, dos dramas y crónicas de actualidad. A su regreso a Buenos Aires en 1852 –caído el tirano–, se dedica completamente a la política, desempeñando varios cargos públicos y diplomáticos. Muere admirado y famoso por toda Hispanoamérica; muy querido en su patria, a la que llamó el "imán de esas inspiraciones [poéticas]", sintiendo como triste y melancólica la musa que inspiraba la poesía de la Independencia, por las constantes luchas civiles, la opresión y los exilios forzados de los intelectuales.

La poesía de Mármol es, a veces, más entusiasta que correcta y más extensa de lo necesario, pero se la considera como ejemplar de la situación del romántico argentino por la expresión de los valores nacionales. Su obra constituye el fin de la primera época del romanticismo argentino. Escribe también varios dramas, algunos de los cuales (*El poeta*, *El cruzado*) fueron elogiados en su tiempo. En 1851 publica *Amalia*, novela que con razón le ha dado fama perdurable; es la primera novela política de Argentina, que sale en segunda edición en 1855.

Bibliografía breve:

Poesías completas, 2 tomos. Texto y prólogo de Rafael Alberto Arrieta.
Buenos Aires: Academia Argentina de Letras, 1947.
Arrieta, Rafael Alberto (dir.) "José Mármol". *Historia de la literatura
argentina*. Buenos Aires: Peuser, 1958, Tomo III. 215-259.
Burlando de Meyer, E. "Prólogo" a José Marmol: *Cantos del peregrino*.
Buenos Aires: Eudeba, 1965. 11-50.
Giusti, Roberto F. "El poeta de la libertad", *Poetas de América y otros
ensayos*. Buenos Aires: Losada, 1956. 71-78.

CANTOS DEL PEREGRINO (1846-1857)[1] [selecciones]

del CANTO PRIMERO (1847)
Canto del peregrino: La América (1844)

> *Dirán: esa tierra inculta se ha vuelto un paraíso.*
> (Ezequiel, 36)

América es la virgen que sobre el mundo canta,
profetizando al mundo su hermosa libertad;
y de su tierna frente la estrella se levanta
que nos dará mañana radiante claridad.

No hay 'más allá' en los siglos a la caduca Europa,
que al procurar mañana se encuentra con ayer;
bebió con entusiasmo del porvenir la copa,
y se postró embriagada de gloria y de poder.

---

[1]Texto de: *Poesías completas*. Esta composición se publicó de forma
desordenada y particular; las partes líricas se escribieron en 1844 y algunas
fueron publicadas en la *América poética* de Juan María Gutiérrez en 1846; el
Canto XII (último); salió primero, en 1846; los *Cantos I-VI*, y *XI-XII*
aparecieron entre 1847 y 1889 (póstumos). No hay trazo de los *Cantos VII-X*
y se cree no fueron escritos.

La gloria quiere vates, la poesía glorias:
¿por qué no hay armonía, ni voz, ni corazón?
La Europa ya no tiene ni liras ni victorias:
el canto expiró en Byron, la gloria en Napoleón.

Los tronos bambolean y el cetro se despeña;
los pueblos quieren alas y se les clava el pie;
el pensamiento busca del porvenir la enseña,
y no halla sino harapos del pabellón que fue.

Hay tumba a las naciones. Se eleva y se desploma
la Grecia que elevara sus sienes inmortal;
al mundo hallaba chico para hospedarse Roma,
después murió en el nido de su águila imperial.

¿Adónde irá mañana con peregrina planta
la Europa con las joyas de su pasada edad?
América es la virgen que sobre el mundo canta,
profetizando al mundo su hermosa libertad.

Quedad, entre leyendas y hermosas tradiciones,
España, que dormíais con mundos a los pies;
quedad como el guerrero que cuenta sus blasones
y honrosas cicatrices, cayendo de vejez.

Quedad, altiva Francia: la luz del pensamiento
que destellando chispas en vuestra sien está,
mañana, cuando el tiempo le seque el alimento,
sobre el naciente mundo la llama prenderá.

Quedad, vieja Inglaterra: ha mucho los leopardos
encrespan la melena sin levantar la sien;
que, al procurar el pueblo de Alfredos y Ricardos,
el pueblo de las cifras y mercaderes ven.

Quedad, mundo europeo; ennoblecido padre
de tiempos que a perderse con el presente van:
quedad, mientras la mano de América, mi madre,
recoge vuestros hijos y les ofrece pan.

¿Qué importa?, ¡eh!, ¿qué importa? Si no vienes de guerra,
nosotros te daremos donde segar la mies;
para que nazcan pueblos tenemos, sí, más tierra
que espacio para estrellas sobre los cielos ves.

Tus hijos en nosotros encontrarán hermanos,
el sable se ha tirado después de combatir;
venid y cultivemos con fraternales manos,
la prometida tierra del bello porvenir.

....

Hincha, ¡oh Plata!, tu espalda gigante
y atropellen tus ondas el pino;
es un hijo del suelo argentino
el que vuelve tus ondas a ver.

Que el pampero sacuda sus alas,
que las nubes fulminen el rayo;
una hoja del árbol de mayo
es quien pasa rozando tu sien.

Brazo hercúleo del cuerpo argentino,
a la saña del alma responde,
si el rigor en el alma se esconde,
no desmienta su brazo el rigor.

Sé la imagen del tiempo presente
y alborota tus ondas, ¡oh Plata!
Mira mi alma cuán bien lo retrata
desafiando tus ondas mi voz.

....

Mi alma tiene la fe del poeta,
la esperanza me templa la lira,
ese mar con su furia me inspira,
y a su estruendo mi voz se alzará.

De mi frente las nítidas flores
por los vientos veré desprendidas,

y hasta el fondo del mar sumergidas,
sin llorar al decirles adiós.

del **CANTO TERCERO** (1847)
Parte Primera

En medio de las sombras
enmudeció la voz del PEREGRINO,
y el rumor de las ondas solamente
y el viento resbalando por el lino
    sobre el *Fénix* se oía,
que como el genio de la noche, huía
en las alas del viento tristemente,
    alumbrando sus huellas
sobre el azul y blanco las estrellas.
    En el siguiente día,
    el *Fénix* navegaba
sobre las ondas que el silencio turban
de la tranquila pampa. –El PEREGRINO,
con los brazos al pecho contemplaba
los mares y los cielos de la patria.
    Y acaso recordando
la tropical naturaleza hermosa,
que bajo un sol abrasador rebosa
    de alegre poesía,
con el frío y adusto mediodía.

    ¡Qué bello es al que sabe
    sentir con la natura,
    pasar al mediodía
    del circo tropical;
    y comparar el cielo
    de la caliente zona
    con el que tibia pinta
    la luz meridional!

    ¡Los trópicos! ¡radiante
    palacio del Crucero;

foco de luz que vierte
torrente por doquier;
entre vosotros toda
la creación rebosa
de gracia y opulencia
vigor y robustez!

....

PARTE SEGUNDA (1847)

Y el *Fénix* navegaba
bajo ese cielo azul del mediodía,
sobre las ondas que el silencio turban
de la tranquila pampa. El PEREGRINO
con los brazos al pecho contemplaba
los mares y los cielos de su patria.

¡Su patria! ¡Buenos Aires!
¡La altiva emperatriz del ancho Plata;
la mejor perla que en su sien ostenta
la hermosa virgen que dará su mano
en dulce enlace al porvenir humano!

¡El molde de los fuertes corazones!
¿Dónde están sus guerreros afamados,
    sus virtuosos varones,
    y sus días dorados
por la luz de la gloria iluminados?

¿Por qué surgieron del cegado abismo
    sus antiguos tiranos,
y en la noche, otra vez, del fanatismo
    engrillaron sus manos,
    y en rencorosa saña
mancharon en su frente los laureles?

Llora, patria infeliz, tus siglos crueles...
Esa es la herencia de tu madre España,

poniendo al pueblo con sigilo y maña
de fanatismo y opresión un muro,
eso es el fraile de la antigua España,
    que el Escorial dejando,
disfrazado pisó nuestras arenas,
y apellidóse Aranas o Anchorenas.

  Los españoles reyes
jamás alzaron su apocada frente,
para ver tras las ondas del oceano
aquel naciente mundo americano
en que incrustaban sus caducas leyes.
  Esclavo eternamente
en su ciega ambición le presumieron;
    y, en error sin segundo,
la voluntad de Dios no comprendieron,
en el mismo aislamiento de ese mundo.
....

del CANTO QUINTO (póstumo, 1889)
Canto del peregrino: Crepúsculo (1844)

  Con el color de la torcaz y el lirio
tranquilas nubes el espacio pueblan,
y allá el confín del horizonte inundan
ondas de fuego que en la mar reflejan.

  Guardado el rostro en azulados velos
cae a su ocaso la vital lumbrera,
pero el cabello destrenzado, flotan
en sierpes de oro sus brillantes hebras.

  Púrpura y oro en el ocaso brillan
entre celajes de enlutada niebla,
como entre el manto de la negra duda
los bellos sueños de la edad primera.

Púrpura y oro en el ocaso brillan,
y frente a frente de la luz postrera,
paso tras paso, con semblante adusto,
la oscura noche al firmamento trepa.

Así las esperanzas alumbraron
mi joven corazón; así con ellas
la gloria y el amor se reflejaban
sobre las flores de mi incierta huella.

Así vino después, como la noche,
el desencanto a oscurecer la senda;
y de gloria y de amor y de esperanzas
un crepúsculo vago se conserva.

ARMONIAS (1851)

Los tres instantes

(El 4 de octubre)

Bella como la imagen de mis sueños;
pura como la risa de la infancia;
triste como las sombras de la tarde;
libre como la brisa del desierto:

Así encontréla un día
a la hechicera mía;
así, como reviste
mi mente la hermosura:
"tan bella como triste,
tan libre como pura."

(El 4 de noviembre)

Sensible cual la blanda mariposa;
ardiente como el alma del poeta;

131

tierna como la tórtola en su nido;
mía como del hombre el pensamiento:

Así la oprimí un día
contra mi seno hirviente;
así, cual yo tenía
la mujer en mi mente:
"sensible como ardiente,
y tierna como mía."

(El 17 de noviembre)

Para siempre cual humo en el espacio;
cual meteoro que pasa fugitivo;
cual idea en delirios inspirada;
cual el alma del cuerpo desprendida:

Así perdíla un día
cuando pensé era mía
hasta la eternidad;
así, para mis ojos
no heredar ni despojos
de la felicidad.

Negro como la noche misteriosa;
agrio como las heces del veneno;
frío como el cadáver en la tumba;
mustio como la lumbre del osario:

Así quedó de entonce
marchito y expirante
mi espíritu de bronce;
así, que un solo instante
bastó con poseerla,
bastó para perderla.

A Rosas
(El 25 de mayo, 1843)[1] [selecciones]

X

Cuando a los pueblos postra la bárbara inclemencia
de un déspota que abriga sangriento frenesí,
el corazón rechaza la bíblica indulgencia:
de tigres nada dijo la voz del Sinaí.

El bueno de los buenos, desde su trono santo
la renegada frente maldijo de Luzbel;
la humildad, entonces, cuando la vejan tanto,
también tiene derecho a maldecir como él.

¡Sí, Rosas, te maldigo! jamás dentro mis venas
la hiel de la vanganza mis horas agitó:
como hombre te perdono mi cárcel y cadenas;
pero como argentino las de la patria, NO.

XIV

Entonces, sol de mayo, los días inmortales
sobre mi libre patria recordarán en ti;
y te dirán entonces los cánticos triunfales,
que es esa Buenos Aires la de tu gloria, sí.

Entonces desde el Plata, sin negra pesadumbre
te mirarán tus hijos latiendo el corazón,
pues opulenta entonces reflejará tu lumbre
en códigos y palmas y noble pabellón.

---

[1]Esta composición de Mármol se hizo famosa en su día; escribió otras
dedicadas a Rosas, y cinco más a la ocasión de un "25 de mayo."

Y al extenderse hermoso tu brillantino manto,
ni esclavos ni tiranos con mengua cubrirá;
que entonces de ese Rosas que te abomina tanto,
ni el polvo de sus huesos la América tendrá.

Ayer y hoy

Vía correr las horas mi destino
como ven los desiertos a la brisa:
que sin hallar escollo en su camino
tranquila muellemente se desliza.

Veo pasar mis días, silencioso,
como el hojoso bosque el recio viento:
encontrando y luchando tormentoso
con ramas mil y tronco corpulento.

Pero si ayer pasaban sin enojos
esos dulces días de la calma,
era porque tocaban a mis ojos;
hoy todos al pasar tocan el alma.

BARTOLOMÉ MITRE
Argentina: 1821-1906

Nace en Buenos Aires, pero pasa su niñez en las provincias. Se radica en Montevideo, haciéndose militar –capitán a los 17 años de edad, llega a brigadier a los 39– y participando en la defensa del territorio oriental contra una invasión rosista en 1840 y en 1842. Su carrera literaria se realiza durante ese servicio militar; publica en los periódicos y participa en el certamen poético de 1845. La revolución de 1846 le impulsa a salir de Montevideo y se establece en Bolivia, donde es director del Colegio Militar, así como redactor de un periódico. En 1847 publica su única novela, *Soledad*, considerada entre las precursoras de la novela hispanoamericana. Por razones políticas, sale de Bolivia para pasarse varias temporadas en Chile y Perú. En 1851 vuelve a Montevideo donde participa en la campaña final contra Rosas, desempeñando luego varios cargos públicos en el nuevo gobierno argentino. Es ministro de Relaciones Externas, gobernador de la provincia de Buenos Aires, y es elegido Presidente de la República en 1862. Al terminar su presidencia, en 1868, funda el periódico *La Nación*, el que todavía existe. Sigue activo en la política hasta 1880, postulándose varias veces más para la presidencia. En 1901 la nación entera celebra y honra los 80 años del poeta, historiador y estadista argentino.

Mitre es más conocido hoy como el historiador de los grandes sucesos del continente, con biografías sobre San Martín y sobre Belgrano, así como otros trabajos. También fue traductor de obras muy diversas: Hugo, Longfellow, Byron, Dante y Horacio, por ejemplo. La mayor parte de su poesía se escribe antes de emprender la lucha contra Rosas, y la publica en *Rimas* en 1854. Corregidas y reeditadas en 1891, suman unas 75 composiciones. Como prólogo a este volumen, escribe una "Carta-prefacio" de unas 35 páginas a raíz de un capítulo de las *Impresiones de viaje* de Sarmiento, en el que éste fulmina contra la poesía y la actividad poética de los argentinos. Mitre cita a Sarmiento: "...rechazado por la vida moderna para que no está preparado, el español se encierra en sí mismo y hace versos; monólogo sublime a veces, 'estéril siempre'.... ¡Yo os disculpo, poetas argentinos!... Haced versos y poblad el río de seres fantásticos,... cantad vosotros como la cigarra; contad sílabas... ¡Qué de riquezas de inteligencia, y cuánta fecundidad de imaginación perdidas! ¡Cuántos progresos para la industria, y qué saltos daría la ciencia si esta fuerza de voluntad, si aquel trabajo de horas de contracción intensa... se empleara en encontrar una aplicación de las fuerzas físicas para producir un resultado útil!" (XXIV).

En defensa de la poesía, Mitre comienza explicando lo que es la estética, la que divide el imperio de las artes en dos: artes de espacio y artes de tiempo, y continúa: "yo considero la poesía como un arte sintético, o... un arte que obra sobre la imaginación y sobre los sentidos a la vez, por la doble combinación de las formas materiales e inmateriales del espacio y del tiempo" (XXVI). Algunos de sus pronunciamientos generalizados y abstractos sobre la poesía eran corrientes en la época; por ejemplo: "La poesía es el puente misterioso que une al hombre físico con el hombre moral" (XXX). Mitre formula además conceptos sobre el fundamento de la poesía: "El movimiento del verso, su número y sus pausas, obedecen a reglas constantes que tienen su origen en la naturaleza de los idiomas, y en la organización humana, siendo la rima y la cantidad de sílabas lo más secundario que hay en la estructura del verso" (XXVIII). La poesía es un "acorde sintético, que es el resultado de la imagen, del sonido, del movimiento y de la abstracción, que son las cuatro grandes manifestaciones de la vida" (XXX). "La rima y el acento: he aquí, pues, los dos pilares en que se columpia suavemente el verso". En una resumida historia de la poesía –antigua y moderna occidental–, otorga la primacía histórica a la poesía, que es un arte anterior "a la relativamente tardía prosa", y exclamando: ¡"vamos a ver que sin el auxilio de la poesía los idiomas modernos serían los más bárbaros del mundo!" (XLV). También ofrece detalles técnicos sobre el arte de la versificación moderna, "cuyos recursos armónicos consisten en períodos musicales, marcados por consonantes o asonantes, acentos y apoyaturas,..." (XXXVII-VIII). El texto de Mitre llega a ser un tratado teórico-histórico de gran alcance sobre la poesía, no igualado en su época y de interés todavía hoy. El sentido poético forma parte de su ser, como, según dice, forma parte de todo ser humano: "Desheredados de la poesía, ¿qué voz simpática respondería a las armonías secretas del corazón? ...a la contemplación de lo infinito? ...[a] las profundidades de nuestro ser?..." (XXXI). Termina exhortando a Sarmiento: "¡Arrodíllate, pecador, y pide la absolución de tu blasfemia, a los pies de esa madre misericordiosa, que se llama poesía, y de cuyo seno mana la leche y la miel con que alimentas tu alma!" (XLI).

Bibliografía breve:

Rimas [1854]. Texto completo de la 3a ed. (1891). Introducción de José Cantarell Dart. Buenos Aires: La Cultura Argentina, 1916.

RIMAS (ed. 1891)

A Santos Vega (1838)[1]
Payador argentino

> *Cantando me han de enterrar*
> *Cantando me he de ir al cielo*
> (Santos Vega)

Santos Vega, tus cantares
no te han dado excelsa gloria,
mas viven en la memoria
de la turba popular;
y sin tinta ni papel
que los salve del olvido,
de padre a hijo han venido
por la tradición oral[2].

Bardo inculto de la pampa,
como el pájaro canoro

---

[1]Texto de: *Rimas*. Las composiciones citadas son de la segunda sección de la obra, "Armonías de la pampa", poesía gauchesca de vertiente culta, y considerada lo más duradero de la poesía de Mitre.

[2]Este verso es interesante por cuanto relaciona con la "Carta-prefacio", en la que había escrito: "sólo por medio de la cadencia métrica podía trasmitirse de generación en generación, sin corromperse, los libros fiados a la tradición oral,..." (XLVII). Es posible ver otras relaciones entre la composición de este poema y los conceptos teóricos propuestos por Mitre.

tu canto rudo y sonoro
diste a la brisa fugaz;
y tus versos se repiten
en el bosque y en el llano,
por el gaucho americano,
por el indio montaraz.

¿Qué te importa, si en el mundo
tu fama no se pregona,
con la rústica corona
del poeta popular?
Y es más difícil que en bronce,
en el mármol o granito,
haber sus obras escrito
en la memoria tenaz.

¿Qué te importa? ¡Y si has vivido
cantando cual la cigarra,
al son de humilde guitarra
bajo el ombú colosal!
¡Si tus ojos se han nublado
entre mil aclamaciones,
si tus **cielos** y canciones
por tradición vivirán!

Cantando de **pago** en **pago**,
y venciendo payadores,
entre todos los cantores
fuiste aclamado el mejor;
pero al fin caíste vencido
en un duelo de armonías,
después de payar dos días;
y moriste de dolor[1].

---

[1]Nota de Mitre: "Histórico. Santos Vega murió de pesar, según tradición, por haber sido vencido por un joven desconocido, en el canto que los gauchos llaman de contrapunto, o sea de réplicas improvisadas en verso, al son de la guitarra que pulsa cada uno de los cantores. Cuando la inspiración

Como el antiguo guerrero
caído sobre su escudo,
sobre tu instrumento mudo
entregaste tu alma a Dios;
y es fama, que al msimo tiempo
que tu vida se apagaba,
la bordona reventaba
produciendo triste son.

No te hicieron tus paisanos
un entierro majestuoso,
ni sepulcro esplendoroso
tu cadáver recibió;
pero un **pago** te condujo
a caballo hasta la fosa,
y muchedumbre llorosa
su última ofrenda te dió.

De noche bajo de un árbol
dice que brilla una llama,
y es tu ánima que se inflama,
¡Santos Vega el Payador!
¡Ah, levanta de la tumba!
¡Muestra tu tostada frente,
canta un cielo derrepente
o una décima de amor!

Cuando a lo lejos divisan
tu sepulcro triste y frío,
oyen del vecino río
tu guitarra resonar.
Y creen escuchar tu voz
en las verdes espadañas,

---

del improvisador faltó a su mente, su vida se apagó. La tradición popular
agrega que aquel cantor desconocido era el diablo, pues sólo él podía haber
vencido a Santos Vega."

que se mecen cual las cañas,
cual ellas al suspirar.

Y hasta piensan que las aves
dicen al tomar su vuelo:
"¡Cantando me he de ir al cielo;
"Cantando me han de enterrar!"
Y te ven junto al fogón,
sin que nada te arrebate,
saboreando amargo mate
veinticuatro horas payar.

Tu alma puebla los desiertos,
y del Sud en la campaña
al lado de una cabaña
se eleva fúnebre cruz;
esa cruz, bajo de un tala
solitario, abandonado,
es símbolo venerado
en los campos del Tuyú.

Allí duerme Santos Vega;
de las hojas al arrullo
imitar quiere el murmullo
de una fúnebre canción.
No hay pendiente de sus gajos
enlutada y mustia lira,
donde la brisa suspira
como un acento de amor.

Pero las ramas del tala
son cual arpas sin modelo,
que formó Dios en el cielo
y arrojó a la soledad;
si el pampero brama airado
y estremece el firmamento,
forman místico concento
el árbol y el vendaval.

Esa música espontánea
que produce la natura,
cual tus cantos, sin cultura,
y ruda como tu voz,
tal vez en noche callada,
de blanco cráneo en los huecos,
produce los tristes ecos
que oye el pueblo con pavor.

¡Duerme, duerme, Santos Vega!
Que mientras en el desierto
se oiga ese vago concierto,
tu nombre será inmortal;
y lo ha de escuchar el gaucho
tendido en su duro lecho,
mientras en pajizo techo
cante el gallo matinal.

¡Duerme! mientras se despierte
del alba con el lucero
el vigilante tropero
que repita tu cantar,
y que de bosque en laguna,
en el repunte o la hierra,
se alce por toda esta tierra
como un coro popular.

Y mientras el gaucho errante
al cruzar por la pradera,
se detenga en su carrera
y baje del alazán;
y ponga el poncho en el suelo
a guisa de pobre alfombra,
y rece bajo esa sombra,
¡Santos Vega, duerme en paz!

El caballo del gaucho (1838)

Mi caballo era mi vida,
mi bien, mi único tesoro.
(Juan M. Gutiérrez)

Mi caballo era ligero
como la luz del lucero
que corre al amanecer;
cuando al galope partía
al instante se veía
en los espacios perder.

Sus ojos eran estrellas,
sus patas unas centellas,
que daban chispas y luz:
cuanto lejos divisaba
en su carrera alcanzaba,
fuese tigre o avestruz.

Cuando tendía mi brazo
para revolear el lazo
sobre algún toro feroz,
si el toro nos embestía,
al fiero animal tendía
de una pechada veloz.

En la guardia de frontera
paraba oreja agorera
del indio al sordo tropel,
y con relincho sonoro
daba el alerta mi moro
como centinela fiel.

En medio de la pelea,
donde el coraje campea,
se lanzaba con ardor;
y su estridente bufido

cual del clarín el sonido
daba al jinete valor.

A mi lado ha envejecido,
y hoy está cual yo rendido
por la fatiga y la edad;
pero es mi sombra en verano,
y mi brújula en el llano,
mi amigo en la soledad.

Ya no vamos de carrera
por la extendida pradera,
pues somos viejos los dos.
¡Oh mi moro, el cielo quiera
acabemos la carrera
muriendo juntos los dos!

CARLOS AUGUSTO SALAVERRY
Perú, 1830-1891

Nace en Piura, hijo natural del Comandante Felipe Santiago Salaverry, quien llega a ejercer por breve tiempo la presidencia del país y es fusilado en Arequipa en 1836. Poco antes de su muerte había traído a Carlos Augusto a vivir cerca de él y de su mujer, Juana Pérez. La viuda se ve obligada a huir a Chile, pero regresa en 1840 y se establece en Lima con Carlos. Este no recibe educación formal ni regular, ingresando a los 15 años en el ejército, donde asciende hasta Teniente Coronel. Muy joven se casa pero el matrimonio termina en la separación de los esposos. Publica sus primeros versos en 1855. Lleva la vida irregular y peregrina de militar; cuando está en Lima participa de la 'bohemia romántica' de esa ciudad. Allí se estrenan unas veinte obras dramáticas de Salaverry con gran recepción popular, pero hoy olvidadas si no perdidas. Simpático, de temperamento impulsivo y violento, cobra fama de bohemio y libertino. En 1858 se enamora nuevamente, pero la familia de la joven prohibe el noviazgo. De ese amor resulta un diario, versificado después, las *Cartas a un ánjel*, publicadas en 1858, año que Salaverry tiene terminado casi todo el volumen de *Albores y destellos* y *Diamantes y perlas*. Las revistas del Perú, y algunas de Europa, publican sus poemas. Se hace famoso por sus cantos patrióticos y su declamación de éstos, sobre todo durante la guerra entre Perú y España en 1866. En 1868 el presidente de la República le envía en misión diplomática a Europa (en parte para evitar las consecuencias de un duelo) y facilita la publicación de sus poesías completas, salidas bajo el título de *Albores y destellos* en Francia en 1871. En 1872, al suspenderse el trabajo diplomático, Salaverry se queda en Europa hasta 1878, cuando regresa al Perú, envejecido y melancólico. Aunque su poesía no se estanca, tampoco evidencia rasgos de la poesía europea de la época. Tiene estrecha amistad personal y profesional con Numa Pompilio Llona, hasta 1880 cuando una polémica política los separa. Durante la guerra entre el Perú y Chile (1879-1883) su actitud pacifista y restauradora es criticada como cobarde. Se dedica a la música, componiendo versos y acompañándose en el piano. De nuevo se enamora y, aunque la familia de la novia repite las medidas de la anterior, Salaverry la sigue a Europa y se casa en 1883. Ese mismo año publica su poema filosófico *Misterios de la tumba*, que él considera su mejor obra y su camino hacia la gloria literaria, aunque la crítica moderna no puede concordar con ese juicio. Pronto después comienza a sufrir de una parálisis y fallece en París. Se le considera hoy como el mejor poeta del primer romanticismo peruano, poeta intimista que no acoge las depuraciones del romanticismo posterior a 1860.

En un artículo de 1863 dedicado al poeta peruano Clemente Althaus, contemporáneo suyo, Salaverry considera que América no puede inspirarse en Europa ni en la literatura neoclásica: "el aliento de la Europa es mortal para la América; ...la antigua forma clásica es mortal para la imaginación del siglo XIX.... El clasicismo no es otra cosa que el despotismo del precepto literario, y la poesía de nuestros jóvenes vates, el canto de América, no puede someterse a otro yugo que el de la razón, ni a otra ley que la de la naturaleza, ni a otro imperio que al del genio de la libertad..." Esta, prosigue Salaverry, es la "musa de la América y todos, con infatigable ardor, debemos buscar la nueva forma de una nueva poesía..."

Bibliografía breve:

Albores y destellos. Le Havre: Impr. de A. Lemale Ainé, 1871.
"Clemente Althaus". *Revista de Lima*. Tomo VII. Lima, 1863. 146-153.
Salaverry. Poesía. Prólogo, selección y notas de Alberto Escobar. Lima: Universidad Nacional Mayor de San Marcos, 1958.
Oviedo, José Miguel. *El vocabulario romántico de Carlos A. Salaverry*. Lima: Instituto Riva Agüero, 1961 (También en *Boletín Instituto Riva Agüero*, 4 [1958-60]: 343-400).
Ureta, A. *Carlos Augusto Salaverry*. Lima: Casa Ed. Sanmartí y Cía., 1918.

DIAMANTES Y PERLAS

Mi poema[1]

Tengo, como Colón, un nuevo mundo
de seres que mi espíritu ha soñado;
un bosque virgen que ninguno ha hollado,
en el seno de América fecundo:

Es la gruta escondida en lo profundo
de un piélago de flores ignorado;
con toda mi existencia la he creado,
¡y para darla a luz basta un segundo!

¡Ah! si creyera en ti, póstuma gloria,
diérate el mundo que mi frente quema
por un solo suspiro a mi memoria!

¡Tú eres un sueño..! y cuando yo sucumba,
bajo el peso mortal de mi poema,
¡escrito en mi alma bajará a la tumba!

Inmortalidad

De las obras de Dios no muere nada:
más allá de la tumba, en trasparencia,
vislúmbrase una vida de inocencia
con lámparas eternas alumbrada.

La vida es una copa perfumada,
llena, hasta el borde, de divina esencia,
y el ángel destructor de la existencia
la quiebra un día con su planta airada.

---

[1]Textos de: *Albores y destellos*

Rotos del ser los terrenales lazos,
cae la forma de la vida al suelo,
diseminada en frágiles pedazos;

Pero el perfume se remonta al cielo:–
el alma sube, en invisible vuelo,
y la recibe Dios entre sus brazos.

El héroe y el bardo

Dios explaya los límites estrechos
dados al ser que su misión no yerra:
a vos, os abrió el campo de la guerra,
la libertad, la patria, los derechos.

A mí, por galardón y satisfechos
los ímpetus dejar que mi alma encierra,
vuelos me dio para dejar la tierra,
y lira en que cantar ilustres hechos.

A vos, os dio el trabajo del guerrero,
a mí, el del ave que en los aires canta
de su excelso poder la obra maestra.

Vuestra gloria será en lo venidero
de las leyes salvar el arca santa..
Y mi gloria mayor CANTAR LA VUESTRA.

Verso y prosa

La musa, ayer, avasallaba el vuelo
del águila soberbia y majestuosa,
mientras inculta la villana prosa
surcos trazaba en el eséril suelo;

¡Pero la prosa, con el aúreo velo
que audaz le usurpa a su rival hermosa,
poética, inspirada, esplendorosa,
libre de la cadencia invade el cielo!

¡Llorad en vuestras harpas trovadores,
el pasado feliz!.. ¡el mundo avanza!..
¡derribar es la ley del universo!..

Ya para vuestras rimas no hay lectores:–
La bella prosa al porvenir se lanza,
y oscuro yace, ¡DESTRONADO EL VERSO!

Antes de la luna de miel

Tú harás que al quinto cielo se trasporte
en alas de la dicha mi existencia,
pues que halaga y sonríe a tu inocencia
del niño alado la celeste corte.

¡Oh! Cuando seas mi feliz consorte,
júrote que, en mi vida y mi conciencia,
será tu espiritual resplandecencia
de mi camino el invariable norte.

Tú me darás tu amor; yo, la ternura
que tus anhelos en cumplir se afana,
sin darte nunca ni pesar, ni enojos;

Y aunque vivamos en cabaña oscura,
tú la reina serás, tú la sultana,
y yo el vasallo de tus lindos ojos.

Después de la luna

¡Cállese, digo!.. que el furor me abrasa,
y el bastón en mi mano se estremece:

148

lo que yo mando aquí, no se obedece,
y es mucho dos talentos en mi casa!

¡Se dilapida mi fortuna escasa,
mi cabello se cae y encanece,
porque usted se engalane y se enjaece
con lujo tal que de posible pasa!

¿Y he de sufrirlo?... ¡No! Por San Antonio,
que ya desde hoy mi voluntad impera,
sin más luz, ni palabra que la mía.

Para alumbrar el santo matrimonio,
juntos seremos, en distinta esfera,
el candelabro, usted: yo, la bujía!

CARTAS A UN ANJEL (1858)

Sí (Capricho)

¿Por qué cae de tus ojos esa lágrima,
en las rosas encarnadas del rubor,
desprendida de aquel cielo en que las vírgenes
cubren, tras velo púdico,
el alba del amor?

¿Será que en tus sueños plácidos,
sobre una nube de púrpura,
miras pasar a los ánjeles
suspirando junto a ti;

O es que miras, al crepúsculo,
repetido en la onda trémula,
como en un espejo límpido,
el diamante que te di?

Dímelo,
tórtola
tímida.
¡Sí!

Resolución

Huyamos: sigue mis amantes huellas,
si recuerdas la noche de ventura
en que, a la dulce luz de las estrellas,
tenía entre mis brazos tu hermosura.

Fatigada del baile, la esperanza
de una hora de amor guió tus pasos;
y oíamos el ruido de la danza,
yo en brazos del delirio, y tú en mis brazos.

De noche, en el jardín, sobre la alfombra
de blanda yerba y hojas desprendidas,
de los jazmines a la fresca sombra
estaban nuestras sombras confundidas.

¿Te acuerdas? ¡Qué momentos! Temblorosa,
tu mano entre las mías estrechada,
con el susto de amor aun más hermosa,
¡caíste sobre el musgo desmayada!

Y luego.. ¡Qué suspiros! ¡Qué sonrojos!
¡Qué súplicas! ¡Qué aliento interrumpido!
Con una dulce lágrima en tus ojos,
último ruego del pudor vencido.

Apagaban tus ayes y querellas
los besos de mi labio incandescente,
y otros besos te enviaban las estrellas
de blanca luz a iluminar tu frente.

Como en cáliz de coral bebía
de tus labios purísimos la esencia,
y en tus suspiros trémulos gemía
¡el ángel que lloraba tu inocencia!

¡Oh! ¡qué éxtasis de amor vivo y profundo
tuvo ese instante de agonías lleno!
Diciendo.. ¡¡no!! tu labio moribundo,
más me estrechabas a tu ardiente seno.

¡Y entre llorosas quejas, y gemidos,
de tu virtud desfalleciente esfuerzo,
desparecía, en nuestro amor unidos,
como un grano de polvo el universo!

¿Qué era a los dos la creación? Los lazos
de un inifnito amor eran mi anhelo;
no cambiara la gloria de tus brazos
por la esperanza de un remoto cielo.

¡Huyamos! sigue mis amantes huellas,
si recuerdas la noche de ventura
en que, a la dulce luz de las estrellas,
tenía entre mis brazos tu hermosura.

Acuérdate de mí

¡Oh! cuánto tiempo silenciosa el alma
mira en redor su soledad que aumenta:
como un péndulo inmóvil, ya no cuenta
        las horas que se van!
Ni siento los minutos cadenciosos
al golpe igual del corazón que adora,
aspirando la magia embriagadora,
        de tu amoroso afán.

Ya no late, ni siente, ni aún respira
petrificada el alma allá en lo interno:

tu cifra en mármol con buril eterno
      queda grabada en mí.
Ni hay queja al labio ni a los ojos llanto;
muerto para el amor y la ventura,
está en tu corazón mi sepultura
      y ¡el cadáver aquí!

En este corazón ya enmudecido
cual la ruina de un templo silencioso,
vacío, abandonado, pavoroso,
      sin luz y sin rumor;
embalsamadas ondas de armonía
elevábanse un tiempo en sus altares,
y vibraban melódicos cantares
      los ecos de tu amor.

¡Parece ayer..! De nuestros labios mudos
el suspiro de "¡Adiós!" volaba al cielo,
y escondías la faz en tu pañuelo
      para mejor llorar.
¡Hoy..! nos apartan los profundos senos
de dos inmensidades que has querido,
¡y es más triste y más hondo el de tu olvido
      que el abismo del mar!

Pero ¿qué es este mar? ¿qué es el espacio?
¿Qué la distancia, ni los altos montes?
¿Ni qué son esos turbios horizontes
      que miro desde aquí;
si al través del espacio y de las cumbres,
de ese ancho mar y de este firmamento,
vuela por el azul mi pensamiento
      y vive junto a ti?

Sí: yo tus alas invisibles veo,
te llevo dentro el alma, estás conmigo,
tu sombra soy, y adonde vas te sigo
      ¡de tus huellas en pos!

Y en vano intentan que mi nombre olvides;
nacieron nuestras almas enlazadas,
y en el mismo crisol purificadas
        por la mano de Dios.

Tu eres la misma aún: cual otros días
suspéndense tus brazos de mi cuello;
veo tu rostro apasionado y bello
        mirarme y sonreír:
aspiro de tus labios el aliento
como el perfume de claveles rojos,
y brilla siempre en tus azules ojos
        ¡mi sol, mi porvenir!

Mi recuerdo es más fuerte que tu olvido;
mi nombre está en la atmósfera, en la brisa.
Y ocultas al través de tu sonrisa
        lágrimas de dolor;
pues mi recuerdo tu memoria asalta,
y a pesar tuyo por mi amor suspiras,
y hasta el ambiente mismo que respiras
        te repite: ¡mi amor!

¡Oh! cuando vea en la desierta playa,
con mi tristeza y mi dolor a solas,
el vaivén incesante de las olas
        me acordaré de ti;
cuando veas que una ave solitaria
cruza el espacio en moribundo vuelo,
buscando un nido entre la mar y el cielo
        ¡Acuérdate de mí!

NUMA POMPILIO LLONA
Ecuador (Perú), 1832-1907

Nace en Guayaquil de familia acomodada. Tras un breve período en Colombia, la familia se radica en Lima, donde Llona se recibe de abogado en 1852 (después dirá que "el ejercicio de la profesión de abogado y el cultivo de la Poesía son cosas de todo punto incompatibles"). El año siguiente es nombrado catedrático de Estética y Literatura general de la Universidad de San Marcos. En "Bohemia de mi tiempo", Ricardo Palma cuenta que una composición erótica de Llona causa gran escándalo. El público se pronuncia fervorosamente en favor o en contra, y el fiscal manda recoger toda la edición impresa del periódico en que se había publicado, "acontecimiento –según Palma– [que] hizo más ruido que un temblor" (en "Bohemia de mi tiempo"). Ejerce varios cargos diplomáticos en Europa para el gobierno, así como oficios públicos en el Perú, por ejemplo el de Comisionado para dirigir el proyecto de un monumento nacional, lo que le ocupa de 1866 a 1873, tanto en el Perú como en Europa. En 1874 redacta un periódico con la escritora argentina Juana Manuela Gorriti, entonces residente en el Perú. En 1882 publica tres volúmenes de la poesía que ha escrito hasta la fecha, bajo el título de *Clamores del Occidente*, con un total de más de 225 poemas. Los varios prólogos de este libro explican el itinerario emocional del poeta. Este había esperado recibir una pensión, después de 30 años de servicio al país, el que se encuentra, sin embargo, en la desoladora 'Guerra del Pacífico', un "inmenso Diluvio de calamidades en el que ha naufragado el Perú entero", escribe Llona. Esta guerra asimismo es la causa de la muerte de su hijo primogénito. Deprimido, decide emigrar al Ecuador con su segunda esposa, Lastenia Larriva, escritora admirada del Perú romántico, y con su "doble y numerosa familia", declarando que su "carrera poética queda cerrada de hoy en adelante"; su esposa, sin embargo, le inspirará a volver a escribir. En el Ecuador es nombrado Rector de la Universidad de Guayaquil; desempeña cargos diplomáticos para el Ecuador en Colombia, siendo muy elogiado allí por los periódicos de Rafael Pombo. En 1886 vuelve al Ecuador, prosiguiendo sus ocupaciones en la Universidad.

Llona dividió sus *Clamores del Occidente,* en tres series: *Cien sonetos nuevos, Himnos, dianas y elegías (Poesías patrióticas y religiosas)* y *De la penumbra a la luz (Poesías amatorias y diversas).* En el breve prólogo a la primera serie explica que "con frecuencia le he empleado [al soneto] simplemente como la estrofa –...– de una composición más extensa; escribiendo series de dos hasta diez sonetos, en los que se desarrolla un pensamiento único, una sola idea generadora, y que vienen a ser como los distintos miembros de un organismo poético más vasto". Ha ejercido más libertad "que la generalmente acostumbrada en la poesía castellana, con respecto a la combinación de los consonantes en los tercetos..." del soneto. Además, explica, se ha "atrevido a hacer algunas excursiones en el campo –hasta aquí poco explorado por nuestra poesía lírica–, de la Metafísica y de la Estética... Estoy persuadido de que la poesía del Porvenir nacerá de la estrecha unión del Arte y de la Filosofía, que ella consistirá en la idea ontológica revestida de una forma estética,..." En "Algunas palabras al lector" de la tercera serie, Llona lamenta las condiciones desfavorables de los escritores hispanoamericanos para el trabajo productivo, cuando están las repúblicas "ocupadas todavía de los problemas de su organización social y administrativa, de sus intereses *positivos,* políticos o comerciales...". Insiste en que los poetas han tenido un importante papel en la formación de esas repúblicas; "con sus cantos entusiastas e inspirados" constituyen el "espíritu que las alienta". Concibe la función del poeta como "sacerdocio augusto, ...sagrada misión" y está consciente de una dualidad en el poeta, que es al mismo tiempo "el sacerdote del Espíritu... y el neófito forzado de la Materia..., Apolo y... Pluto". El mismo considera que lo ha sacrificado todo "durante mi vida entera, a mi irresistible vocación, a la Poesía: –ventajas *positivas,* placeres del mundo,... bienestar, riqueza, honores y altas preeminencias sociales."

Bibliografía breve:

Clamores del Occidente: Cien sonetos nuevos, Himnos, dianas y elegías, De la penumbra a la luz. Lima: Impr. del Universo, de Carlos Prince, 1882.
Palma, R. "Bohemia de mi tiempo," *Tradiciones peruanas completas.* Madrid: Aguilar, 1964. 1293-1321.

CIEN SONETOS NUEVOS[1]

En la muerte de una amiga de infancia [selecciones]

I

Tu rostro melancólico y sereno
dulce cruzó mi hermosa adolescencia
cuya memoria, como antigua esencia,
mi pecho guarda, aunque de angustia lleno;

Después el mundo, a la ventura ajeno,
nos separó con prolongada ausencia...
¡Mas siento algo morir de mi existencia
hoy que desciendes de la tumba al seno!

¡Triste, así, desenvuélvese la trama
de nuestra vida en el extraño drama,
al que preside la inmutable Suerte!

Así, en irresistible torbellino,
nos lanza, unos tras otros, el Destino
en el oscuro Estrecho de la muerte!

II

¡Sombrío Estrecho! –Con profundo espanto
le mira el nauta al terminar su viaje;
mientras de lo Pasado hacia el miraje
su rostro vuelve que humedece el llanto;

En ronco son de funeral quebranto
rompe el mar en las rocas su oleaje;

---

[1]Textos de: *Clamores del Occidente.*

y, al fondo, cubre el lóbrego pasaje
opaca bruma con inmóbil manto...

Mas, al través, vislúmbranse a lo lejos
radiantes perspectivas hechiceras: –
de un golfo azul los trémulos reflejos;

Y más allá, en sus mágicas riberas,
de eterno Edén confusos los bosquejos...
Pensiles, prados, fuentes y palmeras!...

VII

¿Y cuál de entre nosotros, cuál, el ceño
del Infortunio no miró, inclemente;
y, allá en su corazón, con ansia ardiente
no aspira de la muerte al sueño?

¡Venga ella, pues! ¡Intrépido, risueño
recibiré yo su ósculo doliente;
y alborozado ceñiré a mi frente
su guirnalda de fúnebre beleño!

¡Cuando, al rigor de los adversos Hados,
de la existencia la fatal tristeza
agobia ya a sus hijos desgraciados,

En su amante regazo misterioso
les ofrece la gran Naturaleza
profundo sueño e inmortal reposo!

Los arqueros negros

Tras el hombro el carcaj; un pie adelante;
con el brazo fortísimo membrudo

tendiendo el arco; y, con mirar sañudo,
inclinado el etiópico semblante;

Así, en hilera, el batallón gigante
de dolores me acecha torvo y mudo;
y sus saetas clava en mi desnudo
ensangrentado pecho palpitante!...

¡Mas no de tus flecheros me acobardo
ante el airado ejército sombrío;
sus golpes todos desdeñoso aguardo!

¡Manda a tu hueste herirme, oh Hado impío,
hasta que lancen su postrero dardo!
¡Hasta que se halle su carcaj vacío!

El universo

¡El Universo es sólo una Apariencia:
sones, perfumes, formas y colores,
placer, dolor... –son vívidos fulgores
que al choque brotan de una doble esencia:

¿Qué hallará nuestro 'yo', de su conciencia
lanzándose, a los mundos exteriores?
En un abismo de lóbregos horrores,
un Principio de Ignota Resistencia...

Envuelta el alma en múltiple organismo,
cual prisma terso, cual radiosa tea,
transforma en Cósmos el oscuro abismo:

La unión de Lo Real y de La Idea,
en armonioso y eternal dualismo,
¡perpétuamente al Universo crea!

La estrofa

Veloz, tendidas las brillantes alas
de vivo carmesí, de verde y oro;
desplegando el magnífico tesoro
de tus nativas pintorescas alas;

Por el azul de las etéreas salas, –
sola y distante del fraterno coro–,
cruzas, ave de América; y sonoro,
por la altura al pasar, tu canto exhalas:

Fulgente, alada, llena de armonía,
así la Estrofa cruza por el cielo
de mi azul y serena fantasía...

¡Feliz yo, cuando, dócil a mi anhelo
y al fiel reclamo de la Musa mía,
a mí desciende en presuroso vuelo!

La 'odisea del alma'[1]

¡Trabajando de mi alma en las canteras
al frente de siniestros Desengaños,
mi pirámide alcé de cien peldaños
de granito con quíntuples hileras;

Dentro, –al pie de ciclópeas escaleras–,
reposan, en sarcófagos extraños,
embalsamados mis difuntos años;
y su cúspide asciende a las Esferas;

---

[1]En 1876 Llona había leído, ante gran aclamación pública, un "poema lírico" muy extenso con el mismo título, que dibujaba su trayectoria filosófica vital.

La circundan las yermas soledades
de mi existencia; y de mi llanto el Nila
arrastra, a la distancia, sus corrientes...

Su mole quiebra impuras tempestades,
del puñal de los nómades el filo,
y el colmillo letal de las serpientes!

DE LA PENUMBRA A LA LUZ

Dualidad. El poeta latino-americano (1875)
[selecciones]

¡Hijo del triste Pueblo americano
y de la antigua Europa, –en mi existencia
de ambas porciones del Linaje Humano
he recibido la penosa herencia;
y en mi alma siento, con afán insano,
juntarse, –en misteriosa confluencia–,
los dolores secretos y profundos
de entrambas Razas y de entrambos Mundos!
....

Firme, tenaz, inconmovible, austero,
incontrastable y ciego como el Hado,
del mar del Sur al Capitán Ibero
miro llegar, Conquistador-Soldado:
puesta la mano en su invencible acero;
sobre la frente el yelmo; y encerrado
de hierro entre su sólida armadura,
que su pecho y entrañas menos dura!...

Del Perú floreciente en la ribera
fija su pie, cual destructora marca;
y, salvando arenal y cordillera,
entra en el corazón de Cajamarca;
y con violencia atroz y maña artera
vierte la sangre allí del gran Monarca;

¡horrendo crimen, mancha infamatoria,
baldón eterno de la hispana gloria!...

¡Oh Atahualpa infeliz!... víctima al verte,
cuánto dolor mi corazón inunda!
¡Cuánto me apiada de tu grey la suerte,
por tres siglos atada a la coyunda;
y ésa, de odiosa esclavitud y muerte,
larga tiniebla, lóbrega y profunda,
que disipó, cual repentina aurora,
de Bolívar la espada redentora!
....

Así, en mi mente y corazón, latentes
llevo de entrambos pueblos los dolores,
cual se tocan tal vez dos vivas fuentes
sin confundir sus linfas y rumores;
y en mis insomnios de poeta, ardientes,
sus gemebundos íntimos clamores
siento alzarse de mi alma en el abismo,
en angustioso y singular dualismo!

Cual de dos flautas el rumor incierto
se alza en la noche entre los montes graves;
como en medio al silencio del desierto
los dolorosos trinos de dos aves;
cual dos Hadas que en lánguido concierto
juntan sus voces tristes y suaves...
¡Así es el doble canto que resuena
en mi alma absorta y de amargura llena!...

161

RICARDO PALMA
Perú: 1833-1919

Nace en Lima; interrumpe sus estudios para dedicarse al periodismo, la política y la literatura. Publica sus primeros versos en 1848 y su primera obra teatral en 1851, año de una visita a Lima de Juan María Gutiérrez, en pleno ambiente romántico. Asiste a los salones de la época, de gran entusiasmo literario, en que se presentan y discuten las nuevas obras –sobre todo de poesía–, tanto de Europa como criollas. Participa activamente en las inquietudes políticas de su país y en 1860 tiene que exilarse en Chile. Regresa en 1863 y sigue un período de gran actividad literaria y política. Viaja a Francia y a Estados Unidos. Comparte el espíritu antiespañol, patriótico y democrático de los años 60 de su siglo y participa en combates revolucionarios de su país, salvándose la vida en un bombardeo de 1866. Asiste, con otros intelectuales limeños de la época, a las tertulias ofrecidas en la casa de Juana Manuela Gorriti, escritora argentina entonces residente en el Perú. Con la victoria de la causa revolucionaria, desempeña cargos públicos hasta la muerte del presidente en 1872, cuando se retira Palma de la vida política. En 1876 contrae matrimonio con Cristina Román y tendrá varios hijos. Durante la 'guerra del Pacífico' (1879-1883), son destruidas su casa y su biblioteca en la ciudad de Miraflores. Comienza una polémica con Manuel González Prada que durará casi por el resto de su vida. Publica valiosos estudios de historia literaria y de etnología, entre ellos, *Neologismos y americanismos*, en 1896. Es miembro correspondiente de la Real Academia Española y debate con ese organismo por que se acepten términos americanos, muchos de origen indígena. Al terminar la guerra es nombrado Director de la Biblioteca Nacional, la que también fue destruida en la guerra y la que él se esfuerza en restituir y mejorar. Desempeña este cargo hasta 1912 cuando una creciente ceguera y debilidad le prohiben continuar. Mantiene una correspondencia con muchos literatos de la época, incluyendo a Juan León Mera, Juan María Gutiérrez, Juan de Dios Peza, Eugenio María de Hostos, Rubén Darío, Antonio Lussich, en América y, en España, con Galdós y Gaspar Núñez de Arce entre otros. Deja esbozos de ensayos sobre Zorrilla, Campoamor, Pardo

Bazán y Juan Valera. Es hombre y escritor de grandes polémicas, popular y respetado en su país.

En "Bohemia de mi tiempo" Palma relata el fervor romántico peruano entre 1848 y 1860, cuando era costumbre citar de memoria pasajes largos de Espronceda y Zorrilla: "Nosotros [Arnaldo Márquez, Clemente Althaus, Luis Cisneros, Carlos Augusto Salaverry y otros] arrastrados por lo novedoso del libérrimo romanticismo,... desdeñábamos todo lo que a clasicismo tiránico apestara, y nos dábamos un hartazgo de Hugo y Byron, Espronceda, García Tassara y Enrique Gil" (1294). Considera que esa generación romántica ya debe retirarse de la escena literaria. Reconoce que su poesía –y la de otros de su generación– es importante por formar parte de una literatura que rompió "con el amaneramiento de los escritores de la época del coloniaje", empresa a la que se habían lanzado "audazmente, ...soldados de una nueva y ardorosa generación... [en] cuyas filas militaba" Palma. Mantiene que, una vez públicos los versos del poeta, ya no son su propiedad, sino que "pertenecen a una época determinada de la literatura nacional y, relegándolos al olvido, negaría un contingente, necesario acaso en el porvenir, para todo el que se proponga estudiar el desenvolvimiento gradual de las bellas letras" en el Perú (1321). En su madurez, se consideró a sí mismo "mediano versificador", ya que no poeta y prosigue diciendo que ser poeta es "pensar en verso y versificar es como un solfeo para aprender a manejar la prosa". ("Proemio" a las *Poesías completas*)

Su gran contribución a la literatura hispanoamericana es el desarrollo de un género nuevo, la 'tradición'. Escribió más de 500, publicadas en diez series entre 1872 y 1910. Su poesía ofrece, en sus mejores momentos, aires de 'tradición': diálogo vivo y presencia viva de lo peruano; asimismo se encuentran toques de realismo, faltando la idealización del romanticismo. Después de 1872, en algunas ocasiones, criticó los excesos del romanticismo sentimental y frívolo, y quizás por eso depuró la edición completa de sus poemas (1911), quitándole muchas composiciones, sobre todo sus más tempranas así como las poesías ocasionales.

Bibliografía breve:

Poesías completas. Buenos Aires: Maucci, 1911.
"Bohemia de mi tiempo", (1886), en *Tradiciones peruanas completas*. Madrid: Aguilar, 1964. 1293-1321.
Compton, Merlin D. *Ricardo Palma*. Boston: Twayne, 1982.
García Barrón, Carlos. "Ricardo Palma, poeta depurador", *Revista Iberoamericana*, 1978, 104: 545-556.
Oviedo, José Miguel. *Genio y figura de Ricardo Palma*. Buenos Aires: Ed. Universitaria, 1965.
Rubman, Lewis, H. "Ricardo Palma y el problema de la poesía romántica", *Revista Iberoamericana*, 1966, 32: 113-121.

ARMONIAS (1861-65)[1]

Tus ojos

Me han dicho que, si cantas, de tu alma envías
un raudal infinito de melodías;
mas, si en no oír tu acento perdí un consuelo,
vi que en tus ojos llevas algo de cielo.
Apacibles del éter se ven los tules;
así son tus pupilas castas, azules;
hay en ellas lo dulce de la paloma
y lo grato del lirio que da su aroma;
la pureza reflejan del firmamento,
mundos de poesía, de sentimiento.
Una de tus miradas es el rocío
que al corazón da vida, calma al hastío.
Si hoy, en medio a tu dicha, los ojos pones
tímidos, inocentes, en mis renglones,
al saber que me agobia pena secreta,
¿no habrá una perla en ellos para el poeta?

---

[1]Textos de *Poesías completas*.

Bacanal

¿Qué somos? Aristas
que arrebata la brisa fugaz.
Pasamos, pasamos,
como pasan las olas del mar...

Así se evapora
en el aire una voz de placer;
así, ¡oh Dios!, se borra
en la arena la huella del pie.

Pues somos esencias
que se pierden en vaga espiral,
pues somos iguales
a las nubes que vienen y van,

hagamos, hagamos,
menos triste la vida infeliz.
¡Escánciame vino!
y la muerte suspenda el festín.

Melancolía

No es éste que contemplo tu horizonte,
patria infeliz a la cadena atada;
no está aquí el natal valle, ni aquí el monte
donde altiva fijóse la mirada.

En vez de alfombra de verdor lozano,
halla espinas la planta en el sendero;
aquí ninguno me apellida hermano,
aquí soy para todos extranjero.

No hay aquí corazones que respondan
al afanoso palpitar del mío,
ni sonrisas purísimas que escondan
tesoros de entusiasta desvarío.

Las brisas de la patria aquí no orean
con su soplo mi frente enardecida,
ni alivio blando a mi congoja crean
mi padre anciano, mi gentil querida.

En la noche, el apoyo de mi brazo
tu cuerpo en vano, buscará doliente...
¡Pobre viejo! Al herirme, de rechazo,
hirió el destino tu ánimo valiente.

Gratos como la luz del firmamento,
a mi espíritu sois, seres queridos;
si levanto hasta Dios el pensamiento,
van en él vuestros nombres confundidos.

¡Oh patria de mi amor! La fantasía
a ti me lleva en la nocturna calma...
Presente siempre a la memoria mía,
vives en el altar que te alza el alma.

En la tumba de Alfredo Musset[1]

¡Poeta del dolor! Sobre tu losa
vino a llorar un vate americano,
fraternidad de penas misteriosa
siempre ha ligado el corazón humano.
Cansado de sufrir aquí reposa
tu cuerpo; mas tu genio soberano,
como otro sol que en el zenit se mece,
en el mundo del arte resplandece.

---

[1]Nota de Palma: "Visité la tumba de Musset en compañía del poeta argentino Ascasubi, quien plantó al pie de ella un sauce babilónico con [una] inscripción..."

PASIONARIAS (1865-1870)

Romanticismo

Eres ángel venido de otra esfera
la tierra a engalanar con tu hermosura:
de matinal estrella la luz pura
en tu dulce mirada reverbera.

Flor no tiene la mágica pradera
que no te brinde aromas y frescura,
y acarician las auras con ternura
los rizos de tu blonda cabellera.

¡Mi bien! Yo te amo como se ama el cielo,
como a la luz la mariposa inquieta,
y como ama el guerrero su estandarte.

–Tal dije a Carmen. No mordió el anzuelo,
y contestó: –¡Palabras de poeta!
Vaya usted con la música a otra parte!

Libertad

Te busco en el ayer, en la romana historia,
    y en otra edad;
encuentro por doquier que juegan con tu gloria
    ¡oh libertad!

El Cristo a predicar sus mágicas doctrinas
    que vierten luz
vino, para alcanzar ceñir su sien de espinas
    y hórrida cruz.

¿Acaso tú serás poética quimera,
    sueño ideal?
¿Nunca te elevarás a la sublime esfera
    de lo real?

¿Acaso, libertad, es tu cortejo el luto
    de un funeral?
¿Siempre la humanidad te ha de buscar de Bruto
    con el puñal?

¡No! santa libertad, te han calumniado
porque no vieron tu esplendor lucir.
¡Adelante! ¡Se acerca tu reinado...
    avanza el porvenir!

VERBOS Y GERUNDIOS (1870-1878)

¡Zape, gata!

A la muchacha de mejor talle
que de Malambo vive en la calle
y que me tiene sorbido el seso,
ha pocas noches le pedí un beso,
lo cual es cosa que hace cualquiera.
Valgan verdades, ¿quién lo creyera?
Aunque me afirman que es de esas tales
que en Francia llaman horizontales
quedé, cual dicen, haciendo cruces.
Pasó la historia ya entre dos luces,
cuando encendían los gasfiteros
en las esquinas los reverberos.
Oigan ustedes lo que me dijo
esa... coqueta que Dios bendijo:
—Aquí, en mi boca, como usted sabe,
se esconde el beso que lo contenta;
pero mi boca se abre con llave,
no con ganzúa ni otra herramienta.
—Si es llave de oro —repuse osado—,
todo tropiezo queda llanado.
—No, señor mío —dijo la bella—;
ya que usted tanto la cosa apura,
    la llave aquella
en la parroquia la tiene el cura.

Y yo al oirla salí al escape
diciendo: –¡Zape!

NIEBLAS (1880-1906)

Rosa Amelia
(Corona fúnebre)

Lo que llamamos muerte
de vida se alimenta:
la muerte a nueva vida
tan sólo es despertar:
en ella siempre el gérmen
de otro existir alienta,
y así la estrella tórnase
radiante luminar.

Cuando creyente el alma
de Dios en la grandeza,
al ideal se eleva
de excelsa religión,
no es triste a ese misterio
que tras la tumba empieza
llevar el pensamiento,
llevar el corazón.

La flor que su corola
purísima a la vida
entreabre, delicada,
en el feraz pensil,
ya tiene del Destino
la suerte prevenida,
y de su tallo arráncala
la brisa más sutil.

Tú, Rosa, que veniste
como una flor lozana
a ser la encantadora

delicia de tu hogar,
viviste cual la rosa
fugaz una mañana,
y tu perfume plácido
fue el cielo a embalsamar.

RAFAEL POMBO
Colombia: 1833-1912

Nace en Bogotá, de familia distinguida, y es muy precoz, comenzando su producción literaria a los diez años de edad. A instancias del padre, hace estudios de ingeniería. Participa en la defensa del gobierno constitucional en 1854, trabajando como ingeniero para el gobierno. Es Secretario de la Legación de su país en Washington; conoce allí a los poetas norteamericanos Bryant y Longfellow. Cuando cae el gobierno de Colombia, Pombo se queda en Estados Unidos por unos veinte años, dedicándose a las letras. Es editor de revistas, crítico de arte, educador y poeta. Su poesía amorosa canta a muchas figuras femeninas; nunca se casa. A su regreso a Colombia en 1872 es ya poeta reconocido y admirado; es elegido Secretario Perpetuo de la recién fundada Academia Colombiana. En 1905 es galardoneado como el 'primer poeta laureado' del país.

Dejó Pombo crítica literaria, traducciones y ficción breve de diferentes tipos. Se publicaron más de 600 poemas, de forma suelta y sólo recogidos en volumen en 1916-17; son de calidad desigual ya que con frecuencia no pulía sus composiciones, y tratan un gran número de los temas románticos como la muerte, el ser en el mundo, la religión, la mujer, la naturaleza y la patria. Escribe muchas 'fábulas' y "Cuentos morales para niños formales" en verso, literatura infantil considerada de gran mérito en el género. Asimismo fue prolífico traductor, de poesía inglesa, francesa, alemana y latín. En 1970 aparecen otros tomos incluyendo unos 700 poemas y traducciones, inéditos y olvidados hasta entonces. Por su extensa y larga producción, recorre Pombo varias de las épocas románticas: del sentimentalismo a la rebeldía vigorosa, y de allí a la meditación filosófica, con un tono menos mesurado y formal que el que marcaba la poesía de otro colombiano romántico, José Eusebio Caro. Son notables sus innovaciones métricas, precursoras de los logros de Rubén Darío.

Bibliografía breve:

Poesías completas. Estudio preliminar de Antonio Gómez Restrepo [1916]. Prólogo, ordenación y notas de Eduardo Carranza. Madrid: Aguilar, 1957.

Poesía inédita y olvidada. Introducción y notas de Héctor H. Orjuela. 2 tomos. Bogotá: Instituto Caro y Cuervo, 1970.

Carrascosa-Miguel, P. "Rafael Pombo y el verso semilibre hispano-americano: aportación al estudio de su poesía a través del análisis métrico." *Thesaurus* (Boletín del Instituto Caro y Cuervo (Bogotá), 1988 (Ene-abr.) 43(1): 12-46.

Orjuela, H. *La obra poética de Rafael Pombo*. Bogotá: Instituto Caro y Cuervo, 1975.

1863
(Diciembre 31: 1863)[1]

Horrenda está la noche; como el caos
negro y en confusión el firmamento,
truena, y tiembla la tierra, y zumba el viento
y es deshecha en el mar la tempestad.

Su propio funeral Naturaleza
llorar parece en convulsiones locas,
y expira como un monstruo de mil bocas
que purga en el tormento su crueldad.

¡Es un año que muere! ¡año funesto!
Antes de que te escapes, toma, toma,
lleva a la tumba que a tragarte asoma,
lleva a la eternidad mi maldición.

---

[1]Textos de *Poesías completas*.

¡Ay!, tú cuestas más llanto a nuestros ojos
que esos torrentes con que el cielo llora.
Peor que esa tempestad que escucho ahora
es la que me trajiste al corazón.

A la patria (1864)

¡Patria!, madre y viuda
que consternada y muda
ni osas llorar tus penas y quejarte.
¡Patria! que en vez de madre, tumba nuestra
debiéramos llamarte.

Ya en ti no se divisa
la flor de una sonrisa
o es de extranjera tierra el sonreído;
clamores de dolor rasgan el viento
y no hallan un oído.

¿Al fin la servidumbre
será en ti una costumbre?
No hay mal que apiade, no hay maldad que asombre;
¡si acaso oyen doblar por el que ha muerto,
ni preguntan su nombre!

¡Ay!, tus hijos mejores
cayeron con las flores
de la primer guirnalda que les diste,
y en flor de juventud y de ternura
bajo la hoz los viste.

La virgen desolada,
viuda antes de casada,
fué a orar por *él* y desahogar su duelo.

No encontró el templo... ¡oh Dios!... ¿para nosotros
no hay ni Dios en el Cielo?
....................[1]

Madre, al verte me ciega
el llanto que me anega,
y acierto a sollozar mas no a cantarte;
que en vez de nuestra madre, tumba nuestra
debiéramos llamarte.

Posibilidad (1870)

Rompiendo los escombros del sentido
vuelve a entrar ¡alma! en posesión del mundo,
y ve sin vista, y oye sin oído,
y bendice al buen Dios que alzó al tullido
y que al mal vencedor volvió al profundo.

El alma, solitaria prisionera,
rompe al través de la fatal barrera
que escombros de sentidos le oprimían;

sale al fin de su tártaro profundo
y entra de nuevo en posesión del mundo
de que desheredada la creían.

Bambucos nacionales (1874)

Yo no soy de Cartagena,
Popayán ni Panamá,
ni de Antioquia o Magdalena,
ni del mismo Bogotá.

---

[1]Elipsis en el texto de *Poesías completas*.

Una tierra tan chiquita
no me llena el corazón.
Patria grande necesita,
soy de **toda** la Nación.

Yo soy de Colombia entera,
de un trozo della, jamás;
y ojalá más grande fuera,
que así me gustara más.

Ojalá fuera tan grande
que pudiéramos decir:
"A lo que Colombia mande
no hay quien sepa resistir.

"No nos vengan ya con cuentas
de un millón por un melón;
ya no enviamos nuestras rentas
a engordar a otra nación.

"Ya no hay trato ni contrato
de paloma y gavilán;
ya cualquiera desacato
nos lo paga el más jayán."

¡Ay del pobre y del pequeño
de este mundo en el chischás!
De su campo nadie es dueño
si el vecino puede más.

La justicia entre naciones
es la fuerza y el poder:
los pequeños, los collones,
siempre tienen que perder.

Mas la unión dará la fuerza;
y la fuerza la razón.
Y a destino que se tuerza
no endereza el corazón.

Cuando más perdido estuvo
nuestro gran Libertador,
con más fe y ardor mantuvo
su misión de redentor;

Y en las selvas de Orinoco
solo y prófugo una vez,
desahuciáronlo por loco
al oírle esta sandez;

"¡Oh que dicha!, ¡oh cuánta gloria!
¡Camaradas!, desde aquí
llevaremos la victoria
hasta el alto Potosí."

Y ese grito de locura
tuvo fiel ejecución.
Que no hay prenda más segura
que un resuelto corazón.

Aspiremos a ser grandes
para el bien universal.
Y sean íntegros los Andes
nuestro escudo nacional.

Todo el que hable nuestro idioma
y ame y sienta como acá,
nuestro sea, y otra Roma
en el mundo pesará.

Ya su Italia el italiano
redondear consiguió,
y auge súbito el germano
con su Alemania alcanzó.

Sólo nosotros –gigante
partido en pedazos mil–
sentimos alma de atlante
en covachas de reptil.

¡Patria inmensa de Pelayo,
de Bolívar y Colón!
¿Cuándo el sol con cada rayo
mirará la gran Nación?

Cuando no haya más apodos
de lugar y calidad,
y radiante alumbre a todos
sol de amor y libertad.

Melancolía

Muere, ave oscura, en tu nido
antes de soltar el vuelo
por el campo azul del cielo
a tu ilusión prometido;
fuera del árbol querido
tu tierna voz no alcanzó,
y así como ella expiró,
ignorada, humilde, pura,
muere en tu nido, ave oscura,
y como tú... muera yo.

Eclípsate, ignota estrella,
antes de reverberar
entre tanto luminar
que el nombre de Dios destella.
A esta tierra umbrosa y bella
ni un rayo tuyo alcanzó,
y así como él se extinguió
sin arrancar un suspiro,
muere antes de hacer tu giro
y como tú... muera yo.

Muere, limpio manantial
en la peña en que brotaste;
lecho mejor no alcanzaste
del césped primaveral.

Sólo el bosque original
tu murmullo percibió
y así como él se apagó
en el rincón del olvido,
muere, manantial perdido,
y como tú... muera yo.

Sobran aves en el viento,
y en los bosques manantiales,
y clarísimo fanales
en el azul firmamento.
Prodigo es cada elemento
en lo que para él nació,
y el astro que nadie vió,
y el ave de nadie oída,
dejan al perder la vida
lo mismo que dejo yo...!
　　　*****

Ni sombra en el espíritu de un hombre,
ni lágrima en los ojos de una hermosa,
ni en la memoria de la patria un nombre,
ni acaso entre las tumbas una losa.

¡Adiós..! ¿a quién? Entre la turba inquieta
no encuentro yo ni amigo ni enemigo.
—Parte en silencio, mísero poeta,
todo tu mundo partirá contigo.
　　　*****

Son más inciertos mis días
que la tienda del beduino.
Hoy empiezo mi camino,
no sé dónde dormiré.

Amor y ausencia

¡Qué dulce sabe el amor
tras el dolor de la ausencia
cuando hay fiel correspondencia
entre amada y amador!

Cuando, en su separación,
cual la amante aguja esclava
del Norte, siempre apuntaba
uno al otro corazón;

Cuando el sol que alumbra el día,
¡día de eterno desearse!
tan sólo para buscarse
al uno y otro servía,

Y la enamorada bella
soñaba sueños de miel
con su amado, y jamás él
soñaba sino con ella.

Cuando sordos los oídos
y los ojos con ceguera,
cuando de su amor no fuera
les hablaba sin sentidos.

Y querrían que hasta el viento,
en todo tiempo y lugar
les hablara sin cesar
de su único pensamiento.

Y la más preciosa estrella
y el más bello ángel de Dios
era feo para los dos,
porque no era ni **él** ni **ella**,

Porque fuera de **su amor**,
no había mundo ni vida,

y era hermosura perdida
cuando más hizo el Señor.

No vuelvas ni a mi memoria
¡Oh infierno del mal de ausente!
Con razón dice el creyente
que ver a Dios es la gloria;

Que el infinito consuelo
que siento al volverte a ver,
me dice cuál ha de ser
el de ver al Dios del Cielo.

¡Oh Dios! Hasta en tu rigor
reconozco tu clemencia.
Por tu bondad es la ausencia
resurrección del amor.

¡Tú no sabes, vida mía,
cuán bella te encuentro ahora
y cómo te ama y te adora
el que apenas te quería!

Como el campo al redimido
bajo de un cielo esplendente,
o como al convaleciente
el bocado apetecido.

En el Niágara

(Contemplación) [selecciones]

¡Ahí está otra vez!... El mismo hechizo
que años ha conocí: monstruo de gracia,
blanco, fascinador, enorme, augusto,
    sultán de los torrentes,
muelle y sereno en tu sin par pujanza,
¡ahí está, siempre el Niágara! Perenne

en tu extático trance, en ese vértigo
de voluntad tremenda, sin cansarte
nunca de ti, ni el hombre de admirarte.

....

Ese lago de leche que dormido
yace a tus pies; esas tendidas hojas
de cuajada esmeralda, opacas, turbias,
manto marino que tu cauce vela,
cuyas inertes, aplanadas olas,
atónitas al golpe, ignoran dónde
seguir corriendo ese ancho remolino
que abajo las aguarda, y retorciéndose
al empuje del mar que lo violenta
yérguese al centro, y cual pausado boa
en silencio fatal se enrosca, y nunca
suelta la presa que atrayente arrolla;
allí más bien estoy; *ese* el mar muerto
de mi existencia, y el designio arcano
que en giro estéril me aletarga y me hunde.

¿Dónde, oh Heredia, tu terror? Lo anhelo
y no puedo encontrarlo. ¡Ah!, no serías
tan infeliz cuando esto te aterraba.
Si aquí la dicha palidece y tiembla,
     aquí por fin respira
la desesperación: sobre estos bordes
alza ella sus altares; de ese abismo
     en el tartáreo fondo
a voluptuosidades infernales
un genio tentador la está llamando.
No, nada alcanza a dar pavor en toda
la alma Naturaleza; el mal más grave
que hace es un bien: servirnos una tumba,
un lecho al fatigado. Ella es un niño,
nodriza al fin que la bondad del cielo
concedió al hombre...

El hombre, ese es el monstruo
(bien lo supiste, Heredia), ese es el áspid
cuyo contacto me estremece, el áspid
que cuerpo y alma pérfido emponzoña.
Sempiterno Satán de ajenas vidas
y aun de la propia; turbador de tanto
terrenal paraíso que Natura
brinda obsequiosa, y de cualquier escena
de orden y paz, beldad que a su memoria
presentará la aborrecida imagen
del malogrado bienestar celeste.
El hombre, injerto atroz de ángel y diablo,
enemigo mortal de cuanto asciende
la escala etérea en descollante copia
de la divinidad... ¡Aparta, oh monstruo!

   ¡Aquí, Naturaleza! Yo, a la vista
de este río de truenos, fulgurante
cometa de las aguas, no querría
sino abrazarme de él, como aquel iris
que en su columna espléndida serpea,
y como él, ni sentido ni sensible,
desparecer... Eres tan grande, ¡oh Niágara!
es tan irresistible tu embeleso,
tu majestad, que el infortunio humano,
a no haber otro Dios, te adoraría;
Dios de la blanda muerte, a quien en vano
   jamás acudiría
a descargar su insportable peso...
....

   Por variar de tedio únicamente
a contemplarte, Niágara he venido;
y al volverte la espalda, indiferente,
limpio de tu vapor mi helada frente
y te pago tu olvido con olvido.

A la poesía

Vicio divino, que a groseros vicios
     me hiciste despreciar,
y las mil vanidades y artificios
     del tráfico vulgar;
sacro elixir que al corazón y al alma
     das juventud sin fin,
y entre abrojos y fango, etérea calma
     y alas de serafín,
con que volver al aire primitivo,
     al gusto primicial
y juicio puro, y al entero activo
     ser todo personal.
Libre del yugo de años mil, y de hombres,
     y de hábito y refrán,
para llamar las cosas por sus nombres
     otra vez, como Adán;
y señalar el cauce del derecho,
     y por sobre el saber
y modo y ley de hombre, siempre estrecho,
     los del Supremo Ser.
Y así del mar ir a su frente arcana
     y del acto al motor,
y adelantándose a la marcha humana
     servir de gastador.
O revolar por cuantas cosas bellas
     hizo Dios con querer;
y el alma ufana regalando en ellas
     vivir, sentir, creer.
Genio de amor inagotable, ardiente,
     eterno, universal,
que a pasado y futuro haces presente,
     y real a lo ideal;
y a un hombre solo, humanidad entera,
     con cuyo corazón
toda ella lucha, y cree, ama, y espera,
     y llora su aflicción:
siempre, ¡oh poesía!, te adoré en privado

como a dios familiar.
nunca a exponerte me atrevía al mercado,
    ni profané tu altar.
Tu néctar mismo, embriaguez del canto
    fué mi rico laurel,
y el tierno abrazo, la sonrisa, el llanto
    que arrebaté con él.
Y una, y ciento, y mil veces te bendigo
    por más de un dulce sí,
y más de un noble corazón amigo
    conquistado por ti,
ese es mi oro, el único, tú sabes,
    a que tengo afición,
yo que no sueño en poseer más llaves
    que las del corazón.

Ruega por mí

Tú que has querido embellecer mi vida;
tú, refugio del alma combatida;
tú, solo bien del mundo en que creí:

Si te es cara esta vida solitaria,
oye y acepta mi única plegaria:
¡ruega por el que está lejos de ti!

Pronto se habrá de decidir mi suerte,
fallo será de mi ventura o muerte,
y tiemblo... que tal vez... ¡pobre de mí!

Y en estas horas de inquietud tremenda
te ofrendo una plegaria, triste ofrenda:
¡ruega por el que está lejos de ti!

Mi espíritu es un potro de tormento;
gira en torno de un vórtice sediento
que oigo, que siento que me llama a sí;

Y a cada arena que el reloj derrama
se angustia más mi corazón, y clama
¡ruega por el que está lejos de ti!

¡Tal vez cuando tú leas sollozando
esta plegaria que escribí temblando,
repitiendo tu nombre expire aquí,

Si es ésta mi postrera despedida,
tú que quisiste embellecer mi vida,
ruega por quien murió lejos de ti!

La educación es la fuerza de la mujer[1]
[selecciones]

Si la instrucción es necesaria al hombre,
a la mujer no es menos necesaria,
pues ella, como madre, forma al niño
con la preciosa educación temprana;
ella, entre halago y risa, le insinúa
de Jesús la vivífica palabra,
la de Dios mismo, que habla por su boca,
la que alzó el Universo de la nada:
y esa primera educación semeja
el rocío del alba, que a las plantas
ayuda aun más que el sol del mediodía,
más que la tarde con sus frescas auras.

Si es débil la mujer, ¡cuánto más débil
hácela entre nosotros la ignorancia,
fuente del ocio, madre del hastío,
y de pobreza y desamparo hermana!
¿Qué es aquí la mujer cuando el apoyo

---

[1]Subtítulo: "Discurso dirigido a una directora". Pombo escribió varios
otros poemas similares; por ejemplo: "La obra de la mujer" (1874), y "La
filosofía de la cocina" (1886).

185

de un padre fiel la muerte le arrebata,
cuando no tiene hermanos que la mimen
y toda digna protección le falta?

....

¿Si aunque sus intereses y derechos
la Ley proteja, es incapaz de usarla,
y por preocupación y por costumbre
la que nació mujer se estima en nada?

....

Y su deber, ¿cuál es? La Ley de Cristo,
¿qué le prescribe? Gobernar la casa;
y al marido, aunque incrédula, sumisa,
probar si amor y sumisión lo gana.

....

Los hombres en el tráfago del mundo
el dardo embotan de la suerte ingrata;
la misma actividad los fortifica
y del tedio letífero los salva.
El Universo ante su vista extiende
si erraron un camino, emprenden otro,
y si hoy cayeron, triunfarán mañana.
Lo extraño y vario de la suerte ajena
estímulo les brinda y esperanza,
y será culpa suya, y no del mundo,
si alguna vez vencidos se declaran.

De la mujer la vida es más estrecha,
monótona, pasiva y solitaria;
su infortunio es un huésped sempiterno,
y es su mayor felicidad, amarga.
Ella se juega entera en una suerte,
y si la erró, no hay salvación humana;
y sin embargo, a errar viendo que yerra
su timidez la obliga y su ignorancia.
¿Qué hará con un espíritu vacío
para llenar las horas de su casa,

a entender el espíritu del hombre
y ser su compañera y su guardiana?
¿Cómo ha de cautivar su índole inquieta
y enamorar enteramente su alma,
cuando toda su gracia es su figura,
y extinta esa ilusión, no queda nada?
....

IGNACIO MANUEL ALTAMIRANO
México: 1834-1893

Nace en Tixtla, estado de Guerrero, de padres indios, recibiendo el apellido de un español que lo bautizó; no habla castellano hasta los 14 años. Gana una beca para el Instituto de Literatura en la capital del estado, Toluca, donde estudia lenguas, filosofía e historia. Se traslada a la ciudad de México y participa activamente en las revoluciones de 1854 y 1857. Luego vuelve a la capital para terminar sus estudios de Derecho; allí enseña latín y anima tertulias. Es elegido Diputado en 1861, cobrando fama de gran orador. Llega al grado de coronel del ejército militar. Es periodista, y en 1863 funda una revista; desde 1867 ocupa cargos públicos. A partir de 1889 desempeña cargos diplomáticos en España y Francia; fallece en Italia.

Son sus novelas costumbristas que le han dado fama, y están entre las primeras de México que cuidan del estilo y exhiben maestría en la técnica del género: *Clemencia* (1869), *El Zarco* (1888, publicada en 1901), *La navidad en las montañas* (1870; novela corta). Su obra periodística incluye un intento de una historia literaria de México así como crítica literaria de gran interés por su tono altamente patriótico y por ser de gran alcance. Coloca Altamirano a Bello como el primer escritor americano, pero desdeña a Sor Juana Inés de la Cruz. Cree que a ésta "es necesario dejar[la] quietecita en al fondo de su sepulcro y entre el pergamino de sus libros, sin estudiarla más que para admirar de paso la rareza de sus talentos y para lamentar que hubiera nacido en los tiempos del culteranismo, y de la Inquisición y de la teología escolástica. Los retruécanos, el alambicamiento, los juegos pueriles de un ingenio monástico y las ideas falsas sobre todo, ...pudieron hacer del estilo de Sor Juana el fruto doloroso de un gran talento mártir, pero no alcanzaron a hacer de él un modelo" [II, 150]). Es también evidente aquí la poca estimación que tenía Altamirano por la poesía barroca, menosprecio compartido hacia la poesía de sus contemporáneos, demasiado apegada, escribe, "a esa literatura hermafrodita que se ha formado de la mezcla monstruosa de las escuelas española y francesa en que hemos aprendido" (I, 14). Así, censura la "propensión a imitar" (I, 232) de los poetas mexicanos hasta la fecha. Considera la poesía de la Independencia mexicana como primitiva, que sólo tiene su forma de común con la poesía 'moderna': "Nuestra literatura hasta hoy, es embrionaria" (III, 165). En la literatura mexicana ha predominado la poesía, y ésta, mayormente religiosa, según Altamirano; hoy, prosigue, el público favorece la novela sobre la poesía. Lamenta continuamente la ausencia de una 'poesía nacional' en México, la que él parecía equiparar con poesía épica de temas históricos y la que, como asevera repetidas veces, los países sudamericanos tenían, en la poesía de Echeverría, Mármol, Pombo, Isaacs, y Palma: "éstos son, y otros muchos, los creadores de la poesía americana del sur. Ellos han sabido ser originales... Los poetas sudamericanos han roto adrede las ligaduras de las reglas para crearse una lengua propia en qué expresar sus pensamientos, en que dar nombre y cabida a los objetos de su país; la lengua debe reflejar la naturaleza, el espíritu y las costumbres de un pueblo, y la lengua española castiza era ya pequeña para reflejar la naturaleza, el espíritu y las costumbres de los pueblos americanos..." (III, 87). En otro volumen escribe: "Deseamos que se cree una literatura absolutamente nuestra, como todos los pueblos tienen" (I, 15). Subraya la importancia de la literatura en la cultura nacional: "tiene una misión más alta, misión que debe comenzar desde enseñar a leer al pueblo, hasta remontarse a las sublimes esferas de la epopeya, de la filosofía y de la historia" (III, 230). Considera la literatura como "el propagador más ardiente de la democracia" (I, 5). Para Altamirano, el problema más grande para los poetas es ser original; que busquen –escribe–, la inspiración en la naturaleza, la cual ofrece "elocuente verdad" (II, 150). Que busquen inspiración sobre todo en la historia nacional, particular, original para cada país, el que "tiene su poesía especial, y esta poesía refleja el color local, el lenguaje, las costumbres que le son propias" (II,126), escribe en una de sus peticiones por una literatura nacional.

Su única obra poética es *Rimas*, que cuenta menos de 40 composiciones, escritas antes de 1867, y publicadas primero en 1871 (reeditadas varias veces en su vida). En ellas predomina lo descriptivo –sobre todo del paisaje mexicano–, de profundo tono nacional.

Bibliografía breve:

Obras literarias completas. Prólogo de Salvador Reyes Nevares. México: Eds. Oasis, 1959.

La literatura nacional. Revistas, Ensayos, Biografías y Prólogos. 3 vols. México: Porrúa, 1949.

González Martínez, Enrique. "Altamirano poeta," en *Homenaje a Ignacio M. Altamirano...* q.v. 61-71.

Homenaje a Ignacio Manuel Altamirano; conferencias, estudios y bibliografía. México: Universidad Nacional Autónoma de México, 1935.

Nacci, Chris N. *Ignacio Manuel Altamirano*. New York: Twayne Publishers, Inc. 1970.

Núñez y Domínguez, José de J. "El mexicanismo en la poesía de Altamirano," en *Homenaje a Ignacio M. Altamirano...*, q.v. 31-40.

Los naranjos (1854)[1]

Perdiéronse las neblinas
en los picos de la sierra,
y el sol derrama en la tierra
su torrente abrasador.

---

[1]Texto de *Obras literarias completas*. Este poema es uno de una serie de cuatro "Idilios", sobre los que el poeta comentó lo siguiente: "Confieso que he tenido alguna vacilación para publicarlos, temiendo que se juzgasen demasiado libres; pero los mismos amigos combatieron mis escrúpulos... La literatura clásica y la sagrada presentan frecuentes ejemplos de esta libertad y aún de mayor cien veces." (pág. 540) Altamirano luego cita una página de ejemplos de esa 'libertad', y sigue: "¿no es por ventura el culto del amor uno de los objetos de la poesía? ¿Este lenguaje lleno de ternura y de fuego, que es el propio de los amantes, deberá desterrarse, sólo porque se le acusa de sensual?... La crítica severa sólo condena el lenguaje libertino y obsceno, el cuadro que ofende a la moral. No creo que mis 'Naranjos' y mis 'Amapolas' sean reos de ese delito. Bastante comunes los juzgo, y aun bastante inocentes, si se comparan con infinitas escenas de novela que andan por ahí, verdaderamente atentando contra el pudor de la juventud." (541)

Y se derriten las perlas
del argentado rocío
en las adelfas del río
y en los naranjos en flor.

Del mamey el duro tronco
picotea el carpintero,
y en el frondoso manguero
canta su amor el turpial;
y buscan miel las abejas
en las piñas olorosas,
y pueblan las mariposas
el florido cafetal.

Deja el baño, amada mía,
sal de la onda bullidora;
desde que alumbró la aurora
juegueteas loca allí.
¿Acaso el genio que habita
de ese río en los cristales
te brinda delicias tales
que lo prefieres a mí?

¡Ingrata! ¿Por qué riendo
te apartas de la ribera?
Ven pronto, que ya te espera
palpitando el corazón.
¿No ves que todo se agita,
todo despierta y florece?
¿No ves que todo enardece
mi deseo y mi pasión?

En los verdes tamarindos
se requiebran las palomas,
y en el nardo los aromas
a beber las brisas van.
¿Tu corazón, por ventura,
esa sed de amor no siente,

que así se muestra inclemente
a mi dulce y tierno afán?

¡Ah, no! Perdona, bien mío;
cedes al fin a mi ruego,
y de la pasión el fuego
miro en tus ojos lucir.
Ven, que tu amor, virgen bella,
néctar es para mi alma;
sin él, que mi pena calma,
¿cómo pudiera vivir?

Ven y estréchame; no partes
ya tus brazos de mi cuello;
no ocultes el rostro bello,
tímida, huyendo de mí.
Oprímanse nuestros labios
en un beso eterno, ardiente,
y transcurran dulcemente
lentas horas así.

En los verdes tamarindos
enmudecen las palomas;
en los nardos no hay aromas
para los ambientes ya.
Tú languideces; tus ojos
ha cerrado la fatiga,
y tu seno, dulce amiga,
estremeciéndose está.

En la ribera del río
todo se agosta y desmaya;
las adelfas de la playa
se adormecen de calor.
Voy el reposo a brindarte
de trébol en esta alfombra,
a la perfumada sombra
de los naranjos en flor.

En su tumba (1858)
Ut flos ante diem flebilis occidit

Ayer la vi brotar, fresca y lozana
como una flor que acarició la aurora,
cuando al primer albor de su mañana
el puro cáliz de su pecho abrió.

Hoy de la muerte a la fiereza impía
mi pobre virgen se agostó por siempre,
como la débil flor que al mediodía
sobre su tallo mustio se dobló.

El Atoyac (1864)
(En una creciente)

Nace en la Sierra entre empinados riscos
humilde manantial, lamiendo apenas
las doradas arenas,
y acariciando el tronco de la encina
y los pies de los pinos cimbradores.

Por un tapiz de flores
desciende y a la costa se encamina
el tributo abundante recibiendo
de cien arroyos que en las selvas brotan.

A poco, ya rugiendo
y el álveo estrecho a su poder sintiendo,
invade la llanura,
se abre paso del bosque en la espesura,
y fiero ya con el raudal que baja
desde los senos de la nube oscura,
las colinas desgaja,
arranca las parotas seculares,
se lleva las cabañas
como blandas y humildes espadañas,

arrasa los palmares,
arrebata los mangles corpulentos:
sus furores violentos
ya nada puede resistir, ni evita;
hasta que puerta a su correr dejando
la playa... rebramando
en el seno del mar se precipita!

¡Oh! ¡Cuál semeja tu furor bravío
aquel furor temible y poderoso
de amor, que es como río
dulcísimo al nacer, mas espantoso
al crecer y perderse moribundo
de los pesares en el mar profundo!
Nace de una sonrisa del destino,
y la esperanza arrúllale en la cuna;
crece después, y sigue aquel camino

que la ingrata fortuna
en hacerle penoso se complace;
las desgracias le estrechan, imposibles

le cercan por doquera;
hasta que al fin, violento,
y tenaz, y potente se exaspera,
y atropellando valladares, corre
desatentado y ciego
de su ambición llevado, para hundirse
en las desdichas luego.
¡Ay, impetuoso río!
Después vendría el estío,
y secando el raudal de tu corriente,
tan sólo dejará la rambla ardiente
de tu lecho vacío.

Así también la dolorosa historia
de una pasión que trastornó la vida,
sólo deja extinguida,
su sepulcro de lava en la memoria.

La caída de la tarde (1864)
(A orillas del Tecpán)

Mirar cómo traspone las montañas
el sol, cansado al fin de su carrera,
de este río sentado en la ribera,
escuchando su ronco murmurar.
O ver las aves que con tardo vuelo
van a las ramas a buscar descanso,
o mis ojos clavar en el remanso
que oscurece la sombra del palmar.

A esta mustia soledad salvaje
venir ¡ay triste! a demandar remedio,
en mi constante y doloroso tedio,
y el pesar abatiéndome después.
Y pasar afligido hora tras hora,
de la ausencia en el lóbrego martirio;
de un imposible afán en el delirio...
¡Esta, lejos de ti, mi vida es!

Tu recuerdo tenaz nunca se esconde
en el oscuro abismo de mi mente,
y el fuego de tu amor, aún vive ardiente
abrasándome siempre el corazón.
No vale huir de ti... que el alma loca
vuela a do estás, en alas del deseo,
o te atrae hacia mí, y aquí te veo,
¡Sombra a quien presta vida mi pasión!

Y evoco las memorias de otros días
que dichosos, mas breves, transcurrieron,
pero que amantes al pasar nos vieron
desmayados, del goce en la embriaguez.
Y pido a estas riberas la ventura
de esas horas de amor dulces y bellas,
mas ¡ay! no pueden darme lo que aquellas
en que te vi por la primera vez.

Nada me sonríe ya, cuando va el cielo
tiñendo de carmín por un instante,
desde su tumba de oro, fulgurante,
del tibio sol la moribunda luz.
Nada promete a mi esperanza ansiosa,
a mi anhelar febril o ruda pena,
la noche, cuando, de delicias llena,
va envolviendo la tierra en su capuz.

¡Ay! y las palmas, las hermosas palmas
que tú tan gratas para siempre hicieras,
a ninguno, sus tristes cabelleras
hoy acarician, de nosotros dos.
Y cuando entre sus ramas solitaria,
cayendo va la estrella de la tarde,
tu mirada semeja; como ella arde
así ardía en tu postrer adiós.

Y esa pálida estrella vespertina
que un momento en el cielo resplandece
y que declina pronto y desaparece,
¡semeja así nuestro pasado bien!
He ahí lo que me queda, recordarte,
de esta fatal ausencia en el hastío,
y pensar que en los bordes de ese río,
tal vez tú lloras por mi amor también.

A orillas del mar (1864) [selecciones]

Esos bosques de álamos y de palmas
que refrescan las ondas murmurantes
del cristalino Tecpán, al cansado
pero tranquilo labrador conviden
en los ardores de la ardiente siesta
a reposar bajo su sombra grata,
que él sí podrá sin dolorosas lucha,
libre de afanes, entregarse al sueño.

Mas yo que el alma siento combatida
de tenaces recuerdos y cuidados
que sin cesar me siguen dolorosos,
olvido y sueño con esfuerzo inútil
en vano procuré; la blanda alfombra
de césped y de musgo, horrible lecho
de arena ardiente y de espinosos cardos
fue para mí; de la inquietud la fiebre
me hace de allí apartar, y en mi tristeza,
vengo a buscar las solitarias dunas
que el ronco tumbo de la mar azota.
Esta playa que abrasa un sol de fuego,
esta llanura inmensa que se agita
del fiero Sud al irritado soplo,
y este cielo do van espesas nubes
negro dosel en su reunión formando,
al infortunio y al pesar convienen.
Aquí, los ojos en las ondas fijos,
pienso en la Patria ¡ay Dios! Patria infelice,
de eterna esclavitud amenazada
por extranjeros déspotas. La ira
hierve en el fondo del honrado pecho
al recordar que la cobarde turba
de menguados traidores, que en mal hora
la sangre de su seno alimentara,
la rodilla doblando ante el injusto,
el más injusto de los fieros reyes
que a la paciente Europa tiranizan,
un verdugo pidiera para el pueblo,
que al fin cansado rechazó su orgullo.

Vencidos en el campo del combate,
a pesar de su rabia, por las huestes
que la divina Libertad exalta,
su dominio impostor aniquilado
por la verdad que al fin esplendorosa
tras de la noche del terror alumbra.

Sacrílegos alzando en los altares
con la cruz del profeta de los pueblos
el pendón de la infame tiranía,
y allí sacrificando, no a la excelsa,
no a la santa virtud, sino al odioso
ídolo de Moloc de sangre lleno,
vampiro colosal que no soñara
la barbarie jamás, en esos siglos
de crimen y de error que las tinieblas
de antigüedad lejana nos ocultan.
Nunca hiciera procaz el sacerdocio
de la mentida religión pagana,
tantos, al pueblo, desastrosos males,
como el que sirve al Dios de las virtudes
de México infeliz en los santuarios.

....

¡Ah sacerdocio! A mi infelice pueblo
y a México jamás, ¿qué bien hiciste?
Es el oro tu Dios, tus templos antros
do enseñas la traición ¡maldito seas!
Tu nombre manchará baldón eterno
y horror será del espantado mundo.

....

En tanto de mi Patria los fecundos
campos abrasa el fuego de la guerra,
gimen sus pueblos y la sangre corre
en los surcos que abriera laborioso
el labrador que con horror contempla
el paso de tus huestes destructoras.
Ruge el cañón, y con su acento anuncia
la elevación de un rey en esta tierra
de la América libre, cuyo jugo
es veneno letal a los tiranos,
y esta nueva desgracia, todavía
mi triste Patria a tus soldados debe.

El trono del Habsburgo se levanta
sobre bases de sangre y de ruina;
¿Cómo existir podrá, si sus cimientos
el amor de los pueblos no sostiene?
Su ejército servil corre furioso,
a sangre y fuego su pendón llevando;
la falacia precede tentadora,
que a las almas mezquinas avasalla;
y se diezman del pueblo las legiones,
y los pechos menguados desfallecen,
¡Y en el cielo parece que se eclipsa
de libertad la fulgurante estrella!
¡Solemne instante de angustiosa duda
para el alma de cieno del cobarde!
¡Solemne instante de entusiasmo fiero
para el alma ardorosa del creyente!
¡Oh, no, jamás! La Libertad es grande,
como grande es el Ser de donde emana;
¿Qué pueden en su contra los reptiles?

Ya encendido en el cielo el sol parece
entre nubes de púrpura brillando...
¡Es el astro de Hidalgo y de Morelos,
nuncio de guerra, de venganza y gloria,
y el que miró Guerrero en su infortunio
faro de Libertad y de esperanza,
y el que vio Zaragoza en Guadalupe
la sublime victoria prometiendo!

A su esplendor renuévase la lucha;
crece el aliento, la desgracia amengua;
la ancha tierra de México agitada
se estremece al fragor de los cañones,
desde el confín al centro, en las altivas
montañas que domina el viejo Ajusco.
Del Norte en las llanuras y en las selvas
fieras de Michoacán, y donde corren
el Lerma undoso y el salvaje Bravo;
de Oaxaca en las puertas que defienden

nobles sus hijos de entusiasmo llenos,
y en el áspero Sur, altar grandioso
a Libertad por siempre consagrado.
Y en las playas que azota rudo Atlante
y en las que habita belicoso pueblo
y el Pacífico baña majestuoso.

Sí, donde quiera en la empeñada lucha,
altivo el patrio pabellón ondea:
¿Qué importa que el cobarde abandonando
las filas del honor, corra a humillarse
del déspota a las plantas, tembloroso?
¿Qué importa la miseria? ¿Qué la dura
intemperie y las bárbaras fatigas?
¿Qué el aspecto terrible del cadalso?
Este combate al miserable aparta
del desamparo, el fuerte no se turba,
sólo el vil con el número bravea.
¡Cuán hermoso es sufrir honrado y libre,
y al cadalso subir del despotismo
por la divina Libertad, cuán dulce!
¡Oh! yo te adoro Patria desdichada
y con tu suerte venturosa sueño,
me destrozan el alma tus dolores,
tu santa indignación mi pecho sufre.
Ya en tu defensa levanté mi acento,
tu atroz ultraje acrecentó mis odios;
hoy mis promesas sellaré con sangre,
que en tus altares consagré mi vida!
....

Pensando en ella

¿For why should we mourn for the blest?

¿Por qué tanto suspiro y duelo tanto?
¿Por qué verter a su recuerdo el llanto,

200

¡Oh alma mía! si tus ojos ven
entre las nieblas del pesar profundo,
que un condenado hay menos en el mundo
y un arcángel hay más en el Edén?

   ¿No ves cruzar la imagen de tu amada,
pura y feliz, la bóveda azulada
por do las nubes y los astros van?
¿No ves de su semblante los destellos?
¿Por qué afligirte entonces por aquellos
que ya en la luz del paraíso están?

   Mírala ya en el cielo: hasta su planta
en tus horas más lúgubres levanta
tu esperanza cristiana y tu oración.
Y que renazcan de tu fe las flores;
ella vela por ti; sufre y no llores,
no llores más, mi pobre corazón.

ESTANISLAO DEL CAMPO
Argentina: 1834-1880

Nace en Buenos Aires, estudia inglés y trabaja en el comercio. Con la sublevación de las provincias contra Buenos Aires en 1853, del Campo se enlista en la causa de la capital; después obtiene trabajo en las aduanas. Llega a ser secretario de la Cámara de Diputados y, desde 1857, es aliado de Mitre, escribiendo artículos y poemas en los periódicos dirigidos por éste. Cuando estallan las insurgencias, viste su uniforme militar nuevamente y participa en las campañas contra Urquiza, en 1859 y 1861. En 1864 se casa con la sobrina del general Lavalle, y el matrimonio tendrá tres hijos. Pasa del Campo muchos años como oficial mayor del Ministerio del gobierno, una vez preparando un extenso informe sobre los abusos y problemas sociales de la justicia de paz en las provincias, informe publicado por José Hernández en su periódico en 1869. Participa en la insurgencia de Mitre en 1874 cuando éste se niega a renunciar su candidatura a la presidencia. A mediados de 1878 se retira de la vida pública por razones de salud.

Escribió del Campo varias obras poéticas y las publicó en sus *Poesías* (1870; prologado por José Mármol, de temas patrióticos, amorosos y festivos), pero es conocido por una pequeña obra maestra: *Fausto. Impresiones del gaucho Anastasio el Pollo en la representación de esta ópera*, que fue escrito y publicado en las seis semanas después de asistir el poeta a una representación de la ópera en el teatro Colón de Buenos Aires en 1866. La fórmula que utiliza en esta obra ya se había utilizado antes en la poesía gauchesca –por Hidalgo y Ascasubi, por ejemplo–: dos gauchos entran en un mundo desconocido de la ciudad y encuentran novedades que no comprenden. En la versión de del Campo se destacan la naturalidad y el genio del diálogo, así como la gran facilidad de versificación y la gracia de estilo, por lo que se le considera digno rival de su mentor Ascasubi.

Bibliografía breve:

Fausto, en Borges, J.L. & A. Bioy Casares, *La poesía gauchesca*. II. México: Fondo de Cultura Económica, 1955. 301-330. [Existen numerosas ediciones].

Anderson-Imbert, E. "Formas del *Fausto*", *Revista Iberoamericana* (1966) 32: 9-21.

Ludmer, J. "En el paraíso del infierno: el *Fausto* argentino", *Nueva Revista de Filología Hispanoamericana*, 39(2), 1987. 695-719.

Salas, T. y H. Richards, "La función del marco y la armonía simétrica en el *Fausto* de Estanislao del Campo", *Kentucky Romance Quarterly*. 17 (1970): 55-66.

Tiscornio, Eleuterio. *Poetas gauchescos. Hidalgo, Ascasubi, Del Campo*. Edición con estudio. Buenos Aires: Losada, 1940.

FAUSTO (1866)[1] [Selecciones]

II

[Anastasio el Pollo, hablando a su compadre Laguna:]

–Como a eso de la oración,
aura cuatro o cinco noches,
vide una fila de coches
contra el tiatro de Colón.

La gente en el corredor,
como haciendo amontonada,
pujaba desesperada
por llegar al mostrador.

Allí a juerza de sudar,
y a punta de hombro y de codo,
hice, amigazo, de modo
que al fin me pude arrimar.

---

[1]Texto de la edición de Borges y Bioy Casares.

Cuando compré mi dentrada
y di güelta... ¡Cristo mío!
estaba pior el gentío
que una mar alborotada.

Era a causa de una vieja
que le había dao el mal...
—Y si es chico ese corral
¿a qué encierran tanta oveja?

—Ahi verá: por fin, cuñao,
a juerza de arrempujón,
salí como mancarrón
que lo sueltan trasijao.

Mis botas nuevas quedaron
lo propio que picadillo,
y el fleco del calzoncillo
hilo a hilo me sacaron.

Ya para colmo, cuñao,
de toda esta desventura,
el puñal, de la cintura,
me lo habían refalao.

—Algún gringo como luz
para la uña, ha de haber sido.
—¡Y de no haberlo yo sentido!
En fin ya le hice la cruz.

Medio cansao y tristón
por la pérdida, dentré
y una escalera trepé
con ciento y un escalón.

Llegué a un alto, finalmente,
ande va la paisanada,
que era la última camada
en la estiba de la gente.

Ni bien me había sentao,
rompió de golpe la banda,
que detrás de una baranda
la habían acomodao.

Y ya también se corrió
un lienzo grande, de modo,
que a dentrar con flete y todo

me aventa, creameló.
  Atrás de aquel cortinao
un dotor apareció.
Que asigún oí decir yo,
era un tal Fausto, mentao.
  –¿Dotor dice? Coronel
de la otra banda, amigazo;
lo conozco a ese criollazo
porque he servido con él.
  –Yo también lo conocí,
pero el pobre ya murió:
¡bastantes veces montó
un zaino que yo le di!
  Dejeló al que está en el cielo,
que es otro Fausto el que digo,
pues bien puede haber, amigo,
dos burros de un mesmo pelo.
  –No he visto gaucho más quiebra
para retrucar ¡ahijuna!...
–Dejemé hacer, don Laguna,
dos gárgaras de giñebra.
  Pues como le iba diciendo,
el dotor apareció,
y, en público, se quejó
de que andaba padeciendo.
  Dijo que nada podía
con la cencia que estudió:
que él a una rubia quería,
pero que a él la rubia no.
  Que al ñudo la pastoriaba
dende el nacer de la aurora,
pues de noche y a toda hora
siempre tras de ella lloraba.
  Que de mañana a ordeñar
salía muy currutaca,
que él le maniaba la vaca,
pero pare de contar.
  Que cansado de sufrir,
y cansado de llorar,

al fin se iba a envenenar
porque eso no era vivir.

El hombre allí renegó,
tiró contra el suelo el gorro,
y por fin, en su socorro,
al mesmo Diablo llamó.

¡Nunca lo hubiera llamao!
¡Viera sustazo, por Cristo!
¡Ahi mesmo, jediendo a misto,
se apareció el condenao!

Hace bien: persinesé
que lo mesmito hice yo.
–¿Y cómo no disparó?
–Yo mesmo no sé por qué.

¡Viera al Diablo! Uñas de gato,
flacón, un sable largote,
gorro con pluma, capote,
y una barba de chivato.

Medias hasta la verija,
con cada ojo como un charco
y cada ceja era un arco
para correr la sortija.

"Aquí estoy a su mandao,
cuente con un servidor",
le dijo el Diablo al dotor,
que estaba medio asonsao.

"Mi dotor, no se me asuste
que yo lo vengo a servir:
pida lo que ha de pedir
y ordenemé lo que guste."

El dotor medio asustao
le contestó que se juese...
–Hizo bien: ¿No le parece?
–Dejuramente, cuñao.

Pero el Diablo comenzó
a alegar gastos de viaje,
y a medio darle coraje
hasta que lo engatuzó.

–¿No era un dotor muy projundo?

¿Cómo se dejó engañar?
–Mandinga es capaz de dar
diez güeltas a medio mundo.

El Diablo volvió a decir:
"Mi dotor, no se me asuste,
ordenemé en lo que guste,
pida lo que ha de pedir.

"Si quiere plata, tendrá:
mi bolsa siempre está llena,
y más rico que Anchorena
con decir quiero, será."

"No es por la plata que lloro,
don Fausto le contestó:
otra cosa quiero yo
mil veces mejor que el oro."

"Yo todo le puedo dar,
retrucó el Ray del Infierno,
diga: ¿quiere ser Gobierno?
Pues no tiene más que hablar."

"No quiero plata ni mando,
dijo don Fausto, yo quiero
el corazón todo entero
de quien me tiene penando."

No bien esto el Diablo oyó,
soltó una risa tan fiera,
que toda la noche entera
en mis orejas sonó.

Dió en el suelo una patada,
una paré se partió,
y el dotor, fulo, miró
a su prenda idolatrada.

–¡Canejo!... ¿Será verdá?
¿Sabe que se me hace cuento?
–No crea que yo le miento:
lo ha visto media ciudá.

¡Ah don Laguna! ¡Si viera
qué rubia!... Creameló:
créi que estaba viendo yo
alguna virgen de cera.

207

Vestido azul, medio alzao,
se apareció la muchacha:
pelo de oro como hilacha
de choclo recién cortao.

Blanca como una cuajada,
y celeste la pollera;
don Laguna, si aquello era
mirar a la Inmaculada.

Era cada ojo un lucero,
sus dientes, perlas del mar,
y un clavel al reventar
era su boca, aparcero.

Ya enderezó como loco
el dotor cuanto la vió,
pero el Diablo lo atajó
diciéndole: "Poco a poco:

si quiere, hagamos un pato:
usté su alma me ha de dar,
y en todo lo he de ayudar:
¿le parece bien el trato?"

Como el dotor consintió,
el Diablo sacó un papel
y lo hizo firmar en él
cuanto la gana le dió.

–¡Dotor y hacer ese trato!
–¿Qué quiere hacerle, cuñao,
si se topó ese abogao
con la horma de su zapato?

Ha de saber que el dotor
era dentrao en edá,
ansina que estaba ya
bichoco para el amor.

Por eso al dir a entregar
la contrata consabida,
dijo: "¿Habrá alguna bebida
que me pueda remozar?"

Yo no sé qué brujería,
misto, mágica o polvito
le echó el Diablo y... ¡Dios bendito!

208

¡Quién demonios lo creería!
    ¡Nunca ha visto usté a un gusano
volverse una mariposa?
Pues allí la mesma cosa
le pasó al dotor, paisano.
    Canas, gorro y casacón
de pronto se vaporaron,
y en el dotor ver dejaron
a un donoso mocetón.
    –¿Qué dice?... ¡barbaridá!...
¡Cristo padre!... ¿Será cierto?
–Mire: que me caiga muerto
si no es la pura verdá.
    El Diablo entonces mandó
a la rubia que se juese,
y que la paré se uniese,
y la cortina cayó.
    A la juerza de tanto hablar
se me ha secao el garguero:
pase el frasco, compañero...
–¡Pues no se lo he de pasar!
    ....

V

Al rato el lienzo subió
y deshecha y lagrimiando,
contra una máquina hilando
la rubia se apareció.
    La pobre dentró a quejarse
tan amargamente allí,
que yo a mis ojos sentí
dos lágrimas asomarse.
    –¿Qué vergüenza!
            –Puede ser;
Pero, amigazo, confiese
que a usté tamién lo enternece
el llanto de una mujer.

Cuando a usté un hombre lo ofiende,
ya sin mirar para atrás,
pela el flamenco y ¡zas! ¡tras!
dos puñaladas le priende.

....

De aquella rubia rosada,
ni rastro había quedao:
era un clavel marchitao,
una rosa deshojada.

Su frente, que antes brilló
tranquila como la luna,
era un cristal, don Laguna,
que la desgracia enturbió.

Ya de sus ojos hundidos
las lágrimas se secaban
y entre-temblando rezaban
sus labios descoloridos.

Pero el Diablo la uña afila,
cuando está desocupao,
y allí estaba el condenao
a una vara de la pila.

La rubia quiso dentrar,
pero el Diablo la atajó,
y tales cosas le habló
que la obligó a disparar.

Cuasi le da el acidente
cuando a su casa llegaba:
la suerte que le quedaba
en la vedera de enfrente.

Al rato el Diablo dentró
con don Fausto muy del brazo,
y una guitarra, amigazo,
áhi mesmo desenvainó.

–¡Qué me dice, amigo Pollo!
–Como lo oye, compañero:
el Diablo es tan guitarrero
como el paisano más criollo.

El sol ya se iba poniendo,
la claridá se ahuyentaba,

210

y la noche se acercaba
su negro poncho tendiendo.
Ya las estrellas brillantes
una por una salían,
y los montes parecían
batallones de gigantes.
Ya las ovejas balaban
en el corral prisioneras,
y ya las aves caseras
sobre el alero ganaban.
El toque de la oración
triste los aires rompía
y entre sombras se movía
el crespo sauce llorón.

....

No bien llegaba al final
de su canto el condenao,
cuando el capitán[1], armao,
se apareció en el umbral.
    –Pues yo en campaña lo hacía...
–Daba la casualidá
que llegaba a la ciudá
en comisión, ese día.
    –Por supuesto hubo fandango...
–La lata áhi no más peló,
y al infierno le aventó
de un cintarazo el changango.
      –¡Lindo el mozo!
              –¡Pobrecito!
–¿Lo mataron?
          –Ya verá:
peló un corvo el dotorcito,
y el Diablo... ¡barbaridá!
    desenvainó una espadita
como un viento, lo envasó,

----

[1] [El 'capitán' es el hermano de 'la rubia', que trata de salvarla].

211

y allí no más ya cayó
el pobre...
            –¡Anima bendita!...
–A la trifulca y al ruido
en montón la gente vino...
–¿Y el dotor y el asesino?
–Se habían escabullido.
    La rubia también bajó
¡y viera aflición, paisano,
cuando el cuerpo de su hermano
bañao en sangre miró!
    A gatas medio alcanzaron
a darse una despedida,
porque en el cielo, sin vida,
sus dos ojos se clavaron.
    Bajaron el cortinao,
de lo que yo me alegré...
–Tome el frasco, priendalé...
–Sirvasé no más, cuñao.

VI

....
–Y hay más: le falta que ver
a la rubia en la crujida.
        –¿Qué me cuenta? ¡Desdichada!
–Por última vez se alzó
el lienzo, y apareció
en la cárcel encerrada.
        –¿Sabe que yo no colijo
el porqué de la prisión?
–Tanto penar, la razón
se le jué, y lo mató al hijo.
    Ya la habían sentenciao
a muerte, a la pobrecita,
y en una negra camita
dormía un sueño alterao.

Ya redoblaba el tambor,
y el cuadro ajuera formaban,
cuando al calabozo entraban
el Demonio y el dotor.
....

Ella créia que, como antes,
al dir a regar su güerta,
se encontraría en la puerta
una caja con diamantes.
Sin ver que en su situación
la caja que la esperaba
era la que redoblaba
antes de la ejecución.
Redepente se fijó
en la cara de Luzbel:
sin duda al malo vió en él,
porque allí muerta cayó.
Don Fausto, al ver tal desgracia,
de rodillas cayó al suelo
y dentró a pedirle al cielo
la recibiese en su gracia.
Allí el hombre, arrepentido
de tanto mal que había hecho,
se daba golpes de pecho
y lagrimiaba afligido.
En dos pedazos se abrió
la pared de la crujida,
y no es cosa de esta vida
lo que allí se apareció.
Y no crea que es historia:
yo vi entre una nubecita,
la alma de la rubiecita,
que se subía a la gloria.
....

Cayó el lienzo finalmente
y áhi tiene el cuento contao...
–Prieste el pañuelo, cuñao,
me está sudando la frente.

213

Lo que almiro es su firmeza
al ver esas brujerías.
–He andao cuatro o cinco días
atacao de la cabeza.

Ya es güeno dir ensillando...

....

JOSÉ HERNÁNDEZ
Argentina: 1834-1886

Paradójicamente, la biografía de Hernández –autor de una de las obras fundamentales de la cultura nacional argentina–, sufre de una escasez de datos sobre su vida personal. Nunca contó nada de sus experiencias y no existe contribución significativa hecha por personas conocidas o familiares. Nace en San Martín, provincia de Buenos Aires y por razones de salud –o quizás a causa de la muerte de su madre–, trabaja desde muy joven con el padre, comerciante en ganado, pudiendo conocer directamente la vida del campo y de la pampa: jinetea, toma parte en el trabajo ganadero, conoce los 'malones.' Su familia era de tendencia federalista en su mayor parte. En 1853 se hace militar en medio del caos político que surge en la Argentina después de la caída de Rosas. Participa en las acciones militares contra los rebeldes, y se alía con el partido reformista. Colabora en el periódico *La Reforma Pacífica*, en oposición a *El Nacional* de Domingo Faustino Sarmiento. En 1858 vive en Entre Ríos y es tenedor de libros y taquígrafo de las Cámaras de Diputados y del Senado en Paraná. En 1863 se casa con Carolina González del Solar, tendrán varios hijos. Dirige el periódico *El Argentino*, en oposición al gobierno de Mitre. En 1869 reside en Buenos Aires y funda un periódico *El Río de la Plata*, en oposición a Sarmiento, ahora Presidente de la República. En 1870 vuelve a Entre Ríos y milita en los tumultos del litoral, dejando, como de costumbre, a su familia en la provincia de Buenos Aires. Continúa su participación en campañas políticas, lo que causa su salida para el Brasil. Nuevamente vuelve a Buenos Aires en 1872 y entonces se hospeda en el "Hotel Argentino" donde escribe *Martín Fierro*. Esa obra gana de inmediato un gran renombre popular y Hernández, que no había escrito nada literario hasta la fecha, pronto es conocido como "Martín Fierro". Tras un breve período en Montevideo dedicado al periodismo, vuelve a la Argentina y en 1879 es elegido diputado provincial. Publica *La Vuelta*, segunda parte de *Martín Fierro*. Es elegido senador y reelegido dos veces. El presidente Rocha le pide una gira mundial para investigar métodos de producción agropecuaria, pero Hernández considera que sería una pérdida de dinero porque los métodos extranjeros no son adecuados para la Argentina. Escribe él mismo una *Instrucción del Estanciero*, nunca aceptada por el gobierno. Ocupa también cargos de Educación y del Banco Hipotecario Nacional. Está cada vez más desilusionado con la situación política, social y económica de su país. En 1886 su afección cardíaca le impide asistir a las sesiones del gobierno. Hábil improvisador, extrovertido y combatiente, hombre de memoria prodigiosa y precisa; militar, periodista y poeta, pero sobre todo político, es gran orador de voz poderosa. Aparte del volumen de instrucción estanciera y una biografía de un general reformista, Hernández lega únicamente el *Martín Fierro*.

Impulsado por el recién publicado *Los tres gauchos orientales*, del uruguayo Antonio Lussich y el *Santos Vega o Los mellizos de la flor* de Ascasubi, Hernández termina su *Martín Fierro* en 1872. Aunque fue recibido fríamente por la crítica, logra un enorme éxito popular. A instancias de esa popularidad, Hernández escribe una segunda parte, *La vuelta de Martín Fierro*, que alcanza igual recepción, cálida por parte del pueblo y fría por la crítica. Quizás no sea de sorprender esa reacción, dada la actitud rebelde de Hernández, que siempre se alió con los bandos que perdían, que se pronunció tan abiertamente en favor del gaucho y las costumbres campestres –la tradicional 'barbarie' de la dicotomía, frente a lo que se consideraba 'civilización': cultura y literatura. Ese rechazo por el mundo literario sólo será anulado desde el rescate que efectúa Leopoldo Lugones en 1916, con *El payador* (en el que critica severamente las obras gauchescas de Ascasubi y del Campo, así como a "La cautiva" de Echeverría). *Martín Fierro* es de índole altamente social y de intención subversiva, sobre todo la primera parte. El poema hasta hoy suscita controversia acerca de su género, su 'gauchismo' auténtico, su moralización, su 'romanticismo' y su idealismo.

Bibliografía breve:

Martín Fierro. Buenos Aires: Espasa Calpe, 16a ed. 1968 [existen muchas otras ediciones].
Borges, J.L. en colaboración con M. Guerrero, "*Martín Fierro*". 1953. 4a ed. Buenos Aires: Ed. Columba, 1965. 8-56.
Carilla, *La creación del 'Martín Fierro'*. Madrid: Gredos, 1973.
Chodi, Olga D. "Tiempo y espacio en *Martín Fierro*," *Hispania*, 63 No. 2, 1980 (mayo): 335-341.

Lugones, Leopoldo. *El payador*. 1916. *Obras en prosa*. Selección y prólogo de Leopoldo Lugones (hijo). Madrid: Aguilar, 1962. 1079-1345.

Mafud, J. *Contenido social del 'Martín Fierro'*. 1961. Buenos Aires: Ed. Americalee, 1968.

Martínez Estrada, E. *Muerte y transfiguración de Martín Fierro*. 1948. Buenos Aires: CEAL, 1983, 4 vols.

Revista Iberoamericana, 87-88, 1974 (abr-sep.) [número dedicado a Hernández].

EL GAUCHO MARTIN FIERRO (1872)[1] [Selecciones]

[canta Martín Fierro:]

I

Aquí me pongo a cantar
al compás de la vigüela,
que el hombre que lo desvela
una pena extraordinaria,
como el ave solitaria,
con el cantar se consuela.

Pido a los santos del cielo
que ayuden mi pensamiento;
les pido en este momento
que voy a contar mi historia
me refresquen la memoria
y aclaren mi entendimiento.

Vengan santos milagrosos,
vengan todos en mi ayuda,
que la lengua se me añuda

---

[1]Textos de la ed. de Espasa-Calpe.

y se me turba la vista;
pido a mi Dios que me asista
en una ocasión tan ruda.

Yo he visto muchos cantores,
con famas bien otenidas,
y que despues de alquiridas
no las quieren sustentar:
parece que sin largar
se cansaron en partidas.

Mas ande otro criollo pasa
Martín Fierro ha de pasar;
nada lo hace recular
ni los fantasmas lo espantan;
y dende que todos cantan
yo también quiero cantar.

Cantando me he de morir,
cantando me han de enterrar.
Y cantando he de llegar
al pie del Eterno Padre:
Dende el vientre de mi madre
vine a este mundo a cantar.

Que no se trabe mi lengua
ni me falte la palabra.
el cantar mi gloria labra,
y poniendomé a cantar,
cantando me han de encontrar
aunque la tierra se abra.

Me siento en el plan de un bajo
a cantar un argumento.
Como si soplara un viento
hago tiritar los pastos.
Con oros, copas y bastos
juega allí mi pensamiento.

Yo no soy cantor letrao;
mas si me pongo a cantar
no tengo cuándo acabar
Y me envejezco cantando;
las coplas me van brotando
como agua de manantial.

Con la guitarra en la mano
ni las moscas se me arriman;
naides me pone el pie encima,
y cuando el pecho se entona,
hago gemir a la prima
y llorar a la bordona.

Yo soy toro en mi rodeo
y torazo en rodeo ajeno;
y si me quieren probar,
siempre me tuve por güeno;
salgan otros a cantar
y veremos quién es menos.

No me hago al lao de la güeya
aunque vengan degollando;
con los blandos yo soy blando
y soy duro con los duros,
y ninguno en un apuro
me ha visto andar tutubiando.

En el peligro, ¡qué Cristo!,
el corazón se me ensancha,
pues toda la tierra es cancha,
y de esto naides se asombre:
Que el que se tiene por hombre
ande quiera hace pata ancha.

Soy gaucho y entiendaló
como mi lengua lo esplica:
Para mí la tierra es chica
y pudiera ser mayor.

ni la víbora me pica
ni quema mi frente el sol.

   Nací como nace el peje,
en el fondo de la mar;
naides me puede quitar
aquello que Dios me dio:
Lo que al mundo truje yo
del mundo lo he de llevar.

   Mi gloria es vivir tan libre
como el pájaro del cielo;
no hago nido en este suelo,
ande hay tanto que sufrir;
y naides me ha de seguir
cuando yo remonto el vuelo.

   Yo no tengo en el amor
quien me venga con querellas;
como esas aves tan bellas
que saltan de rama en rama,
yo hago en el trébol mi cama
y me cubren las estrellas.

   Y sepan cuantos escuchan
de mis penas el relato,
que nunca peleo ni mato
sino por necesidá,
y a que tanta alversidá
sólo me arrojó el mal trato.

   Y atiendan la relación
que hace un gaucho perseguido,
que padre y marido ha sido
empeñoso y diligente.
Y sin embargo la gente
lo tiene por un bandido.

III

Tuve en mi pago en un tiempo
hijos, hacienda y mujer;
pero empecé a padecer,
me echaron a la frontera,
¡Y qué iba a hallar al volver!
Tan sólo hallé la tapera.

Sosegao vivía en mi rancho,
como el pájaro en su nido.
Allí mis hijos queridos
iban creciendo a mi lao...
Sólo queda al desgraciao
lamentar el bien perdido.

Mi gala en las pulperías
era, cuando había más gente,
ponerme medio caliente,
pues cuando puntiao me encuentro
me salen coplas de adentro
como agua de la virtiente.

Cantando estaba una vez
en una gran diversión,
Y aprovechó la ocasión
como quiso el juez de paz:
Se presentó, y ay no más
hizo una arriada en montón.

Juyeron los más matreros
y lograron escapar.
Yo no quise disparar;
soy manso y no había por qué.
Muy tranquilo me quedé
y ansí me dejé agarrar.

Allí un gringo con un órgano
y una mona que bailaba
haciéndonos rair estaba
cuando le tocó el arreo.
¡Tan grande el gringo y tan feo,
lo vieran cómo lloraba!

Hasta un inglés sanjiador
que decía en la última guerra
que él era de Inca-la-perra
y que no quería servir,
tuvo también que juir
a guarecerse en la sierra.

Ni los mirones salvaron
de esa arriada de mi flor;
fue acoyarao el cantor
con el gringo de la mona;
a uno solo, por favor
logró salvar la patrona.

Formaron un contingente
con los que del baile arriaron;
con otros nos mesturaron,
que habían agarrao también.
Las cosas que aquí se ven
ni los diablos las pensaron.

A mí el juez me tomó entre ojos
en la última votación:
Me la había hecho el remolón
y no me arrimé ese día,
y él dijo que yo servía
a los de la esposición.

Y ansí sufrí ese castigo
tal vez por culpas ajenas.
Que sean malas o sean güenas
las listas, siempre me escondo:

Yo soy un gaucho redondo
y esas cosas no me enllenan.

Al mandarnos nos hicieron
más promesas que a un altar.
el juez nos jué a proclamar
y nos dijo muchas veces:
"Muchachos, a los seis meses
los van a ir a revelar".

[Después de muchas peripecias, Fierro se encuentra con Cruz,
sargento enviado a arrestarlo, pero quien se junta con Fierro
porque "¡no consiente / Que se cometa el delito / De matar ansí
a un valiente!" Fierro continúa:]

XIII

Ya veo que somos los dos
astillas del mesmo palo:
Yo paso por gaucho malo
y usté anda del memo modo
y yo, pa acabarlo todo,
a los indios me refalo.

....

Y yo, empujao por las mías,
quiero salir de este infierno.
ya no soy pichón muy tierno
y sé manejar la lanza
y hasta los indios no alcanza
la facultá del Gobierno.

Yo sé que allá los caciques
amparan a los cristianos
y que los tratan de "hermanos"
cuando se van por su gusto.
¿A qué andar pasando sustos?
Alcemos el poncho y vamos.

En la cruzada hay peligros,
pero ni aun esto me aterra:
Yo ruego sobre la tierra
arrastrao por mi destino,
y si erramos el camino...
no es el primero que lo erra.

Si hemos de salvar o no,
de esto naides nos responde;
derecho ande el sol se esconde
tierra adentro hay que tirar;
algún día hemos de llegar...
Después sabremos a dónde.

No hemos de perder el rumbo,
los dos somos güena yunta.
el que es gaucho va ande apunta,
aunque iñore ande se encuentra.
Pa el lao en que el sol se dentra
dueblan los pastos la punta.

....

Fabricaremos un toldo,
como lo hacen tantos otros,
con unos cueros de potro,
que sea sala y sea cocina.
¡Tal vez no falte una china
que se apiade de nosotros!

Allá no hay que trabajar,
vive uno como un señor.
de cuando en cuando, un malón,
y si de él sale uno con vida,
lo pasa echao panza arriba
mirando dar güelta el sol.

Y ya que a juerza de golpes
la suerte nos dejó alfús,
puede que allá veamos luz

y se acaben nuestras penas:
Todas las tierras son güenas,
vámonos, amigo Cruz.

   El que maneja las bolas,
el que sabe echar un pial
y sentarselé a un bagual
sin miedo de que lo baje,
entre los mesmos salvajes
no puede pasarlo mal.

   El amor, como la guerra,
lo hace el crioyo con canciones.
A más de eso, en los malones
podemos aviarnos de algo.
En fin, amigo, yo salgo
de estas pelegrinaciones.
....

[canta el poeta:]

   En este punto el cantor
buscó un porrón pa consuelo,
echó un trago como un cielo,
dando fin a su argumento,
y de golpe al instrumento
lo hizo astillas contra el suelo.

   "Ruempo –dijo– la guitarra,
"pa no volverme a tentar;
"ninguno la ha de tocar,
"por siguro tenganló,
"pues naides ha de cantar
"cuando este gaucho cantó".

   Y daré fin a mis coplas
con aires de relación.
Nunca falta un preguntón
más curioso que mujer,

225

y tal vez quiera saber
cómo fué la conclusión.

Cruz y Fierro de una estancia
una tropilla se arrearon;
por delante se la echaron,
como criollos entendidos,
y pronto sin ser sentidos
por la frontera cruzaron.

Y cuando la habían pasao,
una madrugada clara,
lo dijo Cruz que mirara
las últimas poblaciones,
y a Fierro dos lagrimones
le rodaron por la cara.

Y siguiendo el fiel del rumbo
se entraron en el desierto.
no sé si los habrán muerto
en alguna correría,
pero espero que algún día
sabré de ellos algo cierto.

Y ya con estas noticias
mi relación acabé
por ser ciertas las conté
todas las desgracias dichas:
Es un telar de desdichas
cada gaucho que usté ve.

Pero ponga su esperanza
en el Dios que lo formó;
y aquí me despido yo,
que he relatao a mi modo
Males que conocen todos,
Pero que naides contó.

VUELTA DE MARTIN FIERRO (1879) [Selecciones]

[canta Fierro]:

I

Atención pido al silencio
y silencio a la atención,
que voy en esta ocasión
si me ayuda la memoria,
a mostrarles que a mi historia
le faltaba lo mejor.
....

[Fierro y Cruz han sido capturados por los indios y quedan
presos por algunos años; llega la viruela que mata a muchos
indios, y también a Cruz. Durante un levantamiento, Fierro
escucha unos gemidos]:

VII

....
Quise curiosiar los llantos
que llegaban hasta mí;
al lugar de ande venían.
Al punto me dirigí.
¡Me horroriza todavía
el cuadro que descubrí!

Era una infeliz mujer
que estaba de sangre llena,
y como una Madalena
lloraba con toda gana.
Conocí que era cristiana
y esto me dio mayor pena.

Cauteloso me acerqué
a un indio que estaba al lao,
porque el pampa es desconfiao
siempre de todo cristiano,
y vi que tenía en la mano
el rebenque ensangrentao.

VIII

Más tarde supe por ella,
de manera positiva,
que dentró una comitiva
de pampas a su partido,
mataron a su marido
y la llevaron cautiva.

En tan dura servidumbre
hacía dos años que estaba;
un hijito que llevaba
a su lado lo tenía.
La china la aborrecía,
tratándola como esclava.

Deseaba para escaparse
hacer una tentativa,
pues a la infeliz cautiva
naides la va a redimir,
y allí tiene que sufrir
el tormento mientras viva.
....

Aquella china malvada
que tanto la aborrecía
empezó a decir un día,
porque falleció una hermana,
que sin duda la cristiana
le había echao brujería.

El indio la sacó al campo
y la empezó a amenazar
que le había de confesar
si la brujería era cierta
o que la iba a castigar
hasta que quedara muerta.

Llora la pobre, afligida;
pero el indio, en su rigor,
le arrebató con furor
al hijo de entre sus brazos.
Y del primer rebencazo
la hizo crujir de dolor.

Que aquel salvaje tan cruel
azotándola seguía;
más y más se enfurecía
cuanto más la castigaba,
y la infeliz se atajaba
los golpes como podía.

Que le gritó muy furioso:
"Confechando no querés".
Le dio güelta de un revés,
y por colmar su amargura,
a su tierna criatura
se la degolló a los pies.

"Es increíble –me decía–
"que tanta fiereza exista.
"No habrá madre que resista:
"Aquel salvaje inclemente
"cometió tranquilamente
"aquel crimen a mi vista."

Esos horrores tremendos
no los inventa el cristiano.
"Ese bárbaro inhumano
–Sollozando me lo dijo–

"me amarró luego las manos
"con las tripitas de mi hijo."

IX

De ella fueron los lamentos
que en mi soledá escuché
en cuanto al punto llegué
quedé enterado de todo.
Al mirarla de aquel modo
ni un instante titubié.

Toda cubierta de sangre
aquella infeliz cautiva,
tenía dende abajo arriba
la marca de los lazazos.
Sus trapos hechos pedazos
mostraban la carne viva.

Alzó los ojos al cielo,
en sus lágrimas bañadas
tenía las manos atadas.
Su tormento estaba claro.
Y me clavó una mirada
como pidiendomé amparo.

Yo no sé lo que pasó
en mi pecho en ese istante.
Estaba el indio arrogante
con una cara feroz:
Para entendernos los dos
la mirada fue bastante.

Pegó un brinco como gato
y me ganó la distancia;
aprovechó esa ganancia
como fiera cazadora:

Desató las boliadoras
y aguardó con vigilancia.

Aunque yo iba de curioso
y no por buscar contienda,
al pinto le até la rienda,
eché mano, dende luego,
a éste, que no yerra fuego,
y ya se armó la tremenda.

El peligro en que me hallaba
al momento conocí.
Nos mantuvimos ansí,
me miraba y lo miraba;
yo al indio lo desconfiaba
y él me desconfiaba a mí.

Se debe ser precavido
cuando el indio se agazape;
en esa postura el tape
vale por cuatro o por cinco:
Como tigre es para el brinco
y fácil que a uno lo atrape.

Peligro era atropellar
y era peligro el jüir,
y más peligro seguir
esperando de este modo,
pues otros podían venir
y carniarme allí entre todos.
....

Ansí fue, no aguardó más,
y me atropelló el salvaje.
Es preciso que se ataje
quien con el indio pelee.
El miedo de verse a pie
aumentaba su coraje.

En la dentrada no más
me largó un par de bolazos,
uno me tocó en un brazo:
si me da bien, me lo quiebra,
pues las bolas son de piedra
y vienen como balazo.

A la primer puñalada
el pampa se hizo un ovillo:
Era el salvaje más pillo
que he visto en mis correrías,
y a más de las picardías
arisco para el cuchillo.

Las bolas las manejaba
aquel bruto con destreza,
las recogía con presteza
y me las volvía a largar.
Haciendomelás silbar
arriba de la cabeza.

Aquel indio, como todos,
era cauteloso... ¡ahijuna!
Ay me valió la fortuna
de que peliando se apotra
me amenazaba con una
y me largaba con otra.

Me sucedió una desgracia
en aquel percance amargo:
En momentos que lo cargo
y que él reculando va,
me enredé en el chiripá
y cái tirao largo a largo.

Ni pa encomendarme a Dios
tiempo el salvaje me dio:
cuando en el suelo me vio
me saltó con ligereza

juntito de la cabeza
el bolazo retumbó.

Ni por respeto al cuchillo
dejó el indio de apretarme.
Allí pretende ultimarme
sin dejarme levantar.
y no me daba lugar
ni siquiera a enderezarme.

De balde quiero moverme:
aquel indio no me suelta.
Como persona resuelta,
toda mi juerza ejecuto,
pero abajo de aquel bruto
no podía ni darme güelta.

....

¡Bendito, Dios poderoso,
quién te puede comprender!
Cuando a una débil mujer
le diste en esa ocasión
la juerza que en un varón
tal vez no pudiera haber.

Esa infeliz tan llorosa,
viendo el peligro se anima.
Como una flecha se arrima
y, olvidando su aflición
le pegó al indio un tirón
que me lo sacó de encima.

[Martín Fierro mata al indio]

X

Dende ese punto era juerza
abandonar el disierto,

pues me hubieran descubierto;
y aunque lo maté en pelea,
de fijo que me lancean
por vengar al indio muerto.

A la afligida cautiva
mi caballo le ofrecí.
Era un pingo que alquirí,
y dondequiera que estaba
en cuanto yo lo silbaba
venía a refregarse en mí.

Yo me le senté al del pampa.
Era un escuro tapao.
Cuando me hallo bien montao,
de mis casillas me salgo;
y era un pingo como galgo,
que sabía correr boliao.

....

Me vine, como les digo,
trayendo esa compañera.
Marchamos la noche entera,
haciendo nuestro camino
sin más rumbo que el destino,
que nos llevara ande quiera.

Al muerto, en un pajonal
había tratao de enterrarlo,
y después de maniobrarlo,
lo tapé bien con las pajas,
para llevar de ventaja
lo que emplearan en hallarlo.

En notando nuestra ausencia
nos habían de perseguir,
y al decidirme a venir,
con todo mi corazón

234

hice la resolución
de peliar hasta morir.

Es un peligro muy serio
cruzar juyendo el disierto.
Muchísimos de hambre han muerto,
pues en tal desasosiego
no se puede ni hacer fuego
para no ser descubierto.

Sólo el arbitrio del hombre
puede ayudarlo a salvar;
no hay ausilio que esperar,
sólo de Dios hay amparo.
En el disierto es muy raro
que uno se pueda escapar.

¡Todo es cielo y horizonte
en inmenso campo verde!
¡Pobre de aquel que se pierde
o que su rumbo estravea!
Si alguien cruzarlo desea
este consejo recuerde:

Marque su rumbo de día
con toda fidelidá;
marche con puntualidá,
siguiéndolo con fijeza,
y si duerme, la cabeza
ponga para el lao que va.

Oserve con todo esmero
adonde el sol aparece;
si hay ñieblina y le entorpece
y no lo puede oservar,
guardesé de caminar,
pues quien se pierde perece.
....

Después de mucho sufrir
tan peligrosa inquietú,
alcanzamos con salú
a divisar una sierra,
y al fin pisamos la tierra
en donde crece el ombú.

Nueva pena sintió el pecho
por Cruz en aquel paraje,
y en humilde vasallaje
a la Majestá infinita
besé esta tierra bendita
que ya no pisa el salvaje.

Al fin la misericordia
de Dios nos quiso amparar.
Es preciso soportar
los trabajos con costancia,
alcanzamos una estancia
después de tanto penar.

Ay mesmo me despedí
de mi infeliz compañera.
"Me voy –le dije– ande quiera,
"aunque me agarre el Gobierno,
"pues infierno por infierno
"prefiero el de la frontera."
....

[Martín Fierro sigue su camino; vuelve a encontrar a uno de
sus hijos, quien le cuenta su vida. Se juntan otros al grupo
que cantan su historia]

XXIX [canta el poeta:]

Mas una casualidá,
como que nunca anda lejos,
entre tanta gente blanca
llegó también un moreno
presumido de cantor
y que se tenía por bueno.
Y como quien no hace nada
o se descuida de intento
(Pues siempre es muy conocido
todo aquel que busca pleito),
se sentó con toda calma,
echó mano al estrumento
y ya le pegó un rajido.
Era fantástico el negro,
y para no dejar dudas
medio se compuso el pecho.
Todo el mundo conoció
la intención de aquel moreno:
Dirigido a Martín Fierro,
hecho con toda arrogancia,
de un modo muy altanero.
Tomó Fierro la guitarra
pues siempre se halla dispuesto
y así cantaron los dos,
en medio de un gran silencio:

XXX MARTIN FIERRO:

Mientras suene el encordao,
mientras se encuentre el compás,
yo no he de quedarme atrás
sin defender la parada;
y he jurado que jamás
me la han de llevar robada.

237

Atiendan, pues, los oyentes
y cayensé los mirones.
A todos pido perdones
pues a la vista resalta
que no está libre de falta
quien no está de tentaciones.

A un cantor le llaman bueno
cuando es mejor que los piores;
y sin ser de los mejores,
encontrandosé dos juntos,
es deber de los cantores
el cantar de contrapunto.

....

¡Ah negro!, si sos tan sabio
no tengás ningún recelo;
pero has tragao el anzuelo,
y al compás del estrumento
has de decirme al momento
cuál es el canto del cielo.

EL MORENO

....

Y después de esta alvertencia,
que al presente viene a pelo,
veré, señores, si puedo
sigún mi escaso saber
con claridá responder
cuál es el canto del cielo.

Los cielos lloran y cantan
hasta en el mayor silencio;
lloran al cair el rocío,
cantan al silbar los vientos;
lloran cuando cain las aguas,
cantan cuando brama el trueno.

MARTIN FIERRO

Dios hizo al blanco y al negro
sin declarar los mejores;
les mandó iguales dolores
bajo de una mesma cruz;
mas también hizo la luz
pa distinguir los colores.

Ansí, ninguno se agravie;
no se trata de ofender
a todo se ha de poner
el nombre con que se llama,
y a naides le quita fama
lo que recibió al nacer.

Y ansí me gusta un cantor
que no se turba ni yerra;
y si en su saber se encierra
el de los sabios profundos,
decime cuál en el mundo
es el canto de la tierra.

EL MORENO

Es pobre mi pensamiento,
es escasa mi razón;
mas pa dar contestación
mi inorancia no me arredra:
También da chispas la piedra
si la golpea el eslabón.

Y le daré una respuesta
sigún mis pocos alcances:
Forman un canto en la tierra
el dolor de tanta madre,
el gemir de los que mueren
y el llorar de los que nacen.

MARTIN FIERRO

Moreno, alvierto que trais
bien dispuesta la garganta.
Sos varón, y no me espanta
verte hacer esos primores.
En los pájaros cantores
sólo el macho es el que canta.

Y ya que al mundo vinistes
con el sino de cantar,
no te vayás a turbar,
ni te agrandés ni te achiques;
es preciso que me espliques
cuál es el canto del mar.

EL MORENO

A los pájaros cantores
ninguno imitar pretiende.
De un don que de otro depende
naides se debe alabar,
pues la urraca apriende a hablar,
pero sólo la hembra apriende.

Y ayudame, ingenio mío,
para ganar esta apuesta.
Mucho el contestar me cuesta,
pero debo contestar.
Voy a decirle en respuesta
cuál es el canto del mar.

Cuando la tormenta brama,
el mar, que todo lo encierra,
canta de un modo que aterra.
Como si el mundo temblara,
parece que se quejara
de que lo estreche la tierra.
....

XXXIII [canta el poeta]

....

Permítanmé descansar,
¡pues he trabajado tanto!
En este punto me planto
y a continuar me resisto.
Estos son treinta y tres cantos,
que es la mesma edá de Cristo.

Y guarden estas palabras
que les digo al terminar:
En mi obra he de continuar
hasta dársela concluída,
si el ingenio o si la vida
no me llegan a faltar.

Y si la vida me falta,
tenganló todos por cierto
que el gaucho, hasta en el disierto,
sentirá en tal ocasión
tristeza en el corazón
al saber que yo estoy muerto.

Pues son mis dichas desdichas
las de todos mis hermanos,
ellos guardarán ufanos
en su corazón mi historia;
me tendrán en su memoria
para siempre mis paisanos.

Es la memoria un gran don,
calidá muy meritoria;
y aquellos que en esta historia
sospechen que les doy palo
sepan que olvidar lo malo
también es tener memoria.

Mas naides se crea ofendido,
pues a ninguno incomodo;
y si canto de este modo
por encontrarlo oportuno,
no es para mal de ninguno
sino para bien de todos.

FIN

LUISA PÉREZ DE ZAMBRANA
Cuba, 1835?-1922

Nace Luisa Pérez y Montes de Oca en una finca de campo cerca de Santiago de Cuba, probablemente en el año 1835. Desde joven escribe versos que le dan fama hasta la capital provinciana, donde comienzan a publicarse sus poemas en 1852, año en que fallece el padre de Luisa Pérez. La familia entonces se traslada a Santiago, y su casa se hace el centro de veladas literarias celebradas en los contornos, animando a muchos jóvenes poetas –y también poetisas– a escribir y publicar. Su poder de improvisación, su precocidad y su anterior aislamiento fascina a la sociedad santiagüena. En 1856 se publica *Poesías*, el primer libro de versos de Luisa Pérez, con descripción plástica de la naturaleza y con nostalgia por el paisaje de su infancia, nostalgia que se hará elegíaca. Un ejemplar de esa edición llega a manos del médico, profesor y literato Ramón Zambrana, en La Habana, y se entabla una larga correspondencia. En 1858 Zambrana llega a Santiago y se casan dos semanas después, estableciéndose en La Habana. El nuevo estado civil le anima a la poetisa a estudios informales de las humanidades y las lenguas; goza de fama en los círculos intelectuales. Colabora en varios periódicos y revistas capitalinos y en 1860 publica la segunda edición de su obra, prologada de forma muy entusiasta por Gertrudis Gómez de Avellaneda quien reside entonces en La Habana y con quien Luisa tiene estrecho contacto. En 1866 muere Ramón Zambrana, dejándole a la esposa con cinco hijos y en circunstancias financieras penibles. Entre 1886 y 1898 se mueren también todos sus hijos, quedándole en su vejez los varios nietos. Vive nunca lejos de la pobreza y en creciente olvido; no sale nunca de su país. En 1918 se celebra un homenaje nacional a la poetisa, y en 1920 se publica una nueva edición de sus poemas. En ésta Luisa Pérez agrega lo escrito después de 1860 y, como había hecho en las reediciones de sus obras en publicaciones periódicas, modifica muchos de los poemas anteriores. En 1908 el Ayuntamiento de La Habana le otorga una pensión que ella recibe hasta su muerte, que la encuentra pobre, inválida y casi ciega.

Las investigaciones han podido demostrar que Luisa Pérez seguía puliendo sus poemas, aun después de publicarse en periódicos y revistas; de algunos existen hasta seis versiones (ver *Poesías completas*, 453-764). Está casi ausente de su poesía el tema político y revolucionario, ya que no patriótico. Sus composiciones son sobre todo de carácter intimista, subjetivo y melancólico hasta elegíaco, sin el tono enfático o declamatorio tan querido de los primeros románticos. En total publicó unos 150 poemas. Escribió Gertrudis Gómez de Avellaneda en su prólogo a la edición de 1860: "...en medio de tanta exhuberante riqueza que aquí tiende a desarrollar con singular potencia los intereses materiales tan atendidos en nuestra época, y que impregnan la atmósfera común de cierto positivismo contagioso, la joven cantora se distingue por su espiritualismo melancólico" (ibid. 434). José Martí prefirió Luisa Pérez a Gertrudis Gómez de Avellaneda como la mejor poetisa americana de la época, juzgando a la última como poco femenina.

Bibliografía breve:

Poesías completas (1853-1918). Ensayo preliminar, compilación ordenación, tabla de variantes y notas de Angel Huete. La Habana: P. Fernández y Cía, S. en C., 1957.

Gómez de Avellaneda, G. "Prólogo" a la 2a ed. de *Poesías*. (1860) En *Poesías completas...*, Ed. Angel Huete. 431-438.

Márques, Sarah, "Luisa Pérez de Zambrana: elegíaca cubana". *Círculo, Revista de Cultura*. X: 1981. 105-115.

Martí, José. "Tres libros – poetisas americanas...". *Obras completas*. 2a ed. Vol. 8. La Habana: Ed. de Ciencias Sociales, 1975. 309-313.

A mi amigo A[ntonio] L[ópez] (1860; 1a versión, 1858)[1]

Al querer retratarme en un
pedestal coronada de laurel

Mi noble amigo:
el delicado y generoso obsequio
conmovida agradezco; mas no quieras
verme subir al pedestal que me alzas,
con la vista inclinada y con la frente
por ti ceñida de laurel glorioso,
teñida de rubor.. no, amigo mío;
pinta un árbol más bien, hojoso y fresco
en vez de pedestal, y a mí a su sombra
sentada con un libro entre las manos
y la frente inclinada suavemente
sobre sus ricas páginas, leyendo
con profunda atención;
no me circundes
de palomas, de laureles ni de rosas,
sino de fresca y silenciosa grama;
y en lugar de la espléndida corona
pon simplemente en mi cabellos lisos
una flor nada más, que más convienen
a mi cabeza candorosa y pobre
las flores que los lauros..
   No me pintes más blanca ni más bella;
píntame como soy, trigueña, joven,
modesta y sin beldad; vísteme sólo
de muselina blanca, que es el traje
que a la tranquila sencillez de mi alma
y a la escasez de la fortuna mía
armoniza más bien..

---

[1]Textos de: *Poesías completas.*

Píntame en torno
un horizonte azul, un lago terso
y un sol poniente, cuyos rayos tibios
acaricien mi frente sosegada.
Píntame así, que el tiempo poderoso
pasará velozmente, como un día,
y después que esté muerta y olvidada,
a la sombra del árbol silencioso
con la frente inclinada
me hallarás estudiando todavía.

La melancolía (1860; 1a versión, 1859)

Yo soy la virgen que en el bosque vaga
al reflejo doliente de la luna,
callada y melancólica como una
    poética visión.

Yo soy la virgen que en el rostro lleva
la sombra de un pesar indefinible,
yo soy la virgen pálida y sensible
    que siempre amó el dolor:

Yo soy la que me siento silenciosa
a la sombra de un sauce en la maleza
y en indecible y mística tristeza
    me pongo allí a llorar:

Yo soy la que en un tronco solitario
reclino triste la cansada frente
y dejo sosegada y libremente
    mis lágrimas rodar.

Soy la dulce y gentil 'Melancolía'
que llevo siempre en mis facciones bellas
de las tibias y cándidas estrellas
    la dulce palidez:

La que suspiro en virginal misterio
a los rayos tranquilos de la luna
sintiendo sobre el seno una por una
    las lágrimas caer.

Soy la que de un lucero al brillo puro
con las manos cruzadas sobre el seno
me paro a contemplar del mar sereno
    la triste majestad.

Yo soy, en fin, la que quisiera siempre
sentir en sinsabor tan halagüeño
como al influjo lánguido de un sueño
    mis fuerzas desmayar;

Y doblando la frente sobre el pecho
cual si quisiera con placer dormirme
cerrar los dulces ojos, y morirme
    tranquila y sin pesar;

Y apoyada en un árbol la cabeza
a su sombra sentada, blanca y fría,
que me hallaran sonriendo todavía,
    mas ya sin respirar.

Reflexiones sobre la muger (1860)[1] [selecciones]

Todos por el camino de la vida
encuentran infinitos sinsabores,
y a cada paso el alma dolorida
marchitas ve de su ilusión las flores.

A cada paso al corazón humano
hiere el duro puñal de la inclemencia,

---

[1]Según Ángel Huete, este poema de 42 cuartetos sólo aparece en la edición de 1860.

y todos dan más tarde o más temprano
su tributo de llanto a la existencia.

Empero a la muger con dobles lutos
este cruel privilegio le fue dado,
¡Porque cuántos y cuántos atributos
la sociedad y el mundo le han negado!

¡Y cuántas dolorasas privaciones
le ha impuesto la moral sublime y bella,
en premio de las dulces perfecciones
y las virtudes eminentes de ella!
....

Pero entre sus virtudes y sus penas
muestre de libre el generoso sello,
aunque luego ella misma a las cadenas
doble el flexible y amoroso cuello;

Porque ama cariñosa la obediencia
que debe al tierno padre, al dulce esposo,
pero no la tirana dependencia
de un mundo inexorable y caprichoso.

No los abusos del deber sublime,
de ella imperiosos y absolutos reyes;
no el cautiverio que jamás redime
la severa injusticia de sus leyes.

Ella que guarda en el hogar amado
la copa de dulzuras celestiales
para el hombre que llega atormentado
de las luchas mundanas y sociales:

Ella que más risueña y más hermosa
que el sol cuando se oculta en el ocaso,
va regando sensible y cariñosa
perfumadas violetas a su paso:

Que circunda sus tristes soledades
de avecillas que canten placenteras,
mientras él investiga las verdades
de las ciencias profundas y severas:

El ángel que se para y lo contempla
si algún pesar callado lo devora,
y si amoroso su dolor no templa
se cubre el rostro y a su lado llora.

....

¡Qué poético, dulce y novelesco
es el amor con su dominio suave!
Mas sucede a este cuadro pintoresco
el matrimonio POSITIVO y grave;

Y si aquel con ficciones embellece
la triste vida y con delirios de oro,
éste las afecciones ennoblece
lleno de dignidad y de decoro.

Y es más bello aspirar a sus dulzuras
reservadas, pacíficas y quietas,
que a las ciegas y férvidas locuras
del amor, a mudanzas tan sujetas.

....

Y puede hacer su silenciosa vida
feliz y hermosa como vida alguna,
y gozar esa dicha parecida
a los rayos serenos de la luna;

Si junta a una alma reflexiva y tierna
un corazón castísimo y sincero,
y a la constancia y la dulzura eterna
un juicio cultivado y verdadero;

Y para que ese mundo a quien recrea
con sus gracias la niña candorosa,

más tarde absorto y con placer le vea
grave, excelente y circunspecta esposa.
....

Adiós a Cuba (1858; 2a versión, 1860)[1]

Cuando sobre el espacio cristalino
desplegó como un pájaro marino,
     sus alas mi bajel:
cuando vi en lontananza ya perdidas
las montañas, las lomas tan queridas
     que me vieron nacer:
cuando angustiada vi del mar salobre
las sierras melancólicas del Cobre
     sus frentes ocultar,
con aflicción profunda y penetrante
me cubrí con las manos el semblante
     y prorrumpí a llorar.
¡Ay! porque ¿cómo olvidará mi anhelo
que fueron esa tierra y ese cielo
     los que primero vi?
¿Cómo olvidar que en ese suelo mismo
el santo sacramento del bautismo
     dichosa recibí?
Y ¿que en su augusta Catedral, cristianas
hicimos con fervor yo y mis hermanas
     la primera comunión?
¿Cómo olvidar sus bóvedas sencillas
donde oí tantas veces de rodillas
     la palabra de Dios?
¿Cómo olvidar que esos altares fueron

---

[1]Poema escrito probablemente con motivo del traslado de la poetisa, por barco, desde Santiago a La Habana, después de su matrimonio. Sirvió de inspiración revolucionaria —y sus últimos versos de lema—, en las guerras de 1868 y 1895 para la independencia cubana (Huete, xix). La poetisa siguió modificando, hasta formular cinco versiones diferentes de este poema, la última en 1916.

también los que sagrados me pusieron
   la corona nupcial?
¿Y cómo, cómo olvidará mi pecho
los pobres muebles y el hogar estrecho
   en donde me crié;
Y en serenas venturas o en quebranto
¡ay! la pequeña choza donde tanto
   a mi padre lloré?
¡Oh Cuba! si en mi pecho se apagara
tan sagrada ternura y olvidara
   esta historia de amor;
hasta el don de sentir me negaría,
pues quien no ama la patria ¡oh Cuba mía!
   no tiene corazón.
¿Pero cómo es que tu adorado suelo
y tu risueño y luminoso cielo
   he podido dejar?
Y ¿cómo Cuba, en tu horizonte umbrío
esconderse tu blanco caserío
   he podido mirar?
Nunca lo olvidaré: la mar gemía
y al través de mis lágrimas veía
   sus aguas ondular:
Era la hora en que la flor se cierra,
y en que el inmenso templo de la tierra
   devoto empieza a orar.
La hora en que la estrella verspertina
asoma por detrás de la colina
   con triste lentitud.
De mi pesar y mi dolor testigos
me cercaron entonces mis amigos
   en tierna multitud.
La tierra, el sol y el cielo parecían
que en dolientes miradas me decían
   su callado dolor.
Por fin, surcó el bajel el oceano
y cerrando los ojos, con la mano
   les di mi último adiós.
Pero cuando el semblante pesaroso

abatida volví, querido esposo,
　　a mi lado te hallé:
Te hallé a mi lado conmovido y tierno
que me juraban con tu amor eterno
　　santa y solemne fe.
Y las lágrimas tiernas y dolientes
quedaron en mis párpados pendientes
　　al escuchar tu voz;
y aunque soñando con mi patria hermosa
hasta la tuya vine cariñosa
　　pensando en ti y en Dios.
Yo amo tus campos verdes y sombríos
porque los amas tú, pero los míos
　　no, no puedo olvidar.
Yo amo tu pueblo, sí, pero quisiera
llevarte de la mano placentera,
　　cada rato a mi hogar.
Y enseñarte mis flores y mi río,
y la yerba brillante de rocío
　　que tanto pisé allí.
Yo quisiera decirte: "en esta loma
el tímido volar de una paloma
　　muchas veces seguí."
Yo quisiera decirte: "en estos nidos
los pajaritos mansos y dormidos
　　con las hojas tapé;
y en este lago silencioso y bello
a ponerme una flor en el cabello
　　risueña me incliné".
Y decirte con cándida alegría:
"este es el llano verde en que corría
　　con la cabeza al sol;
y aquel corderito tan querido
que la tierna cabeza en mi vestido
　　mil veces enredó."

¡Oh Cuba! si en mi pecho se apagara
tan sagrada ternura y olvidara
　　esta historia de amor,

yo hasta el don de sentir me negaría,
pues quien no ama la patria ¡oh Cuba mía!
no tiene corazón.

La vuelta al bosque (1a versión, 1867)[1]
(Después de la muerte de mi esposo)

"Vuelves por fin ¡oh! dulce desterrada,
con tu lira y tus sueños;
y la fuente plateada
con bullicioso júbilo te nombra,
y te besan los céfiros risueños
bajo mi undoso pabellón de sombra."
Así, al verme, dulcísimo gemía
el bosque de mis dichas confidente.
¡Oh bosuqe! ¡Oh bosque! –sollozé sombría–
mira esta mustia y apagada frente
y el triste acento dolorido sella,
¡siglos de llanto ardiente
y oscuridad de muerte traigo en ella!
¡Mira esta mano que risueña y pura
antes aquí ostentó resplandeciendo
el cáliz de rubí de la ventura..
Hoy viene sobre el seno comprimiendo
una herida mortal!.. ¡Bosque querido,
tétricas hojas, lago solitario,
estrella que en el cielo oscurecido
rutilas como un cirio funerario,
lúgubres brisas y desierta alfombra,
alzad eterno y funeral gemido,
que el mirto de mi amor estremecido
cerró su flor y se cubrió de sombra!

---

[1]De este poema se hicieron seis versiones, la última en 1910. Es la primera de las que se han dado en llamar las "Siete elegías familiares" (ver Huete), escritas a raíz de la muerte de su esposo y de sus cinco hijos. "Las tres tumbas" también forma parte de este grupo de composiciones.

Sobre la frente pálida y querida
que el genio coronaba esplendoroso
con su laurel de fuego,
y la virtud con su inefable calma,
sobre la frente, ¡oh Dios! del dulce esposo
ídolo de mi alma,
la helada muerte un día
alzó flotante su enlutada enseña,
y como el ave que temblando huye
y en la selva se esconde fugitiva,
y después en el hueco de una peña
se refugia aterrada y convulsiva
sintiendo herido y desgarrado el seno
por el plomo inhumano,
así mi corazón de espanto frío,
y a la locura del amor cercano,
huyó, tembló, se estremeció sombrío
y en mortal y tristísimo desmayo
quedó por largo tiempo sumergido:
¡cuando volvió a la luz el pensamiento,
la tierra era un peñasco enmudecido
y un toldo de tiniebla el firmamento!
¡Oh bosque! ¡Oh caro bosque! Todavía
de este dolor la tempestad sombría
ruge en mi corazón estremecido,
y gira el pensamiento desolado
como un astro eclipsado
entre tinieblas lóbregas perdido.
¡Y aquí estoy otra vez..! ¡Oh qué tristeza
me oprime el corazón! Sola y errante
vago en tu muda y tétrica maleza
por todas partes con dolor tendiendo
miradas abatidas:
Ya me detengo trémula sintiendo
el próximo rumor de un paso amante,
ora hago palpitante
ademán de silencio a bosque y prado,
para escuchar temblando y sin aliento,
un eco conocido que ha pasado

en las alas del viento.
Ora ¡oh Dios! de la luna entristecida
a los rayos tranquilos
miro cruzar su idolatrada sombra
por detrás de los tilos.
Y la busco, y la llamo adolorida
entre el ramaje umbroso,
en el cristal azul de la laguna,
bajo la sombra del abeto escaso,
mas en parte ninguna
hallo señal ni huella de su paso!
¡Triste y gimiente río,
que los pies de estos árboles plateas!
¿Porqué no retuviste
y en tus urnas de hielo no esculpiste
la fugitiva imagen? Viento frío,
que en este campo de dolor exhalas
lamento querelloso y desolado,
¿porqué no aprisionaste en tus alas
el eco tanto tiempo no escuchado
de su adorada voz? ¡Oh gemebundo!
¡Oh solitario bosque! Ya no pidas
sonrisas a estos labios sin colores
que con dolor agito,
pues no pueden nacer hojas ni flores
sobre un tallo ya estéril y marchito.
Otras veces aquí, ¡cuán diferente
vagué en su cariñosa compañía,
el arroyuelo trémulo y luciente
venda de liso nácar parecía
entre la yerba humedecida y grata,
allá el movible mar desenvolvía
encajes brillantísimos de plata,
las aguas con anillos vacilantes
sobre las flores al pasar dejaban
hilos de aljófar y hebras de diamantes,
y tembladoras, pálidas y bellas
sobre el éter azul asemejaban
abiertos lirios de oro las estrellas!

El con mi mano entre su mano pura
bajo flores que algres sonreían
me hablaba de sus sueños de ternura,
mientras con movimiento dulce y blando
las copas de los álamos gemían
nuestras unidas frentes sombreando.
¡Oh vida de mi vida! ¡Oh caro esposo!
¡Amante tierno, incomparable amigo!
¿Dónde, dónde está el mundo
de luz y amor que respiré contigo?
¿Dónde están ¡ay! aquellas
dulces meditaciones silenciosas
de la apagada noche a las querellas?
¿Aquellas confidencias cariñosas?
¿Aquellas santas horas de ternuras
en estas rocas áridas sentados?
¿Dónde están nuestras íntimas lecturas
sobre la misma página inclinados?
¿Nuestra plática tierna
al eco triste de la mar en calma?
¿Y dónde la dulcísima y eterna
comunión de tu alma y de mi alma?
¡Oh recuerdo, recuerdo inmaculado!
¡Memoria celestial y bendecida
de aquel tierno y carísimo pasado!
En mi alma desgarrada por la suerte
como una antorcha inmóvil y encendida
te encontrarán los años y la muerte:
que ya en el mundo mis inciertos ojos
solo ven un sepulcro que engalana
flor macilenta con cerrado broche,
y en él me encuentran pálida y de hinojos
las lágrimas de luz de la mañana
y los dormidos astros de la noche.
¡Oh! Cuántas veces sueño que su losa
pausada se alza, y de la tumba oscura
como una estatua blanca y silenciosa
sin rumor se levanta su figura,
y de su voz la música doliente

"Ven –murmura con triste melodía,
"Ven –repite– que mi alma de ti ausente
¡Ay! sueña todavía
con tu amor inmortal.." ¡Oh esposo amado!
¡Vuelve a mi corazón! ¡Cuál necesita
este seno anhelante y desgarrado
volver a oir tu celestial acento,
volver a ver tu dolorido rostro
que el fuego del estudio marchitaba
con febril ardimiento,
y tu adorada frente que abrasaba
el cilicio inmortal del pensamiento!
Mas ya todo pasó, ¡Dios mío!
para jamás volver. ¿Adónde ¡cielos!
adónde iré sin él por el vacío
de esta noche sin fin..? Fúnebre bosque,
hoy todo es muerte para mí en la tierra.
Los árboles proyectan desolados
espectros silenciosos y sombríos;
las neblinas que flotan en la sierra
sudarios son tristísimos y helados:
van en las nubes féretros umbríos:
el mar gimiendo azota la ribera:
con sollozo de muerte el viento zumba,
¡y es ante mí la creación entera
el tenebroso abismo de una tumba!

Las tres tumbas (1892?)

No hay para mí, tornasoladas nubes
ni flor que el albo seno desabroche,
soy velando tres lápidas sombrías
la alondra que solloza por la noche.

No tiene abril colinas de azucenas
ni llanuras de rosas tiene mayo,
encorvada en el borde de tres tumbas
yo soy la encina herida por el rayo.

Ya no hay estrellas de oro, ni la luna
mallas de perlas sobre el agua vierte,
¡ay! entre tres sepulcros, de rodillas,
soy la cruz enlutada de la muerte.

Besé el laúd y lo arrojé en las ondas,
que templo para mí, y altar y palma
son las tres tumbas donde estáis dormidas
¡flores de mis entrañas y de mi alma!

JORGE ISAACS
Colombia: 1837-1895

Nace en Cali, Colombia, uno de 15 hijos de familia próspera, padre judío converso de Jamaica y madre de arraigo español; pasa su niñez en la finca de sus padres cerca de Cali hasta ingresar en un colegio en Bogotá desde 1848 a 1854. Se enrola en el ejército contra el general Melo a la edad de 17 años y se casa a los 19. Al regresar a la casa familiar en 1861, se encuentra con una finca casi arruinada y, a la muerte de sus padres, hereda el manejo de esos asuntos, en los que no tiene mucho éxito. Muchos acreedores lo llevan a la corte. Interviene en las luchas políticas, abrazando la doctrina liberal. En Bogotá se relaciona con el mundo literario, y en 1864 lee sus poemas en el grupo literario de 'El Mosaico', que le anima a publicarlos; las *Poesías de Jorge Isaacs* ganan el favor del público y de la crítica. Escribe su novela sentimental *María*, en parte durante una estancia en la selva, encargado por el gobierno de la construcción de una carretera. La novela se publica en 1867 y constituye un éxito inmediato y duradero. Isaacs participa en la vida política y literaria, llegando a obtener, alternadamente, altos cargos en el gobierno y severa enemistad de los oficiales. En 1870 cambia de partido político, y también se hace masón, cambios que agravan ciertas enemistades que ya existían. En 1873 decide reconquistar la posición de prestigio y de riqueza que recuerda de su niñez: compra una estancia enorme para la producción agraria y de azúcar, y nuevamente sufre quiebra y acusaciones de acreedores. Su primo le ayuda al nombrarle surintendente de las escuelas públicas, puesto que desempeña con admirable energía y resultado. En 1880 se declara Presidente de la provincia de Antioquia, pero tiene que dimitir antes de dos meses, acción que le causa permanente pérdida de prestigio y poder como figura nacional. Se interesa en la explotación del interior (1881-1891) y en la defensa del indio. El Presidente del país le otorga un puesto en una comisión para estudiar los recursos minerales de las regiones de la Costa del Atlántico e Isaacs escribe varios ensayos sobre esos temas. En parte por su pobre gerencia financiera y porque no existían derechos de autor (a pesar de las muchas ediciones que se hicieron de *María* en el mundo hispanoamericano, recibe poco dinero), muere en pobreza.

Isaacs es conocido sobre todo por su novela, poética y sentimental, lo que hace de interés su poesía, anterior en su mayor parte y ligada a ella por el tono y la materia. Su poesía se compara, quizás desfavorablemente, con su prosa; en ésta parece Isaacs haber sentido más libertad de expresión de la que la retórica pudo ofecerle. En su poesía, como en *María*, la idealización del paisaje convierte a éste en personificación femenina, y la poesía de la mujer deja entrever un sublimado erotismo.

Bibliografía breve:

Poesías completas de Jorge Isaacs, con un estudio preliminar de Baldomero Sanín Cano. Barcelona: Maucci [1920?].

McGrady, D. "La poesía de Jorge Isaacs", *Thesaurus. Boletín del Instituo Caro y Cuervo*. Vol. 19, 1964: 416-80.

—. *Jorge Isaacs*. New York: Twayne Publishers, Inc. 1972.

Pupo Walker, E. "Relaciones internas entre la poesía y la novela de Jorge Isaacs." *Thesaurus. Boletín del Instituto Caro y Cuervo*. Vol. 22, 1967: 45-59.

Los ojos pardos (1860)[1]

Hay recuerdos que nunca
   pierden su encanto,
aunque el lloro los borre
   de tristes años.
   Así acaricia
de mi infancia las horas
   el alma mía.

No se olvidan los bosques
   del patrio suelo,
las aguas del torrente
   de nuestros juegos,

---

[1]Textos de: *Poesías completas de Jorge Isaacs*.

ni el dulce canto
de una madre al dormirnos
en su regazo.

Yo no olvido que entonces
los ojos míos
encontraban los suyos
humedecidos,
siempre tan bellos
como el pálido ocaso
de un sol de enero.

Elisa con sus ojos
de azul tranquilo
de lago que refleja
cielos de estío
en días de fiesta,
me causaba en el alma
casi tristeza.

Mercedes era linda
como esas flores
que en el Cauca se mecen
bajo los bosques:
sus ojos negros
eran grandes y hermosos,
pero severos.

Hay ojos que llorando
valen un trono,
llorando y suplicantes
me gustan todos;
pero el encanto
no he encontrado en ningunos
que hay en los pardos.

Es quizá porque siento
que aquella Amalia,
tan noble, tan sensible,

tan admirada,
¡ay! siempre ha sido
por sus ojos el faro
    de mi destino.

Mi corazón de niño
    la amó en un tiempo,
y en sus ojos la gloria
    sin comprenderlo.
    Después mi mente
inspiraciones bellas
    despide siempre.

¿Quién no ha oido el susurro
    de un *sí* en los labios
de la virgen que esquiva
    sus ojos bajos,
    cuando los baña
ese lloro elocuente
    que brota del alma?

Me enamoró Felisa
    con sus encantos,
y me enamoran siempre
    sus ojos pardos;
    mis dulces sueños
lo son porque dormidos
    me miran ellos.

Nima (1860)

Mora en las grutas
que forma el Nima
bajo las lianas
de sus orillas,
sobre los musgos
adormecida,
tan voluptuosa,

tan bella ondina
como los sueños
del alma mía.

Cuando en sus bosques,
siendo yo niño,
de las palomas
espiaba el nido,
hallé sus huellas,
su aroma rico;
por ella el viento
bordaba el río
con flores rojas
de los cachimbos.

Sus limpias aguas
no hiende el cisne,
ni han reflejado
luz de jardines
de mármol y oro
que Europa viste;
pero en el valle
do rueda humilde
es grande todo,
todo, hasta el crimen.

En los veranos
¡cuán dulces horas
pasé en sus bosques
bajo la sombra,
viendo perderse
las tersas ondas,
de los guaguales
las verdes copas
meciendo raudas
o perezosas!

La leve garza
de blancas plumas

al monte viene
de la llanura;
asustadizas
la selva oscura
en donde tristes
quejas modulan
dejan, y al río
van las cuncunas.

En los ramajes
medio velada
murmura a veces
la guacamaya,
y los rumores
de hojas y aguas
la voz domina
de la chicharra
que al sol estivo
gozosa canta.

Cuando en la tarde
los arreboles
el valle tiñen
con luz de bronce,
y silenciosa
viene la noche;
crugen asidos
los altos robles
y mil perfumes
exhala el bosque.

He visto entonces
la ondina bella
bordar sus bucles
en la ribera
con los cocuyos
que errantes vuelan
gasas de espumas
por manto lleva

que temblorosas
las flores besan.

Gratas memorias
de dulces tiempos
en vano sigue
mi pensamiento;
perdido ha mi alma
su humor risueño,
¡ay! y mis ojos;
está sin lumbre
el patrio suelo,
mi hogar desierto.

La visión del castillo (1860)

Vuelve a mi lado tan risueña y pura
como otras veces te miré o fingí,
como vagabas en la selva oscura
lujosa con las flores del pensil.

Ya no te puedo amar, pero la historia
de mil noches de amor te contaré,
en que amando tu ideal amé la gloria
y presentí en tus besos la mujer.

¡Oh! muy más bella que el radiante cielo
que tiñe el arrebol en mi país,
más perfumada que su verde suelo
te tuve, te adoré, te comprendí.

Te hallaba retozando con las brumas
que iba en las cumbres deshaciendo el sol
o cubierta de cándidas espumas
dormida sobre el musgo del peñón.

De la cascada el iracundo acento
arrullándote, oí languidecer;

sus nubes de oro sujetaba el viento,
velando en el arcángel la mujer.

La noche con su falda vagarosa
y su turbante de argentado azul
no tuvo tu belleza misteriosa,
tus galas, tus perfumes, ni tu luz.

La luna iluminaba por instantes
el soto de naranjos del jardín,
y orlada de topacios y diamantes
en la alta noche te esperaba allí.

Sobre el gramal cubierto de azahares
en horas de impaciencia dormité,
y soñaba contigo cruzar mares,
ciudades y hombres de otro mundo ver.

Pasado el sueño te encontraba bella,
mi sien de tu regazo al levantar...
Tanto amor y misterio... ¡No eres ella!
Emanación de mi alma, ¿dónde estás?

¡Oh! Basta de tinieblas y porvenir sin nombre,
¡si tantos han vencido luchando, lucharé!
Yo quiero que a los genios mi voluntad asombre,
dejar un sol por faro donde el escollo hallé.

Parásito ya seco de un tronco envejecido,
lanzado por los vientos a un piélago sin fin,
a sus melenas canas en la tormenta asido
quemándose sus rayos la tempestad seguí.

¡Oh diosa de mis sueños de juventud! en vano
ya exánime y sin rumbo de nuevo te invoqué,
y errante en las tinieblas, buscándote mi mano,
creí besar la tuya, y alzóme una mujer.

Tan bella, tan amante, brindóme su pureza;
dichoso fuí tu esclavo, pagué su compasión;
la di mi hogar por trono; por lujo mi pobreza;
¡calmó mi sed de Lázaro su inagotable amor!

¿Me olvidarás por siempre, visión de mis encantos,
celosa de mi dicha, de tan mundano bien?
¡Oh! ¡vuelve y dicta al vate los inmortales cantos!
Tus versos con mis lágrimas y sangre escribiré.

Soneto
(A mi patria)

Dos leones del desierto en las arenas,
de poderosos celos impelidos,
luchan lanzando de dolor bramidos
y roja espuma de sus fauces llenas.

Rizan, al estrecharse, las melenas,
y tras nube de polvo confundidos,
vellones dejan, al rodar, caídos,
tintos en sangre de sus rotas venas.

La noche allí los cubrirá lidiando...
rugen aún... Cadáveres la aurora
solo hallará sobre la pampa fría.

Delirante, sin fruto batallando,
el pueblo dividido se devora;
¡y son leones tus bandos, patria mía!

Ten piedad de mí

¡Señor! si en sus miradas encendiste
este fuego inmortal que me devora,
y en su boca fragante y seductora
sonrisas de tus ángeles pusiste;

si de tez de azucena la vestiste
y negros bucles; si su voz canora,
de los sueños de mi alma arrulladora,
ni a las palomas de tus selvas diste.

Perdona el gran dolor de mi agonía
y déjame buscar también olvido
en las tinieblas de la tumba fría.

Olvidarla en la tierra no he podido.
¿Cómo esperar podré si ya no es mía?
¿Cómo vivir, Señor, si la he perdido?

El Cauca

Rueda impasible, turbio, perezoso
el Cauca solitario, en su corriente
columpiando al pasar lánguidamente
el triste sauce y el guadual umbroso.

Hiende su lomo terso y anchuroso
la frágil balsa de industriosa gente,
o el hijo de sus bosques del Oriente,
rey sibarita del desierto hermoso.

Es imagen de un pueblo que su nombre
lleva orgulloso, de su gloria ufano,
que por el ocio el bienestar desdeña.

Tal la historia será siempre del hombre,
desconocer el bien: ¡pobre caucano!
¡sobre lecho de flores duerme y sueña!

Colombia

En las noches azules de verano
su airón de fuego el Puracé levanta
huella del arquitecto Soberano,
huella, no más, de su divina planta.

Raudales y torrentes abrillanta,
dora los montes y en el verde llano
ni aún a la prole del turpial galano
el eco ronco de su trueno espanta.

De tu yelmo, Colombia, ante la lumbre,
luciérnaga es el fuego de ese monte,
lodo la nieve de su altiva cumbre;

El mundo de Colón es tu horizonte:
y mientras haya esclavos bajo el cielo
habrá libertadores en tu suelo.

OLEGARIO VÍCTOR ANDRADE
Argentina: 1839-1882

Debido a las luchas civiles en la Argentina, los Andrade están en exilio en el Brasil fronterizo cuando nace el poeta. Queda huérfano siendo niño y así tiene que ganarse la vida desde muy joven, inestabilidad económica que le obliga a continuos cambios de residencia. En la provincia de Entre Ríos emprende sus primeros estudios. Su talento le gana la ayuda del gobernador Urquiza, con quien Andrade se identifica y en cuya portavoz se instituye. Prosigue sus estudios en el Uruguay y se casa en 1857. Es periodista político muy activo, criticando los gobiernos de Mitre y de Sarmiento. Trabaja sobre todo en las provincias durante gran parte de su vida, hasta llegar a ser –con ayuda de amigos de influencia– director del periódico oficial del gobierno *La Tribuna*, así como representante en el Congreso Nacional. Es venerado en su país como poeta nacional.

Olegario Andrade fue movido por un gran sentimiento panamericano, y sus visiones y temas son siempre grandiosos: los astros, los océanos, las montañas, y el destino humano, temas que le hace poeta más épico que lírico. Escribió para ser leído en voz alta, poesía resonante, declamatoria, a veces pomposa y efectista, pero siempre sincera. No fue poeta fecundo; escribió pocos poemas, largos y en su mayor parte patrióticos.

Bibliografía breve:

Obras poéticas, Prólogo de Ramón Villasuso. 1938. Buenos Aires: Ed. Sopena, 3a ed. 1950.

Castagnino, Raúl H. "Olegario Víctor Andrade: olvido y rescate de una lira", *Boletín de la Academia Argentina de Letras*, 1982 (jul-dic.), 47(185-186): 235-248.

Marcos, Juan M. "Relectura de Olegario Víctor Andrade", *Cuadernos Hispanoamericanos* (Madrid), 1986 (ene); 427: 139-145.

Oyuela, C. "Olegario Víctor Andrade", en *Poetas hispanoamericanos*. Buenos Aires: Academia Argentina de Letras, 1950. 162-170.

Sarlo, Beatriz. "Olegario Víctor Andrade", en *Historia de la literatura argentina*. Buenos Aires: CEAL, 1980. 443-455.

La mujer[1]

Solo, como la palma del desierto,
mudo, como la boca del abismo,
triste, como la noche del recuerdo,
vago, como la niebla del vacío;
    árbol sin hojas;
    astro caído;
tal era el hombre en la primer mañana,
sonámbulo del sueño del destino.

Efluvios de la luz fecundadora,
aromas de los gérmenes divinos,
estrofas de dulcísima salmodia,
rumores de los bosques y los ríos;
    coro inefable
    de inmensos himnos,
como un presentimiento de la gloria
brotaba alrededor de su camino.

La bruma vagarosa de los mares,
el hálito flotante del rocío,
el humo abrasador de los volcanes,
los reflejos del éter encendido,
    eran la mirra
    del regocijo,
que en el gran incensario del espacio
quemaba el universo agradecido.

Los mundos palpitaban de alborozo,
girando sin cesar en el vacío,
los cielos azulados sonreían
con la casta sonrisa de los niños;
    ¡hora suprema!
    ¡Santo delirio!

---

[1]Textos de *Obras poéticas*.

¡La tierra era la virgen desposada
y el sol brillante su nupcial anillo!

Y solo, como el árbol del desierto,
mudo, como la boca del abismo,
triste, como el silencio que precede
a la hora suprema del martirio,
    roca gigante
    de un mar bravío,
el hombre se inclinaba silencioso
ante tanta grandeza confundido.

La semilla caída de la planta,
los metales que el fuego derretía,
las estrellas, eternas mariposas
volando en torno de la luz divina;
    la luz fecunda
    de eterna vida,
inundaba los mundos virginales
en ondas de celeste melodía.

Los astros al girar en el espacio
ardiendo de amoroso desvarío,
se enviaban en sus ósculos de fuego,
de sus entrañas el caliente fluido;
    y el hombre mudo
    como el vacío,
no entendía el lenguaje de las almas,
arropado en la sombra de sí mismo.

Dios estaba inclinado hacia la tierra,
oyendo las plegarias de los orbes,
contemplando en el vidrio de los mares,
de su aureola de luz los resplandores.

Una lágrima ardiente, cristalina,
se desprendió de su pupila entonces:
¡gota fecunda, de fecunda vida,
que refracta la lumbre de los soles!

La tierra abrió los sudorientos labios,
entreabrieron sus pétalos las flores,
y aquella gota de la eterna aurora
fue un beso de celestes bendiciones.

Y el hombre, mudo, solitario y triste,
sintió el fuego de mágica fruición;
y vio que de su sombra se elevaba
una llama de tibio resplandor.

Era un soplo del genio de la vida,
un rayo de la eterna inspiración:
el perfume inmortal de la esperanza,
el ritmo de la luz y del amor.

Era Eva, la sonrisa de los cielos,
la nota musical de una oración,
la mujer, el compendio de lo bello,
¡la hija de una lágrima de Dios!

Y el hombre, mudo, solitario, triste,
balbució un himno de celeste amor;
¡y exhaló sus cadencias más sublimes,
el arpa colosal de la creación!

El nido de cóndores (1877)
(Fantasía)

I

En la negra tiniebla se destaca,
como un brazo extendido hacia el vacío
para imponer silencio a sus rumores,
un peñasco sombrío.

Blanca venda de nieve lo circunda,
de nieve que gotea

como la negra sangre de una herida
abierta en la pelea.

¡Todo es silencio en torno! Hasta las nubes
van pasando calladas,
como tropas de espectros que dispersan
las ráfagas heladas.

¡Todo es silencio en torno! ¡Pero hay algo
en el peñasco mismo
que se mueve y palpita cual si fuera
el corazón enfermo del abismo!

Es un nido de cóndores, colgado
de su cuello gigante,
que el viento de las cumbres balancea
como un pendón flotante.

¡Es un nido de cóndores andinos,
en cuyo negro seno
parece que fermentan las borrascas
y que dormita el trueno!

Aquella negra masa se estremece
con inquietud extraña:
¡es que sueña en algo que lo agita
el viejo morador de la montaña!

¡No sueña con el valle ni la sierra
de encantadoras galas;
ni menos con la espuma del torrente
que humedeció sus alas!

¡No sueña con el pico inaccesible
que en la noche se inflama,
despeñando por riscos y quebradas
sus témpanos de llama!

¡No sueña con la nube voladora
que pasó en la mañana
arrastrando en los campos del espacio
su túnica de grana!

¡Muchas nubes pasaron a su vista,
holló muchos volcanes,
su plumaje mojaron y rizaron
torrentes y huracanes!

Es algo más querido lo que causa
su agitación extraña:
¡un recuerdo que bulle en la cabeza
del viejo morador de la montaña!

En la tarde anterior, cuando volvía,
vencedor inclemente,
trayendo los despojos palpitantes
de la garra potente,

Bajaban dos viajeros presurosos
la rápida ladera;
un niño y un anciano de alta talla
y blanca cabellera.

Hablaban en voz alta, y el anciano,
con acento vibrante,
"Vendrá –exclamaba– el héroe predilecto
de esta cumbre gigante."

El cóndor, al oírlo, batió el vuelo;
lanzó ronco graznido,
y fue a posar el ala fatigada
sobre el desierto nido.

Inquieto, tembloroso, como herido
de fúnebre congoja,
pasó la noche y sorprendido el alba
con su pupila roja.

II

Enjambre de recuerdos punzadores
pasaban en tropel por su memoria,
recuerdo de otro tiempo de esplendores,
de otro tiempo de gloria,
¡en que era breve espacio a su ardimiento
la anchurosa región del vago viento!

Blanco el cuello y el ala reluciente,
iba en pos de la niebla fugitiva,
dando caza a las nubes en Oriente;
io con mirada altiva
en la garra pujante se apoyaba,
cual se apoya un titán sobre su clava!

Una mañana —¡inolvidable día!—
ya iba a soltar el vuelo soberano
para surcar la inmensidad sombría
y descender al llano,
a celebrar con ansia convulsiva
su sangriento festín de carne viva,
cuando sintió un rumor nunca escuchado
en las hondas gargantas de Occidente:
el rumor del torrente desatado,
ila cólera rugiente
del volcán que en horrible paroximso
se revuelca en el fondo del abismo!

Choque de armas y cánticos de guerra
resonaron después. Relincho agudo
lanzó el corcel de la argentina tierra
desde el peñasco mudo;
iy vibraron los bélicos clarines
del Ande gigantesco en los confines!

Crecida muchedumbre se agolpaba
cual las ondas del mar en sus lineros;
infantes y jinetes avanzaban

desnudos los aceros;
¡y atónita al sentirlos, la montaña
bajó la frente y desgarró su entraña!

¿Dónde van? ¿Dónde van? ¡Dios los empuja!
Amor de patria y libertad los guía.
¡Donde más fuerte la tormenta ruja,
donde la onda bravía
más ruda azote el piélago profundo!
¡Van a morir o libertar un mundo!

III

Pensativo a su frente, cual si fuera
en muda discusión con el destino,
iba el héroe inmortal que en la ribera
¡al león hispano asió de la melena
y lo arrastró por la sangrienta arena!

El cóndor le miró, volvió del Ande
a la cresta más alta, repitiendo
con estridente grito: "¡Este es el grande!"
Y San Martín oyendo,
cual si fuera el presagio de la historia,
dijo a su vez: "¡Mirad! ¡Esa es mi gloria!"

IV

Siempre batiendo el ala silbadora,
cabalgando en las nubes y en los vientos,
lo halló la noche y sorprendió la aurora;
y a sus roncos acentos,
tembló de espanto el español sereno
en los umbrales del hogar ajeno.

Un día... se detuvo; había sentido
el estridor de la feroz pelea;
viento de tempestad llevó a su oído
rugidos de marea;

y descendió a la cumbre de una sierra,
la corva garra abierta, en son de guerra.

¡Porfiada era la lid! Por las laderas
bajaban los bizarros batallones,
y penachos, espadas y cimeras,
    cureñas y cañones,
como heridos de un vértigo tremendo
en la sima fatal iban cayendo!

¡Porfiada era la lid! En la humareda,
la enseña de los libres ondeaba
acariciada por la brisa leda
    que sus pliegues hinchaba:
¡Y al fin entre relámpagos de gloria,
vino a alzarla en sus brazos la victoria!

Lanzó el cóndor un grito de alegría,
grito inmenso de júbilo salvaje;
y desplegando en la extensión vacía
    su vistoso plumaje,
fué esparciendo por sierras y por llanos
jirones de estandartes castellanos.

V

Desde entonces, jinete del vacío,
cabalgando en nublados y huracanes
en la cumbre, en el páramo sombrío,
    tras hielos y volcanes,
fué siguiendo los vívidos fulgores,
de la bandera azul de sus amores.

La vió al borde del mar, que se empinaba
para verla pasar, y que en la lira
de bronce de sus olas entonaba
    como un grito de ira,
el himno con que rompen las cadenas
de su cárcel de rocas y de arenas.

La vió en Maipú, en Junín, y hasta en aquella
noche de maldición, noche de duelo,
en que desapareció como una estrella
    tras las nubes del cielo;
¡Y al compás de sus lúgubres graznidos
fué sembrando el espanto en los dormidos!

    ¡Siempre tras ella, siempre! Hasta que un día
la luz de un nuevo sol alumbró al mundo;
¡El sol de libertad que aparecía
    tras nublado profundo,
y envuelto en su magnífica vislumbre
tornó soberbio a la nativa costumbre!

VI

    ¡Cuántos recuerdos despertó el viajero
en el calvo señor de la montaña!
Por eso se agitaba entre su nido
con inquietud extraña;
¡y al beso de la luz del sol naciente
volvió otra vez a sacudir las alas
y a perderse en las nubes del Oriente!

    ¿Adónde va? ¿Qué vértigo lo lleva?
¿Qué engañosa ilusión nubla sus ojos?
¡Va a esperar del Atlántico en la orilla
los sagrados despojos
de aquel gran vencedor de vencedores,
a cuyo solo nombre se postraban
tiranos y opresores!

    ¡Va a posarse en la cresta de una roca
batida por las ondas y los vientos,
allá donde se queja la ribera
con amargo lamento,
porque sintió pasar planta extranjera
y no sintió tronar el escarmiento!

¡Y allá estará! Cuando la nave asome
portadora del héroe y de la gloria,
cuando el mar patagón alce a su paso
los himnos de victoria,
volverá a saludarle, como un día
en la cumbre del Ande,
para decir al mundo: ¡Ese es el grande!

Atlántida (1881) [selecciones]
Canto al porvenir de la raza latina en América[1]

Wake!
(Hamlet)

I

Cada vez que en la cumbre desolada
de la ardua cordillera,
y tras hondo angustioso paroxismo,
como caliente lágrima postrera
brota de las entrañas del abismo
misterioso raudal –germen naciente
de turbio lago, caudaloso río,
ronca cascada o bramador torrente–
pardas nubes descienden a tejerle
caprichoso y movible cotinaje;
y abandonan los negros huracanes
sus lóbregas cavernas
para aurrullar con cántico salvaje
su sueño; y en señal de regocijo,
sobre muros de nieves sempiternas,
despliegan, combatientes del vacío,
taciturnos guardianes
del infinito páramo sombrío,
sus flámulas de fuego los volcanes.

---

[1]Poema de nueve secciones, sin títulos.

Raudales de la historia son las razas,
raudales que en la cuna
vela el misterio y con afán prolijo
la fábula, Nereida soñadora
que el verde junco con la yedra aduna,
como la dulce madre que despliega
sobre la tersa frente de su hijo
teñida por los rayos de la aurora
su manto, de amor ciega,
envuelve con fantásticos cendales,
mientras se llena el mundo
de rumor de catástrofe. En tanto,
con las alas abiertas
cruza la tierra el ángel del espanto,
y agita sus antorchas funerales
el incendio iracundo
sobre la tumba de las razas muertas.

....

VIII

¡Campo inmenso a su afán! Allá, dormidas
bajo el arco triunfal de mil colores
del trópico esplendente,
las Antillas levantan la cabeza
de la naciente luz a los albores,
como bandadas de aves fugitivas
que arrullaron al mar con sus extrañas
canciones plañideras,
y que secan al sol las blancas alas
para emprender el vuelo a otras riberas.

¡Allá Méjico está! Sobre dos mares
alzada cual granítica atalaya,
parece que aun espía
la castellana flota que se acerca
del golfo azteca a la arenosa playa;
y más allá Colombia, adormecida
del Tequendama al retemblar profundo,

281

Colombia la opulenta,
que parece llevar en las entrañas
la inagotable juventud del mundo.

¡Salve, zona feliz, región querida
del almo sol que tus encantos cela,
inmenso hogar de animación y vida,
cuna del gran Bolívar! ¡Venezuela!
Todo en tu suelo es grande:
los astros que te alumbran desde arriba
con eterno, sangriento centelleo,
el genio, el heroísmo,
¡volcán que hizo erupción con ronco estruendo
en la cumbre inmortal de San Mateo!

Tendida al pie del Ande,
viuda infeliz sobre entreabierta huesa,
yace la Roma de los incas, rota
la vieja espada en la contienda grande,
la frente hundida en la tiniebla oscura.
Mas no ha muerto el Perú, que la derrota
germen es en los pueblos varoniles
de redención futura.
Y entonces, cuando llegue
para su suelo la estación propicia
del trabajo que cura y regenera,
y brille al fin el sol de la justicia
tras largos días de vergüenza y lloro,
el rojo manto que a su espalda flota
las mieses bordarán con flores de oro.

¡Bolivia, la heredera del gigante
nacido al pie del Avila, su genio
inquieto y su valor constante
tiene para las luchas de la vida;
sueña en batallas hoy, pero no importa;
sueña también en anchos horizontes
en que en vez de cureñas y cañones
sienta rodar la audaz locomotora

portando valles y escalando montes!
¡Y Chile el vencedor, fuerte en la guerra,
pero más fuerte en el trabajo, vuelve
a colgar en el techo
las vengadoras armas, convencido
de que es estéril siempre la victoria
de la fuerza brutal sobre el derecho!
El Uruguay, que combatiendo entrega
su seno a las caricias del progreso;
el Brasil, que recibe
del mar Atlante el estruendoso beso
y a quien solo le falta
el ser más libre para ser más grande;
y la región bendita,
¡sublime desposada de la gloria,
que baña el Plata y que limita el Ande!

   ¡De pie para cantarla!, que es la patria,
la patria bendecida,
siempre en pos de sublimes ideales,
el pueblo joven que arrulló en la cuna
el rumor de los himnos inmortales.
Y que hoy llama al festín de su opulencia
a cuantos rinden culto
a la sagrada libertad, hermana
del arte, del progreso y de la ciencia.
¡La patria que ensanchó sus horizontes
rompiendo las barreras
que en otrora su espíritu aterraron,
y a cuyo paso en los nevados montes
del Génesis los ecos despertaron!
La patria que, olvidada
de la civil querella, arrojó lejos
el fratricida acero,
y que lleva orgullosa
la corona de espigas en la frente,
menos pesada que el laurel guerrero!
¡La patria! En ella cabe
cuanto de grande el pensamiento alcanza;

en ella el sol de redención se enciende;
ella al encuentro del futuro avanza,
y su mano del Plata desbordante
la inmensa copa a las naciones tiende.

IX

¡Ambito inmenso, abierto
de la latina raza al hondo anhelo!
El mar, el mar gigante, la montaña,
el eterno coloquio con el cielo...
Y más allá, desierto.
Acá, ríos que corren desbordados;
allí, valles que ondean
como ríos eternos de verdura;
los bosques a los bosques enlazados,
doquier la libertad, doquier la vida
palpitando en el aire, en la pradera
y en explosión magnífica encendida.

¡Atlántida encantada
que Platón presintió! Promesa de oro
del porvenir humano. Reservado
a la raza fecunda
cuyo seno engendró para la Historia
los césares del genio y de la espada,
aquí va a realizar lo que no pudo
el mundo antiguo en los escombros yertos.
¡La más bella visión de las visiones!
Al himno colosal de los desiertos
la eterna comunión de las naciones.

MIGUEL ANTONIO CARO
Colombia: 1843-1909

En 1850, a la salida del padre José Eusebio Caro para los Estados Unidos, queda Miguel Antonio con su madre y dos hermanas en casa de los abuelos maternos. Después de la muerte del padre en 1853 se educa con ayos ingleses y asiste a varios colegios, en uno de los cuales inicia la amistad con Rufino José Cuervo. En 1858 pasa a un colegio de jesuitas, donde siempre estudia con honores. En 1861 muere el querido abuelo y estallan revoluciones en Colombia; los jesuitas son expulsados y Miguel Antonio sigue sus estudios en las bibliotecas y librerías. A la edad de veinte años comienza a luchar en pro de la educación católica y contra el utilitarismo; colabora en los periódicos del día, *La caridad*, *La República* y *La Fe*. En 1865 comienza a redactar una gramática latina, junto con su amigo Cuervo; escribe comentarios de la poesía de Virgilio en latín, y traduce poesía del latín al castellano. En 1866 publica un pequeño volumen, *Poesías*; en 1867 se publica la *Gramática latina* de Caro y Cuervo. Jorge Isaacs visita entonces con frecuencia la casa de Caro; es éste quien le ayuda a Isaacs a corregir las pruebas de su *María* y queda encargado de organizar la segunda edición de esta novela. En 1868 llega Caro al Congreso de Colombia y desempeña otros cargos en el gobierno hasta 1904. En 1871 participa en el establecimiento de la Academia Colombiana, la primera americana. Se hace profesor de filosofía y de latín, director de la Biblioteca Nacional entre 1880 y 1884 y rector de la Universidad Católica en 1884. En 1892 llega, a pesar de resistirse a la candidatura, a la vicepresidencia del país y se hace presidente de facto por la ausencia del presidente electo, Rafael Núñez. En 1895 el país se ve en sangrienta guerra hasta 1896; terminando su presidencia en 1898, vuelve Caro a su vida familiar y de las letras. A su muerte en 1909 los honores fúnebres fueron el tributo del pueblo entero.

Las *Obras completas* de Miguel Antonio Caro suman once volúmenes, e incluyen 'Traducciones' (del latín sobre todo), 'Estudios literarios' (3 vols.), 'Estudios filológicos y gramaticales','Discursos', 'Labores legislativos y jurídicos', y tres volúmenes de poesías en castellano, sumando unos 300 poemas –de los cuales la mitad consiste de sonetos–, organizados temáticamente: "Sonetos", "Cantilenas",

"Horas de amor", "Elegías", "Cantos a la naturaleza", "Musa militante", "Sátiras", y "Lira cristiana". Existe además un extenso Epistolario y poesías originales escritas en latín. Es Miguel Antonio Caro un ejemplo de la última época del romanticismo que demostraba, con él, una vuelta a la austeridad y la forma neoclásicas, así como rasgos del modernismo. Severo, serio, a veces rígido, este gran humanista se destaca por su defensa de la fe católica y su gran exaltación a la patria. Sus *Estudios literarios* proveen opiniones que todavía son de gran interés. Como su padre, Miguel Antonio Caro censuró el "Afrancesamiento en literatura" (1864) por haber animado la frivolidad: "...Nuestra literatura se reduce a obras por lo común frívolas, extranjeras en las formas, y –...– extranjeras en el fondo. Nuestra prosa ha degenerado mucho..." Tenía un concepto claro de los excesos de la poesía: "El filosofismo, o sea la manía de hacer enfáticamente trascendentales las más frívolas cuestiones, será todo lo que se quiera, menos poético... En auxilio de esa manía, cunde otra, tomada también de los franceses... [y] que empieza a dejarse ver por los monosílabos *Oh! Ah! Sí! No!* con otras interjecciones y reticencias propias de lenguas no formadas aún, de salvajes imposibilitados para expresarse desembarazadamente..." En "Sonetos y sonetistas" declaró que "la poesía en parte es música" y en "La crítica literaria" (1867) afirma que "Tres son las ramificaciones o géneros en que, atendiendo al espíritu más que a la letra, puede dividirse la literatura española, a saber: el género clásico, el místico y el puramente nacional", conceptos que luego elabora. Algunas de sus ideas son interesantes con respecto a las corrientes críticas y teóricas contemporáneas, por ejemplo: "Las condiciones económicas e industriales de un país determinan la forma de publicidad que toma la producción intelectual". En "Poesías de Menendez Pelayo" (1883) afirma: "No tomamos el término 'forma' en concepto restricto, o sea en el mezquino sentido de meras exterioridades que suele dársele en la moderna y harto equívoca distinción entre 'fondo' y 'forma'... No sólo tienen las cosas una forma 'accidental', la tienen también 'sustancial', por manera que en una nomenclatura sabiamente filosófica, 'forma' significa muchas veces, si no todo, buena parte al menos de lo que solemos llamar enfáticamente el 'fondo' de las cosas".

Bibliografía breve:

Obras poéticas de D. Miguel Antonio Caro. 3 tomos. Prólogo de R.M. Carrasquilla. Bogotá: Impr. Nacional, 1928-1933.

Obras completas. Estudios literarios. Tomos II y III. Ed. oficial hecha bajo la dirección de Víctor E. Caro y Antonio Gómez Restrepo. Bogotá: Impr. Nacional, 1920.

Bonilla, Manuel Antonio. *Caro y su obra.* Bogotá: Impr. Nacional, 1948.

SONETOS[1]

Al viento

¿Qué fuerzas nuevas, qué inmortales bienes
contigo brindas, invisible mago,
mientras con dulce, cariñoso halago
acaricias pacífico mis sienes?

¿A dó te inclinas, di, de dónde vienes?
¿Por qué jamás, aunque sonante y vago
muevas la flor, los árboles, el lago,
el vuelo rapidísimo detienes?

Y sigues, y a los yermos vas remotos;
alado sembrador, esparces vida;
fecundado el erial por ti florece.

Llevan doquier tus gérmenes ignotos;
por ti también el alma aridecida
con el divino polen se enriquece.

---

[1]Textos de: *Obras poéticas de D. Miguel Antonio Caro.*

El mismo el versos cortos

¿Qué celestiales bienes
brindas, etéreo mago,
mientras con dulce halago
acaricias mis sienes?

¿Dó vas? ¿de dónde vienes?
¿Por qué, aunque en giro vago
muevas la selva y lago
nunca el volar detienes?

Tú esparces de la vida
los gérmenes fecundos;
por ti el erial florece.

Por ti, si aridecida,
con polen de otros mundos
el alma se enriquece.

Antidarwinismo

A fabulosas épocas se eleva
el cambio aquel de donde el hombre emana,
según sueña la escuela darwiniana;
ningún experimento lo comprueba.

Mi teoría es mejor, sea o no nueva,
pues la abona experiencia cuotidiana:
que el germen, la viciada raza humana,
de toda clase de animales lleva.

El salvaje del hombre es descendiente;
y monstruos tales brota el salvajismo,
que a los museos van sus esqueletos.

Lo que en su dorso el darwinista siente,
no es rezago, es principio de monismo:
hijo del hombre él fue; ¡veréis los nietos!

Los padres de la patria
(1884) [selecciones][1]

I

En vano ¡oh Tiempo victorioso! en vano
sepultas bajo lápida de hielo
los siglos, y derribas por el suelo
los monumentos del orgullo humano.

Matas al hombre: el genio soberano
elévase radiante en manso vuelo;
inmóvil brilla en la región del cielo,
y allá no alcanza tu poder tirano.

Viven por cima de tus yertas zonas
de la gloria los fúlgidos fanales,
de la virtud las palmas y coronas.

¡Oh Tiempo! a los varones inmortales
con los mismos escombros que amontonas
labras, a tu despecho, pedestales.

II

¿No ves ¡oh Patria! los augustos manes
del que dejando la mansión nativa
te convirtió a la fe; del que, cautiva,
consagró a redimirte, sus afanes?

---

[1]Serie de siete sonetos.

Héroes ambos en luchas de titanes,
anudada a la sien mística oliva,
irguense allá sobre la cumbre altiva
del Ande gigantesco y sus volcanes.

¡DESCUBRIDOR!.. ¡LIBERTADOR!.. Honores
y adoración filial ambos merecen;
Genios son de Colombia protectores.

Acércanse uno a otro, iguales crecen,
y al unido raudal de sus fulgores
intermedias centurias se oscurecen.

V

"¡Pueblos! En vicio torpe, en muelle holganza
hallaréis ruina y deshonor profundo:
sólo el trabajo varonil, fecundo,
de señorial grandeza el premio alcanza.

"Poned en el Señor la confianza;
los senos explotad del Nuevo Mundo;
Natura a vuestro esfuerzo sin segundo
depondrá domeñada su pujanza.

"No valla, sino red, la cordillera
os enlace con fuertes eslabones;
broten emporios, la discordia muera;

"Tremolen en un haz nuestros pendones;
crezca gloriosa la familia ibera,
y ríndanle tributo las naciones."

Pro senectute

¡Tú, que emprendiste bajo albor temprano
la áspera senda con ardiente brío,

y ahora inclinado y con andar tardío
rigiendo vas el báculo de anciano!

Torpe el sentido y el cabello cano
no te acobarden, ni en sepulcro frío
contemples con doliente desvarío
de rápido descenso el fin cercano.

Fúlgida luz la vista te oscurece;
argentó tu cabeza nieve pura,
cesas de oír, porque el silencio crece;

Te encorvas, porque vences la fragura;
anhelas, porque el aire se enrarece;
Llegando vas a coronar la altura.

CANTILENAS[1]

El poeta (1870)

Soy el poeta; el amante
de lo etéreo; la doliente
alma que por todos siente;
    ave errante.

Guíame un Dios: me desligo
de la sociedad impura,
y en el seno de Natura
    busco abrigo.

---

[1]Nota del poeta: "El término *cantilenas* o *cantinelas* ha solido tener en la poesía española cierta significación específica y aplicable sólo a versos cortos de determinadas condiciones métricas. Vulgarizóse después, llamándose así lo que hoy *coplas* o *cantares*. Yo lo he tomado en su acepción más genérica, aunque no popular, como equivalente de cantiunculae, *cancioncillas*, *versecillos*..."

Lira soy suspensa al viento;
y acompáñanme sonando
sagradas fuentes en blando
		movimiento.

Las proféticas encinas
dan a mi cabeza sombra;
bríndanme en su musgo alfombra
		las ruinas.

Hasta mí vagos rumores
llegan de siglos oscuros,
y en mí se anuncian futuros
		resplandores.

No vil pasión que mancilla,
sino impulso vivo y noble,
manda que a tus plantas doble
		la rodilla.

Y adoración y respeto,
y amor glorioso y profundo
cual jamás le ha visto el mundo,
		te prometo.

Ya presentí tu mirada
y entreoí tu voz canora;
tú eres mi luz guiadora;
		¡mi soñada!

La flecha de oro

Yo busco una flecha de oro
que niño de un hada adquirí,
y, "guarda el sagrado tesoro",
me dijo, "tu suerte está ahí."

Mi padre fue un príncipe: quiere
un día nombrar sucesor,
y a aquel de dos hijos prefiere
que al blanco tirare mejor.

A liza fraterna en el llano
salimos con brío y con fe;
la punta que arroja mi hermano
clavarse en el blanco se ve.

En tanto mi loca saeta,
lanzada con ciega ambición,
por cima pasó de la meta
cruzando la etérea región.

En vano en el bosque vecino,
en vano la busco doquier;
tomó misterioso camino
que nunca he logrado saber.

El cielo me ha visto horizontes
salvando con ávido afán,
y, mísero, a valles y a montes
pidiendo mi infiel talismán.

Y escucho una voz: "¡Adelante!"
Que me hace incansable marchar;
repítela el viento zumbante,
me sigue en la tierra y el mar.

Yo busco la flecha de oro
que niño de un hada adquirí,
y, "guarda el sagrado tesoro,"
me dijo, "tu suerte está ahí."

HORAS DE AMOR

Flamma victrix

En vano fugitiva
la edad pasa, y derriba
el firme muro y el dorado techo:
la que abrasó mi pecho
llama hermosa y activa,
sale triunfante de recinto estrecho,
arrastra inmune el huracán deshecho,
y ardiendo está en mis versos siempre viva.

Mirando al cielo

Cuando a los cielos de esplendor bañados
húmeda y pura la mirada envías,
tu frente inunda y tu risueño labio
    plácido gozo.

Muda me invitas a evocar contigo
áureas visiones. Mas distingue sólo
de etéreos velos el azul profundo
    turbia mi vista.

¡Alma inocente! Disfrutar te es dado
glorias negadas al mortal. Vencida
cae de lo alto la ilusión, y humilde
    lágrima enjugo.

Y a ti volviendo, sin envidia mala,
gozo en tu dicha; ¡y recompensa es dulce
ver en tus ojos retratado el cielo
    que ellos admiran!

ELEGÍAS Y POESÍAS VARIAS

Adiós (1885)

Adiós decimos sólo a lo que atrás se queda,
a lo que en hondo olvido a sepultarse va;
mas a las cosas santas que guarda la memoria
el corazón sensible no dice adiós jamás.

Hermosa viajadora, cuando mi patria dejes,
tan fúnebre palabra no quieras pronunciar;
da una lágrima tierna a sus humildes flores
y frescas en tu libro su aroma esparcirán.

CANTOS A LA NATURALEZA

Las aves

Aves, ¿dó vais cruzando la alta esfera
    risueña y limpia y clara?
¡Ay! ¡quién como vosotras libre fuera!
¡Quién cual vosotras, ¡ay! el vuelo alzara!

Blancos y deliciosos pensamientos
    despertáis en el alma:
cuando os mecéis sobre los mansos vientos
cual la esperanza sois que boga en calma;

Y cuando os alejáis apresuradas
    sois cual las ilusiones,
¡ah! de puro atrevidas disipadas
del porvenir abierto en las regiones.

Va a perderse el incienso allá en el cielo
    y allá en la mar el río;
no sé dónde, siguiendo vuestro vuelo,
vuela a perderse el pensamiento mío.

Para la eterna inmensidad nacida
	gime el alma, y quisiera
en edades lanzarse sin medida,
en espacios hundirse sin ribera.

	Por eso amar, volar nos place tanto:
		el que ama los lugares
	y el tiempo olvida, ¿qué es el desencanto
	sino al fondo bajar de los pesares

	Y volver a contar menguadas horas?
		¡Ay! aves pasajeras,
	¡de tristeza y amor inspiradoras,
	de adioses y esperanzas mensajeras!

	Os sigo con la vista; ya no os veo,
		y miro todavía,
	que absorta en la ilusión de su deseo
	os busca el alma en la región vacía.

	Sombra y esclavitud cubren el suelo;
		siguiendo vuestro giro,
	la alegre libertad que hay en el cielo
	gozo un instante, pues gozarla os miro.

LIRA CRISTIANA

Fe y duda (1868)

	¡Verdad augusta,
	hija del cielo!
	Yo ni placeres
	ni honores quiero:
	dame en tu asilo
	santo consuelo.
	Busco tan sólo
	paz y silencio.

Con desengaños
por compañeros
a tus umbrales
humilde llego.
¡Heme a tus plantas!
¡He aquí a tu siervo!
Habla, ya escucho;
di, ya obedezco.

Como azorado
el niño tierno
se acoge al dulce
calor materno,
y allí le vence
plácido sueño,
yo así a tu sombra
vivir deseo.

Madre benigna
rendido llego;
medrosas sombras
cubren el suelo;
helada mano
me oprime el pecho.
Abre, es un hijo...
Morir me siento.

JOSÉ JOAQUÍN PÉREZ
República Dominicana: 1845-1900

Nace en Santo Domingo un año después de alcanzar la República su independencia de España tras décadas de ocupación haitiana y con el país todavía en luchas internas. En 1861 publica un soneto en protesta contra la anexión de la República a España. Partidario del liberalismo, se ve obligado a exilarse en Venezuela entre 1868 y 1874. Algunas de sus composiciones aparecen en la *Lira de Quisqueya*, primera antología de poesía dominicana, publicada en 1874. A su vuelta al país publica sus 15 muy elogiadas *Fantasías indíjenas* (1877, primer libro de versos de un sólo autor editado en la República), dedicadas a Salomé Ureña. En 1880 contrae segundas bodas (habiendo quedado viudo en el nacimiento de una hija) y tendrá siete hijos. Participa en la 'Sociedad Amigos del País,' agrupación intelectual de la capital. En 1883 funda la *Revista Científica, Literaria y de Conocimientos útiles*, y colabora en otras revistas y periódicos de la capital. Se inscribe en el Partido Azul (liberalista) y ocupa varios cargos oficiales en el gobierno, incluso el de Secretario de Estado de Justicia e Instrucción Pública en 1884. Apoya reformas educativas según las ideas del puertorriqueño Eugenio María de Hostos, pensador positivista, residente en el país en 1875 y de 1879 hasta 1889. En 1885 se retira de la vida pública y se dedica a su profesión de abogado y notario, así como al cultivo de las letras, escribiendo unas 60 composiciones originales más. A pesar del aislamiento de la sociedad de la República, después de 1884 sus versos reflejan las nuevas corrientes poéticas francesas –simbolismo y parnasianismo–, que entonces comienzan a sentirse en el ambiente literario. Escribe también cuadros de costumbres, cuentos, leyendas y crítica literaria.

Desde joven exploró José Joaquín Pérez las posibilidades formales del arte poético, el primero en presentar esa preocupación en Santo Domingo. Se cuenta entre los primeros poetas de su patria, poeta romántico que evolucionó hacia el modernismo sobre todo en cuanto el uso de ciertos tipos de rima asonante. En un poema de 1896 criticó el modernismo evasionista, exótico y puramente decorativo. Su poesía es siempre lírica, expresión subjetiva de su experiencia, aun en un patriotismo de fuertes sentimientos. No le interesan los grandes gestos épicos; omisión ésta criticada por Eugenio María de Hostos, quien escribió de Pérez: "De él se esperaba que, por nacionalismo, pasara de la lírica a la épica... Como *Fantasías indíjenas* son manifestaciones del sentimiento de la vida nacional,... nada hubiera sido tan fácil para él como convertirlas en la epopeya popular del quisqueyano..." Pérez asimismo se mostró partidario de la Ilustración, del positivismo hostosiano y de la razón, elogiándo ésta por sobre la "malbaratadora y campeante fantasía irreflexiva" (citado en *Obra poética*).

Bibliografía breve:

Fantasías indígenas y otros poemas. Prólogo y notas de José Alcántara Almánzar. Santo Domingo: Ediciones de la Fundación Corripio, Inc., 1989. [Contenido como de la *Obra poética*; el prólogo de Alcántara A., págs. 9-27, data de 1979].
Obra poética. Selección y notas de Carlos Federico Pérez. Santo Domingo: Universidad Nacional Pedro Henríquez Ureña, 1970.
Balaguer, Joaquín. "José Joaquín Pérez", en *Letras Dominicanas*. Santiago (Rep. Dominicana): Ed. El Diario, 1944. 39-78.
Henríquez Ureña, Pedro. "José Joaquín Pérez", en *Ensayos críticos*, 1905. *Obra crítica*, México: Fondo de Cultura Económica, 1960. 139-144.
de Hostos, E.M. "Lo que no quiso el lírico quisqueyano" [1900]. En *Obras completas*, 2a ed., tomo 11. La Habana, Cultural, S.A., 1969. 225-232.

Soneto (1861)[1]
(Improvisado)

En el día de la anexión
de Santo Domingo a España

Vi a mi patria nacer, e independiente,
rompiendo el yugo de ambición tirana,

---

[1]Textos de: *Fantasías indígenas y otros poemas*.

lauros ceñirse, de su gloria ufana,
entre el aplauso de extranjera gente.

Después, aunque buscando diligente
la dulce paz, desde su edad temprana
la traidora ambición, codicia insana,
su seno desgarró, manchó su frente.

Pero altiva y heroica su bandera
siempre la senda holló de la victoria:
nunca fue a extraños déspotas vendida.

Hoy que lo manda así la suerte fiera
juremos a esa patria darle gloria
¡darle la libertad con nuestra vida!

Ecos del destierro (1873)

¿Adónde vas, humilde trova mía,
así cruzando los extensos mares,
con el eco fatal de la agonía
que lanzo lejos de mis patrios lares?

¡Ay! Dime si a mi triste afán perenne
darás –volviendo– plácida esperanza,
o si rudo el destino su solemne
sentencia contra el bardo errante lanza.

Dí si una pobre, triste, solitaria
madre que llora sin cesar, me augura
–dirigiendo hacia el cielo su plegaria–
penas amargas o eternal ventura.

Dí si aún resuena lúgubre en su oído
aquel ¡adios! del alma que le diera,
o si en su seno casto, bendecido,
mañana reclinado verme espera.

¡Ay! ¡Dime, dime! En tan funesto día
dispersas vi mis ilusiones bellas;
campos de flores, do el reflejo ardía
de un cielo azul de nítidas estrellas.

Y hoy.. la esperanza en abandono llora
en los escombros y cenizas yertas
¡de tantas dichas, que aún el alma adora,
de tantas dulces ilusiones muertas..!

Ve, ráfaga fugaz, del alma aliento,
cruzando abismos, a la patria mía;
que a ti no puede un sátrapa violento
imponerte su ruda tiranía.

Juega en las linfas del Ozama undoso,
besa los muros do Colón, cautivo,
de negra y vil ingratitud quejoso,
el peso enorme soportara altivo.

Y si en la Ceiba centenaria miras
muda ya el arpa que pulsé inspirado
con los trinos de amor con que suspiras
haz que vibre mi nombre ya olvidado.

Yo soy el pobre bardo peregrino
que aquellas flores sorprendió en su aurora,
y que, al suyo ligando su destino,
cuando ellas muere, con tristeza llora..

Yo soy aquel cantor que entre su seno
la alondra cariñosa comprimía
mientra en el nido, de hojas secas lleno,
verdes guirnaldas con afán ponía.

Yo soy el trovador de esas colinas
que de Galindo en la feraz altura,
velado por las sombras vespertinas,
rindió culto al amor y a la hermosura..

301

Ve, ráfaga, suspira, gime y canta,
a mi ángel puro con tu incienso aroma;
ella el santuario de mi vida encanta
cuando su imagen en mi mente asoma.

Ve y si junto a mi madre, mi inocente,
dulce huérfana, implora por mí al cielo,
estampa un beso en su virgínea frente
signo de amor y paternal desvelo.

Y a todo lleva, humilde trova mía,
así cruzando los extensos mares,
el eco de la angustia y la agonía
que lanzo, ¡lejos de los patrios lares..!

La vuelta al hogar (1874)

Ondas y brisas, brumas, rumores,
suspiros y ecos del ancho mar,
¡adiós! que aromas de puras flores,
¡adiós! que todo cuanto se alcanza,
dicha, esperanza,
y amor me llaman allá en mi hogar.

¡Ya ve el proscrito sus patrios lares!
Ve azules cumbres lejos sombrear
grupos de nieblas crepusculares,
y el ansia siente del paraíso
que darle quiso
Dios en el seno del dulce hogar..

Si peregrino, si solitario,
otras regiones se fue a cruzar
la ley temiendo de un victimario,
¿el caos qué importa si un sol luciente
brilla en su frente
y hoy, sonreído, vuelve al hogar?

¡No más torturas en su alma libre!
¡No más memoria de su pesar!
¡No el odio estéril sus rayos vibre,
que el patriotismo ya sólo espera
por vez primera
calma y consuelo bajo el hogar!

Virgen de América, suspiradora
cautiva indiana, vuelve a gozar;
si atrás hay sangre, luz hay ahora..
Ayer el hierro y hoy es la idea..
¡Tu gloria sea
ver a tus hijos junto al hogar!

¡Cuán bella eres acariciando
todos unidos los que al vagar,
errantes unos y otros luchando,
sufrieron ruda la tiranía
que hacer quería
huérfanos tristes sin pan ni hogar..!

¡Ya no hay festines patibularios!
¡Ya no hay venganzas con que saciar
su vil conciencia crueles sicarios!
¡Ya no hay vencidos ni vencedores!
¡Sólo hay de flores
castas coronas en el hogar..!

¡Mi dulce Ozama! ¡Tu bardo amante
a tus riberas torna a cantar,
y tras él deja, por ti anhelante,
lejanos climas y humilde historia,
tierna memoria
del peregrino vuelto al hogar..!

¡Bajo tus ceibas y tus palmares
sobre tu césped y entre el manglar
aún se oye el eco de los cantares
de aquella infancia, fugaz, que en horas

303

engañadoras
llenó sus sueños de amor y hogar!

Y ¡ven! le dice cada paloma
tímida y mansa que ve cruzar
desde la cumbre de enhiesta loma
cuando las alas tiende y su arrullo
mezcla al murmullo
del río que baña su dulce hogar.

Y ¡ven! le dice ronco el estruendo
que hace en las rocas lejos el mar..
¡El mar! que un día su adiós oyendo
fue de ola en ola su adiós llevando,
luego tornando
con hondos ayes del pobre hogar.

¡Y todo cuanto su ser le diera,
¡Ven! dice el polvo que va a besar,
donde mañana como postrera
ráfaga cruce su vida breve,
donde se eleve
su tumba humilde junto al hogar!

Así, –suspiros, brisas, rumores,
lánguidas ondas y ecos del mar–
¡adiós! decidme, que todo: amores,
gloria, esperanza, paz bendecida,
tiene hoy la vida
del pobre bardo vuelto al hogar..

Guacanagarí en las ruinas de Marién (1877)[1]

¡Cómo yace entre escombros solitaria
mi opulenta ciudad, en donde un día
de la invicta Marién la tributaria
grey a mis plantas con amor veía!

Allí mi alcázar cubre la ceniza
y sangre de mi raza generosa,
que se vertiera en furibunda liza,
mancha el santuario do el Zemí reposa.

Cómplice incauto del poder protervo
que en el nombre de Dios amor mentía,
llorando vivo como oscuro siervo
cuando dueño de todo me creía...

Las diumbas en las rústicas cabañas
por las zambras troqué del extranjero,
y el arco triunfador por las extrañas
y aleves armas de cortante acero...

En vez de los areítos melodiosos
de mis bellas, purísimas vestales,
escuchaba los cantos vergonzosos
de nocturnas y torpes bacanales...

Vi inmolar uno a uno –a la execrable
ambición de esa turba– mis hermanos,
y la horca, de vidas insaciable,
yo levantaba con mis propias manos...

---

[1]De las *Fantasías indígenas*, que contiene unas 14 leyendas en verso y una en prosa en la veta del 'noble salvaje' romántico, respondiendo a la búsqueda del auténtico americano, aunque desaparecido el indio de la isla de Hispaniola a los 50 años de la conquista.

La tumba con horror hoy me rechaza;
todo lo mancho con mi impuro aliento;
mi nombre es la ignominia de mi raza;
mi existencia es un cruel remordimiento...

¿Adónde iré a ocultarme? Por doquiera
me sigue mi traición. "¡Traidor!" me grita
la voz de esos escombros lastimera;
"¡traidor!" el viento que la selva agita...

Cada sombra anatema vil me lanza;
cada luz me parece un vasto incendio;
cada ruido, un combate; una asechanza
veo doquier para infame vilipendio...

¿De qué ya sirve mi vivir precario?
¿Y qué alcancé de mi ambición tan necia?
Me aborrece el inicuo victimario...
La víctima infelice me desprecia...

¡Adiós, bella ciudad de mis amores,
escombros que sepultan mi grandeza,
donde al lado de mis progenitores
no voy a reclinar ya mi cabeza!

Ellos también levantarán su frente
del polvo del sepulcro destrozado,
pidiendo maldición con voz doliente
para quien su memoria ha profanado...

¡Piedad, sombras, piedad! Yo fui el verdugo
de esa raza infeliz que os veneraba
y hoy, ante el peso del terrible yugo
de mi conciencia, mi existir acaba...

Yo voy al fondo de la selva umbrosa,
solitaria mansión de los que gimen,
a cavar con mis lágrimas mi fosa
en expiación de mi tremendo crimen...

A Santo Domingo (1884)
(En una velada de la Sociedad 'Amigos del País')

Monte espeso, niebla y sombras
los pardos muros circundan
de las ruinas solitarias
que ya alegre el sol no alumbra,
y las palmas cimbradoras
tal parece que murmuran
como un preludio doliente
de los cantos de la tumba;
mientras tu, ciudad antigua,
de sabios y de héroes cuna,
duermes sin sueños de gloria,
porque el pasado te abruma.

Si aún eres dócil esclava,
heredera de las culpas
de otro siglo aventurero
de conquistas infecundas,
en las páginas de piedra
de tus escombros sepulta
la historia, escrita con sangre
de tu raza noble y pura;
y álzate, y de ese pasado
de tu eterna desventura
desvía el recuerdo y contempla
que el porvenir te saluda.

Despierta, ciudad, y dile
a esta Patria que te escucha
que, como reina y señora,
el índico mar la arrulla:
dile que ya tú prefieres,
alborozada, otra lucha
en que brindan otras glorias
los trofeos de la fortuna;
que el arma rompan sus bravos,
y extingan la saña injusta

de corazones do el odio
fratricida se acumula,
y de la paz el emblema,
en que el trabajo fecunda,
con ambas manos levante
a más envidiable altura;
que la ciencia inagotable
guíe su prole fecunda
a arrebatarle el secreto
que sus entrañas ocultan,
y el arte, modificando
sus formas de gracia suma,
corone su frente egregia
con la luz que en él fulgura;
que abra el cauce de sus ríos,
que al mar sus fuerzas disputan,
al regar la fértil zona
que invita a la agricultura;
que horade esa inmensa mole
de cordilleras que cruzan
los valles donde está el germen
de su grandeza futura;
que le abra paso a la indómita
fuerza que todo lo impulsa
y da vigorosa vida
al comercio y a la industria;
y que escuchen sus ciudades
y hasta sus selvas incultas
la palabra del progreso
que el hilo eléctrico anuncia.

¡Ciudad antigua!: tú tienes
una misión noble, augusta,
y tu palabra es la vida
para el pueblo que te escucha;
si no duermes y si olvidas
tus días de incesante lucha,
y el cetro de tu grandeza
elevas a tanta altura,

no hallará pronto en tus ruinas
ecos la brisa nocturna,
ni habrá en tus palmas preludios
de los cantos de la tumba,
y entonces, deslumbradora,
no se pudiera ver nunca
en el festín del progreso
más bella que tú ¡ninguna!

Guerrera de estéril gloria,
ya la paz tu dicha funda..
ya el trabajo te engrandece..
¡ya el porvenir te saluda!

Tu suspiro (1890)

Caía sobre tus rizos de oro sueltos
un rayo melancólico de luna,
y en tus ojos de dulce azul de cielo
palpitaba un poema de ternura.

Entreabríase tu boca, que es un nido
donde aletean para volar los besos;
y en el ambiente perfumado y tibio
había como embriagueces de un deseo.

De níveo y vaporoso tul vestidos
tus contornos de altiva estatua griega,
envueltos parecían en luz de un nimbo
que algo de mundos siderales era.

Con voz convulsa de emoción te dije:
–"El tema de unos versos necesito.."
Y alzaste al cielo la mirada triste,
¡y escuché la respuesta en un suspiro!

JUAN ANTONIO PÉREZ BONALDE
Venezuela: 1846-1892

Nace en Caracas; su padre, figura de algún prestigio en la política de la época, decide exilarse voluntariamente para escapar el clima precario político y económico de Venezuela. Reside la familia en Puerto Rico de 1860 a 1868. Juan Antonio tiene gran don de lenguas: aprende inglés, francés, portugués, italiano y alemán; después latín y griego. Con la muerte del padre y el ingreso de Pérez Guzmán como Presidente, Pérez Bonalde se muda a Nueva York donde, durante casi el resto de su vida, trabaja de escritor publicitario y representante de ventas de una casa de perfumes y productos de tocador. Como parte de este oficio, viaja por el mundo entero: Europa (en España conoce a muchos escritores de la época; en un naufragio en Escandinavia aprende danés), Estados Unidos, China (donde nuevamente aprende el idioma), Africa del Norte. En 1876 vuelve a Venezuela y en 1877 publica su primer volumen de poesías, *Estrofas*, empresa en la que había influido Martí, al expresar admiración por la obra de Pérez Bonalde. Como consecuencia de un nuevo cambio de gobierno en Venezuela vuelve a Nueva York donde en 1879 se casa con una norteamericana. Con el fracaso del matrimonio y la muerte de su hija a la edad de dos años, sufre grandes depresiones; su refugio será la poesía. Pasa un año en un sanatorio; vuelve a Venezuela en 1890, ya poeta bien conocido. El, sin embargo, se siente extranjero en su propio país, opinando que los literatos no entienden su poesía. Se enferma nuevamente y muere en 1892 en La Guaira, en estado de suma pobreza y soledad.

En su poesía se delata la influencia de Heine (cuyo 'Cancionero' tradujo y publicó, después de seis años de trabajo, en 1884) y de Poe (tradujo de forma magistral "El cuervo", en 1887), más que de poetas españoles y franceses. Es poesía nostálgica, elegíaca. Es conocido sobre todo por sus poemas "Vuelta a la Patria", "Poema del Niágara" –el que Martí prologó en una edición hecha en Nueva York–, y por sus traducciones.

Bibliografía breve:

Poesías y traducciones (Recopilación). Caracas: Eds. del Ministerio de Educación Nacional, Dir. de Cultura, 1947.

Pérez Huggins, A. "Juan Antonio Pérez Bonalde", en *Nueva lectura crítica*. Mérida: Consejo de Publicaciones, U. de los Andes, 1979. 11-46.

Uslar Pietri, A. "Pérez Bonalde, el poeta", en *Letras y hombres de Venezuela*. Madrid: Ed. Mediterráneo, 1948, 3a ed., 1974. 224-231.

Vuelta a la patria (1876)[1] [selecciones]
("A mi hermana Elodia")

I

¡Tierra! grita en la prora el navegante,
y confusa y distante,
una línea indecisa
entre brumas y ondas se divisa.
    Poco a poco del seno
destacándose va del horizonte,
sobre el éter sereno
la cumbre azul de un monte;
    y así como el bajel se va acercando,
va extendiéndose el cerro
y unas formas extrañas va tomando;
formas que he visto cuando
soñaba con la dicha en mi destierro.

    Ya la vista columbra
las riberas bordadas de palmares,
y una brisa cargada con la esencia
de violetas silvestres y azahares,

---

[1]Texto de: *Poesías y traducciones*.

en mi memoria alumbra
el recuerdo feliz de mi inocencia,
cuando pobre de años y pesares
y rico de ilusiones y alegría,
bajo las palmas retozar solía
oyendo el arrullar de las palomas,
bebiendo luz y respirando aromas.
Hay algo en esos rayos brilladores
que juegan por la atmósfera azulada,
que me habla de ternuras y de amores
de una dicha pasada,
y el viento, al suspirar entre las cuerdas,
parece que me dice: "¿no te acuerdas?"...

Ese cielo, ese mar, esos cocales,
ese monte que dora
el sol de las regiones tropicales...
¡Luz! ¡Luz al fin! —los reconozco ahora:
son ellos, son los mismos de mi infancia,
y esas playas que al sol del mediodía
brillan a la distancia,
¡Oh inefable alegría!
Son las riberas de la patria mía!
....

¡Boga, boga, remero; así... llegamos!
¡Oh emoción hasta ahora no sentida!
¡Ya piso el santo suelo en que probamos
el almíbar primero de la vida!

Tras ese monte azul cuya alta cumbre
lanza reto de orgullo
al zafir de los cielos,
está el pueblo gentil donde al arrullo
del maternal amor rasgué los velos
que me ocultaban la primera lumbre.

¡En marcha, en marcha, postillón, agita
el látigo inclemente!

Y a más andar, el carro diligente
por la orilla del mar se precipita.

No hay peña ni ensenada que en mi mente
no venga a despertar una memoria,
ni hay ola que en la arena humedecida
no escriba con espuma alguna historia
de los alegres tiempos de mi vida.
Todo me habla de sueños y cantares,
de paz, de amor y de tranquilos bienes,
y el aura fugitiva de los mares
que viene, leda, a acariciar mis sienes,
me susurra al oído
con misterioso acento: "Bienvenido."

Allá van los humildes pescadores
las redes a tender sobre la arena;
dichosos que no sienten los dolores
ni la punzante pena
de los que lejos de la patria lloran;
infelices que ignoran
la insondable alegría
de los que tristes del hogar se fueron
¡Y luego, ansiosos, al hogar volvieron!
....

¡Apura, apura, postillón! ¡agita
el látigo inclemente!
¡Al hogar, al hogar! que ya palpita
por él mi corazón... mas, no –¡detente!
¡Oh infinita afliccion! oh desgraciado
de mí, que en mi soñar hube olvidado
¡que ya no tengo hogar!... Para, cochero:
tomemos cada cual nuestro camino;
tú, al techo lisonjero
do te aguarda la madre, el ser divino
que es de la vida centro y alegría,
y yo... yo al cementerio
donde tengo la mía.

¡Oh insoluble misterio
que trueca el gozo en lágrimas ardientes!
¿En dónde está, Señor, esa tu santa
infinita bondad, que así consientes
junta a tanto placer, tristeza tanta?

Ya no hay fiesta en los aires; ya no alegra
la luz que el campo dora;
ya no hay sino la negra
pena cruel que el pecho me devora.
¡Valor! ¡firmeza, corazón! no brotes
todo tu llanto ahora– no lo agotes,
que mucho, mucho que sufrir aún falta:
ya no lejos resalta
de la llanura sobre el verde manto
la ciudad de las tumbas y del llanto;
ya me acerco, ya piso
los callados umbrales de la muerte,
ya la modesta lápida diviso
del angélico ser que el alma llora;
ven, corazón, y viérte
tus lágrimas ahora.

II

....
Madre, aquí estoy; en alas del destino
me alejé de tu lado una mañana
en pos de la fortuna
que para ti soñé desde la cuna;
mas ¡oh suerte inhumana!
hoy vuelvo, fatigado peregrino,
y solo traigo que ofrecerte pueda
esta flor amarilla del camino
y este resto de llanto que me queda.

....

Bien recuerdo aquel día
que el tiempo en mi memoria no ha borrado;
era de marzo otra mañana fría
y los cielos cerraba otro nublado,

Triste, enfermo y sin calma,
en ti pensaba yo cuando me dieron
la noticia fatal que hirió mi alma,
lo que sentí decirlo no sabría...
Solo sé que mis lágrimas corrieron
como corren ahora, madre mía.

Después, al mundo me lancé, agitado,
y atravesé oceános y torrentes,
y recorrí cien pueblos diferentes;
tenue vapor del huracán llevado,
alga sin rumbo que la mar flagela,
viento que pasa, pájaro que vuela.

Mucho, madre, he adquirido,
mucha experiencia y muchos desengaños,
y también he perdido
toda la fe de mis primeros años.
....

Madre, voy a partir; mas parto en calma
y sin decirte adios, que eternamente
me habrás de acompañar en esta vida;
tú has muerto para el mundo indiferente,
mas nunca morirás, madre del alma,
para el hijo infeliz que no te olvida.

Y fuera el paso muevo,
y desde su alto y celestial palacio,
su brillo siempre nuevo
derrama el sol por el cerúleo espacio...

Ya léjos de los túmulos me encuentro,
ya me retiro solitario y triste;

mas ¡ay! ¿a dónde voy? si ya no existe
de hogar y madre el venturoso centro!...
¿A dónde? –¡A la corriente de la vida,
a luchar con las ondas brazo a brazo,
hasta caer en su mortal regazo
con alma en paz y con la frente erguida!

El poema del Niágara (1880)[1] [selecciones]

I. La lira y el arpa

¿Y podrás, lira mía,
en tus débiles cuerdas el rugido
hallar del aquilón; el estampido
retumbante del trueno,
cuando su fragorosa artillería
barre de seno en seno
la combatida bóveda sombría!...
¿Podrás el ronco acento
hallar del mar sañudo y turbulento,
y la potente fibra
que en la gigante cítara del viento,
con rudo plectro la tormenta vibra?
¿Podrás, en fin, de Heredia peregrino,
hallar la fuerte, la robusta nota
y el impetuoso grito de entusiasmo,
tú, pobre lira rota,
para alzar inmortal canto divino
al rey de los torrentes,
gala de un mundo y de los hombres pasmo,

---

[1]Este poema consiste de nueve secciones: I. La lira y el arpa; II. El río;
III. El torrente; IV. Sub-umbra; V. El eco; VI. ¡Hosanna!; VII. Hombre y
abismo; VIII. La poesía; IX. Dies irae. José Martí publicó un trabajo sobre
este poema que le sirvió de prólogo para su publicación en Nueva York en
1882 (Martí, *Obras completas*, Vol. 7. La Habana, Ed. de Ciencias sociales,
2a ed. 1975. 221-238).

Niágara atronador que hoy se levanta
circundado de glorias esplendentes
ante mi vista deslumbrada, y llena
el alma mía de pavor sublime,
y enmudece la voz en mi garganta
y con su inmensa majestad me oprime?
¡Qué importa! Si la altiva, la serena
musa inmortal de Píndaro y Quintana
me negare, tirana,
sus divinos favores,
me quedas tú, ¡sombría
diosa de los poéticos dolores,
numen inspirador de la elegía!
Sí, tú me quedarás, tú siempre fuiste,
en el desierto de mi vida triste,
mi columna de sombras por el día
y mi encendida nube por la noche...

¡Ven a mis manos, pues, ven, arpa mía,
que ya en mi pensamiento abre su broche
bajo el beso fecundo
de la alma inspiración, la flor del canto!

¡Ven, entre llanto y llanto,
a referirle al asombrado mundo
de lo sublime el inmortal poema,
la soberbia belleza que dilata

En noble aspiración el pecho triste,
y la emoción suprema,
y el horror misterioso que sentiste
al borde de la inmensa catarata!

II. El río

Azul, ancho, sereno,
espejo de los cielos que retrata
en su límpido seno,

de majestuosos pinos coronado,
 al blando murmurío
de espumas de cristal y ondas de plata,
sonoro y sosegado,
regando aromas se desliza el río.
 Y vaga el viajador por sus riberas
oyendo los suspiros de las aves
y las notas süaves
de las brisas ligeras
 que vienen a empujar sobre las ondas
el ancho lino de las blancas naves.
Todo es paz en la tierra
y todo luz en las etéreas blondas!...
 ¿Oís?... Allá, a lo lejos,
algo como un rumor, sordo, perdido...
¿Qué será ese rüido?
¿Será el viento en la sierra,
 precursor de los cárdenos reflejos
del rayo asolador?... No; el horizonte
sereno resplandece, y ni una nube
se cierne sobre el monte.
 Escuchad cómo sube...
Va creciendo por grados, va creciendo...
ya no es ruido lejano, ya es estruendo
que el ámbito ensordece,
 y a medida que crece,
va la linfa perdiendo
su serena quietud; ya las espumas
no son las blandas; las ligeras plumas
 que adornaban, graciosas,
la inmaculada frente
de la mansa corriente:
son oleadas ruidosas,
 son roncos hervideros bullidores
que rugen, que se encrespan, que batallan,
y al chocarse entre sí, raudos estallan
en mil penachos de irritada espuma
que reflejan del iris los colores.
 Y es en vano luchar; la fuerza suma

318

de un poder misterioso, oculto, interno,
sin cesar los sacude, los agita
y al fin los precipita
en espumante remolino eterno.
    Vórtice arrobador, bello, horroroso,
que hace olvidar, al contemplarlo mudo,
el trueno misterioso
que ya cerca retumba
con ímpetu sañudo...
    Blanco vapor se eleva
sobre el nivel del agua; allá a lo lejos,
do con fuerza mayor el trueno zumba;
....

III. El torrente

    ¡Oh espectáculo inmenso! ¡oh sorprendente
panorama de horror y de hermosura!
¡Oh inenarrable escena peregrina
que a un tiempo el llanto y la sonrisa arranca!
Falta al pecho el aliento; la luz pura
falta a los ojos por exceso de ella,
y la sangre se estanca
y al corazón se agolpa y lo atropella...
¡Oh, qué sublime horror! el ancho río,
desde escarpada, gigantesca altura,
en toda la extensión de su pujanza,
de súbito se lanza
en el abismo fragoroso y frío!
¡Paso! ¡Paso al coloso!
La amedrentada tierra
gime bajo su peso; el poderoso
raudal se precipita,
y tras breve batalla,
cuanto su marcha cierra,
cuanto a sus pies palpita,
colinas, valles, árboles, peñones,
rompe, tala, avasalla,

319

y triunfador altivo, sus blasones
despliega al orbe que, agitado y mudo
de admiración, lo acata;
digno blasón de su glorioso escudo:
en campo azul, ¡vorágine de plata!
....

V. El eco

Heme aquí frente a frente
de la espesa tiniebla desde donde
oírme debe la deidad rugiente
que en su seno se esconde:
–"Dime, Genio terrible del torrente,
¿Adónde vas al trasponer la valla
del hondo precipicio,
tras la ruda batalla
de la atracción, la roca y la corriente?...
¿Triunfadora del vicio,
yergue, al bajar a la mundana escoria
en pos de amor y venturanza y gloria?
¿Adónde, van, adónde,
su fervoroso anhelo,
tu trueno que retumba?..."
Y el eco me responde,
ronco y pausado: *¡tumba!*

–"Espíritu de hielo,
que así respondes a mi ruego, dime:
Si es la tumba sombría
el fin de tu hermosura y tu grandeza;
el término fatal de la esperanza,
de la fe y la alegría;
del corazón que gime
presa del desaliento y los dolores;
del alma que se lanza
en pos de la belleza,
buscando el ideal y los amores;

320

después que todo pase,
cuando la muerte, al fin, todo lo arrase,
sobre el océano que la vida esconde,
¿Dime qué queda; di, qué sobrenada?..."
Y el eco me responde,
triste y doliente: *¡nada!*

–"Entonces, ¿por qué ruges,
magnífico y bravío,
por qué en tus rocas, impetuoso, crujes
y al universo asombras
con tu inmortal belleza,
si todo ha de perderse en el vacío?...
¿Por qué lucha el mortal, y ama, y espera,
y ríe y goza, y llora y desespera,
si todo, al fin, bajo la losa fría
por siempre ha de acabar?... Dime, ¿algún día,
sabrá el hombre infelice dó se esconde
el secreto del ser?, ¿Lo sabrá nunca?..."
Y el eco me responde,
vago y perdido: *¡nunca!*

   Adiós, Genio sombrío,
más que tu gruta y tu torrente helado;
no más exijo de tu labio impío,
que al alejarme, triste, de tu lado,
llevo en el cuerpo y en el alma frío.
A buscar la verdad vine hasta el fondo
de tu profunda cueva;
mas, ¡ay!, en vez de la razón ansiada,
un abismo más hondo
mi alma desesperada
en su seno al salir, consigo lleva...
Ya sé, ya sé el secreto del abismo
que descubrir quería...
Es el mismo, es el mismo
que lleva el pensador dentro del pecho:
¡la rebelión, la duda, la agonía
del corazón en lágrimas deshecho!

VI. ¡Hosanna!

Y lejos de la gruta el paso guío
contra el azote del raudal luchando.
¡Ya fuera estoy del ámbito sombrío!
¡Oh! ¡qué bella es la luz! ¡qué hermosa, cuando
salimos del horror de las tinieblas!...
¡Ved cómo juega en círculo brillante
sobre las blancas nieblas
que circundan la frente del gigante!

....

VIII. La poesía

Viene el invierno rígido, inclemente,
de los climas boreales
donde sientas tus reales,
y te azota la frente,
y congela su aliento tus espumas,
y convierte tus brumas
en columnas prismáticas de plata,
donde la luz del cielo
se quiebra y se dilata
en un mar de cromáticas centellas
que te envuelven, amantes, ¡como un velo
tachonado de estrellas,
como un jirón del iris arrancado
a la aurora magnética del Polo!
Todo en torno de ti, todo está helado;
todo respira el frío de la tumba,
sólo tu empuje, tu torrente sólo
resiste al enemigo
y en el silencio, indómito, retumba...
¡Jamás! jamás te alcanzará su ira;
todo a tus plantas morirá! ¡tú, en tanto,
te alzarás inmortal, como testigo
solitario del fin!... ¡Así la lira,
así del bardo el inspirado canto!

322

Ni el tiempo, ni la negra tiranía,
ni el martirio, ni el llanto,
podrán jamás helar la poesía
en el alma del mundo;
porque es ella, ella sola,
el Ideal fecundo
detrás del cual la humanidad se lanza;
la infatigable ola
que eternamente gime
en la arena del mar de la Esperanza;
el Cristo que redime,
el Honor que enaltece,
la Virtud que consuela,
la Libertad divina que ennoblece.
Es ella el Arte que al mortal revela
la Belleza increada;
la Ciencia que debela
la sombra que a los astros oscurece;
la Luz que en la mirada,
cuando la forma del Amor reviste,
se refleja radiante
y da consuelo al triste,
descanso al caminante,
linfa pura al sediento,
al desnudo, calor, pan al hambriento.

Es la eterna tendencia,
es la constante aspiración del hombre
a algo mejor, más puro,
más noble, más hermoso, más perfecto
algo intangible que no tiene nombre,
más allá de la ciencia,
más allá del afecto,
más allá de lo claro y de lo oscuro:
algo infinito que jamás se trunca,
siempre más, siempre más... ¡el linde nunca!
Es el brillante prisma diamantino
por el cual, en la tierra,
todo se mira del color del cielo,

el Ideal, en fin, puro y divino,
que los sueños encierra,
ancho, dorado, luminoso velo
que en el alma sin fe, desesperada,
benigno, oculta a la mirada impía
el tenebroso abismo de la nada.
¡Tal es la Poesía!
¡Tal es el Ideal que en tus raudales
vi reflejado, Niágara tremendo!...

....

Enfermo

Cuando mis labios helados
cierre de la tumba el peso,
¿quién los tuyos sonrosados
vendrá a cerrar con un beso?

Cuando mi tumba sin flores
azote el cierzo inclemente,
¿quién la flor de otros amores
posará sobre tu frente?

Cuando del mundo distante,
si hay más allá, piense en ti,
¿en quién pensarás tú, amante,
olvidada ya de mí?...

¡Ah!... ¡No niegues de ese modo!
Rey del mundo es el olvido,
y lo peor, que al fin de todo
el tirano es bien venido.

Pensando en ti

Como un meteoro que en raudo vuelo
pasa de lumbre bañando el cielo,
ante mis ojos apareciste
por vez primera, niña gentil...,
y al alejarte, quedéme triste
    pensando en ti.

Vi la sonrisa del sol naciente,
vi sus reflejos en Occidente,
cuando reclina la sien rendido
sobre cojines de oro y zafir...,
y ambas escenas me han sorprendido
    pensando en ti.

¡Ah!, no es de ahora que por ti el alma,
de amor henchida, perdió su calma;
que allí en mis sueños, antes de verte,
ya te adoraba mi alma feliz;
y así vivía; sin conocerte,
    pensando en ti.

Sí; te recuerdo desque era niño;
tú eras el ángel de alas de armiño
que me anunciaba la madre mía
cuando en sus brazos me iba a dormir...,
y, sin saberlo, me adormecía
    pensando en ti.

¡Ah!, si entre zarzas, oculta y fría
junto a una tumba pasas un día
y en ella miras mi nombre escrito,
di que mi alma, niña gentil,
tendió sus alas al infinito
    pensando en ti.

O bella o madre

No es ser del arte fúlgida eminencia,
ni del saber excelsa luminaria,
ni avara consagrarse y mercenaria
del tráfico vulgar a la existencia.

No es tampoco aspirar a la potencia
que da el genio o la espada sanguinaria,
ni menos, ay, en celda solitaria
sacrificar a Cristo su inocencia.

No es ese, no, cual necio lo pretende
el siglo actual, de la mujer mudable,
débil, celosa y frívola el camino.

Su fuerza sólo del amor depende,
su gloria, del hogar que la hace amable,
que ¡o ser bella o ser madre es su destino!

A un tirano

¿Por qué la patria sumergida en llanto
por su preciosa libertad suspira?
¿Por qué infeliz, entre congojas, mira
roto en girones su estrellado manto?

¿Por qué en vez de ceñir el lauro santo,
ciñe la adelfa que tristeza inspira?
¿Por qué de gloria en su armoniosa lira
solo vibra la nota del quebranto?...

Es porque un día te confió su honra
la virgen Venezuela... y ¡su inocencia
de ignominia cubriste y de deshonra...!

¡Atrás, profanador! La frente impía
ve en el lodo a ocultar de tu conciencia,
y no avergüences más la patria mía!

Luz reflejada

Es a mi alma tu cariño santo
   lo que el tibio fulgor
del astro de la noche es a la tierra:
un saludo tristísimo del sol.

Del sol ausente que al planeta envía
   su nocturnal adiós,
al satélite haciendo mensajero
de su ardiente, lejano resplandor.

Yo soy la opaca, la errabunda esfera
   que va del sol en pos;
tú, la luna serena que recibe
del sol de mi ideal la irradiación!

MANUEL ACUÑA
México, 1849-1873

Nace en el estado de Coahuila, pero se traslada a la capital en 1865, ingresando en la Escuela de Medicina. Sufre gran penuria; hacia el fin de su vida escribe a su madre que no tiene dinero para comprar papel. Frecuenta el Liceo Hidalgo, sociedad literaria animada (y descrita) por Altamirano, así como las tertulias de la capital. La prensa solicita sus composiciones y es líder del grupo intelectual de la Universidad; funda la sociedad literaria 'Netzahualcóyotl'. En 1872 estrena un drama *El pasado*, de gran pero efímero éxito. Provoca los celos profesionales y personales de Guillermo Prieto, que parece haber intrigado contra Acuña. Hombre nervioso, lee y escribe sin cesar; anuncia muchas veces que se quiere matar. En parte como consecuencia de lo que se decía de Acuña y de sus amadas –y también en parte por su miseria económica–, se suicida, ingiriendo veneno, a la edad de 24 años. Sus pasiones por una lavandera, por la poetisa Laura Méndez y por Rosario de la Peña (quien dejó un álbum lleno de versos que le dedicaron los grandes poetas de la época), así como la causa y las circunstancias de su muerte y si tuvo o no un hijo con una de las tres mujeres, fueron temas de grandes y acalorados debates en el Liceo Hidalgo y hasta en los periódicos de la época. Estos asimismo dan cuenta de la pérdida de un gran poeta.

Muchos de sus poemas aparecieron en periódicos de la capital; algunos no fueron publicados sino póstumos, y Acuña no logró hacer una edición de su obra en vida. A la par de huellas de Espronceda y de Bécquer, son visibles en Acuña trazos del materialismo positivista, pensamiento que acababa de imponerse en el sistema educativo en México. Fue poeta popularísimo en su época, y aun hoy su "Nocturno" y "Ante un cadáver" son conocidos por muchos hispanoamericanos. Romántico en vida y poesía, Acuña encarna el liberalismo y el amor desenfrenado del 'típico' romántico.

Bibliografía breve:

Farias Galindo, José. *Manuel Acuña. Biografía, Obras completas, Epistolario y Juicios*. México: Grupo Editorial de México, 1971.
Castillo Nájera, Francisco. *Manuel Acuña*. México: Imprenta Universitaria, 1950.

El hombre (agosto 1869)[1] [selecciones]
("Homenaje al señor D. Ignacio M. Altamirano")

> *...Où va l'homme sur terre?*
> Victor Hugo

Allá va... como un átomo perdido
que se alza, que se mece,
que luce y que después desvanecido
se pierde entre lo negro y desaparece.

Allá va... en su mirada
quién sabe qué fulgura de profundo,
de grande y de terrible...
allá sin destino y vagabundo,
tocando con su frente lo invisible,
con sus plantas el mundo...

¿De dónde vino...?
Preguntarlo al caos
que dio forma a los seres,
de su potente voz al "levantaos";
decírselo a la nada,
que ella, tal vez, sabrá cuál es la cuna,
de ese arcángel vestido de harapos
a que llamamos hombre;

....

---

[1] Textos de *Manuel Acuña. Biografía, Obras completas...*

Y entre tanto... allá va...
Solo... en el mundo,
que tiembla con su peso de gusano
y que al mirarle se estremece y duda;
sobre la tierra inmensa
que le siente su rey y la saluda,
que le siente su dios y que lo inciensa.
    Allá va... soberano cuyo frente
circunda por diadema el infinito,
monarca cuyo trono omnipotente
es el trono de mármol y granito
tallado por los buitres en la roca;
y que marcha, y que marcha dominando,
lo mismo en lo que ve y en lo que toca,
desnudo y mendingando
un pedazo de pan para su boca.

....

    Y entre tanto... allá va...
Luz tenebrosa,
cuyo destino y cuyo ser esconde
la impenetrable niebla del abismo...
Allá va... tropezando y caminando,
¡Sin comprender adónde,
sin comprenderse él mismo...!

Ante un cadáver (dic. 1872)
[Título original: "Junto a un cadáver"]

    ¡Y bien!, aquí estás ya... sobre la plancha
donde el gran horizonte de la ciencia,
la extensión de sus límites ensancha.

    Aquí, donde la rígida experiencia
viene a rectificar de sus errores,
la mentira y vaga consecuencia.

330

Aquí, donde derrama sus fulgores
el sol ante el cual desaparece
la distinción de esclavos y señores;

Aquí, donde la fábula enmudece,
y a la vez de los hechos se levanta,
y la superstición se desvanece.

Aquí donde la ciencia se adelanta
a ver la solución de ese problema,
que cada cual a su manera planta.

Ella tiene la solución por lema,
y que en sus labios a escuchar ansía
la augusta voz de la verdad suprema.

Ya estás aquí... tras de la lucha impía
en que romper al cabo conseguiste,
la cárcel que el dolor te retenía.

La luz de tus pupilas ya no existe;
tu máquina vital descansa inerte,
y a cumplir con su objeto se resiste.

¡Miseria y nada más! dirán al verte
los que creen que las horas de la vida
acaban con las horas de la muerte.

Y suponiendo tu misión cumplida
se acercarán a ti y en su mirada,
te mandarán la eterna despedida...

Pero, ¡no!... tu misión no está acabada,
que ni es la nada el punto en que nacemos,
ni el punto en que morimos es la nada.

Círculo es la existencia, y mal hacemos
cuando al querer medirla, la asignamos,
la cuna y el sepulcro por extremos.

La madre es sólo el molde en que tomamos
nuestra forma, pasajera
con que en la ingrata vida atravesamos.

Pero si es esa forma la primera
que nuestro ser reviste, ni tampoco
será su última forma cuando muera.

Tú, sin aliento ya, dentro de poco
volverás a la tierra y a su seno,
que es de la vida universal el foco.

Y allí, a la vida en apariencia ajeno,
el poder de la lluvia y del verano,
fecundará de gérmenes tu cieno,

Y al ascender de la raíz el grano,
irás del vegetal a ser testigo
en aquel laboratorio soberano;

Tal vez para volver cambiado en trigo,
al triste hogar donde la triste esposa,
sin encontrar ya paz, sueña contigo,

En tanto que las grietas de tu fosa
verán alzarse de su fondo abierto,
la larva convertida en mariposa,

Que en los ensayos de su vuelo incierto,
irán al lecho infeliz de sus amores
a llevarle tus ósculos de muerto.

Y en medio de esos cambios interiores,
tu cráneo, lleno de una nueva vida,
en vez de pensamientos dará flores

En cuyo cáliz brillará encendida
la lágrima, tal vez, con que tu amada
acompañó el adiós de tu partida.

La tumba es el final de la jornada,
porque en la tumba es donde queda muerta
la llama en nuestro espíritu encerrada;

Pero en esta mansión, a cuya puerta
se extingue nuestro aliento, hay otro aliento
que de nuevo a la vida nos despierta.

Allí acaban las fuerzas y el talento,
allí acaban los goces y los males,
allí acaban la fe y el sentimiento,

Allí acaban los lazos terrenales,
que mezclados el sabio y el idiota
se hunden en la región de los iguales.

Pero allí en donde el ánimo se agota
y perece la máquina, allí mismo
el ser que muere, es otro ser que brota.

El poderoso y fecundante abismo,
del antiguo organismo se apodera,
y forma y hace de él otro organismo;

Le abandona la historia justiciera,
un hombre, sin cuidarse, indiferente,
de que ese nombre se eternice o muera.

El recoge la masa únicamente,
y cambiando las formas y el objeto,
se encarga de que viva eternamente.

La tumba sólo guarda un esqueleto,
mas la vida en su bóveda mortuoria,
prosigue alimentándose en secreto

Que al fin de esta existencia transitoria,
a la que tanto nuestro afán se adhiere;
la materia, inmortal, como la gloria,
cambia de forma; pero nunca muere.

Adiós (febr. 1873)
(A Laura)

Adiós: es necesario que deje yo tu nido,
las aves de tu huerto, tus rosas en botón.
Adiós: es necesario que el viento del olvido
arrastre entre sus alas el lúgubre gemido
que lanza al separarse, mi pobre corazón.

Ya ves tú que es preciso; ya ves tú que la muerte
separa nuestras almas con fúnebre capuz;
ya ves que es infinita la pena de no verte;
vivir siempre llorando la angustia de perderte,
con el alma enamorada, delante de una cruz.

Después de tantas dichas y plácido embeleso,
es fuerza que me aleje de tu bendito hogar;
¡tú sabes cuánto sufro, y que al pensar en eso
mi corazón se rompe de amor en el exceso,
y en mi dolor supremo, no puedo ni llorar!

¡Y ya que vi en mis sueños al ángel del destino
mostrándome una estrella de amor en el zafir;
volviendo todas blancas las sombras de mi sino;
de nardos y violetas, regando mi camino,
y abriendo a mi existencia la luz del porvenir!

Soñaba que en tus brazos, de dicha estremecida,
mis labios recogían tus lágrimas de mi amor;
que tuya era mi alma, que tuya era mi vida,
dulcísimo imposible tu eterna despedida,
quimérico fantasma, la sombra del dolor.

Soñé que en el santuario donde adora el alma,
era tu boca un nido de amores para mí;
y en el altar augusto de nuestra santa calma
cambiaba sonriendo mi ensangrentada palma
por pájaros y flores y besos para ti.

¡Qué hermoso era el delirio de mi alma soñadora!
¡Qué bello el panorama alzado en mi ilusión!
Un mundo de delicias gozar hora tras hora,
y entre crespones blancos y ráfagas de aurora,
"la cuna de nuestro hijo como una bendición".

¡Las flores de la dicha ya ruedan deshojadas!
¡Está ya hecha pedazos la copa del placer!...
¡En pos de la aventura buscaron tus miradas,
del libro de una vida las hojas ignoradas,
y alzóse ante tus ojos la sombra del ayer!

La noche de la duda se extiende en lontananza;
ya es hora de que entierres bajo ella tu esperanza;
la loza de un sepulcro se ha abierto entre los dos:
que adores en la muerte la dicha que se alcanza,
y en nombre de este poema de la desgracia, ¡Adiós!

Hojas secas (mayo 1873)[1] [selecciones]

I

Mañana que ya no puedan
encontrarse nuestros ojos,
y que vivamos ausentes,
muy lejos uno del otro,

_____

[1] Se presentan varias estrofas de este poema, cuyas 15 secciones parecen
haber sido escritas de forma separada y luego juntadas en una composición.

que te hable de mí este libro
como de tí me habla todo.

II

Cada hoja es un recuerdo,
tan triste como tierno,
de que hubo sobre ese árbol
un cielo y un amor;
reunidas forman todas
la estrofa de las nieves
el canto del invierno,
y el himno del dolor.

III

Mañana a la misma hora
en que el sol te besó por vez primera,
sobre tu frente pura y hechicera,
caerá otra vez el beso de la aurora,
pero ese beso que en aquel oriente
cayó sobre tu frente solo y frío,
mañana bajará dulce y ardiente,
porque el beso del sol sobre tu frente
bajará acompañado con el mío.

V

Si hay algún césped blando
cubierto de rocío
en donde siempre se alce
dormida una flor,
y en donde siempre puedas
hallar, dulce bien mío,
violetas y jazmines
muriéndose de amor;

Yo quiero ser el césped
florido y matizado

donde se asienten, niña,
las huellas de tus pies;
yo quiero ser la brisa
de ese prado
para besar tus labios
y agonizar después.

Si hay algún pecho amante
que de ternura lleno
se agite y se estremezca
no más para el amor,
yo quiero ser, mi vida,
yo quiero ser el seno
donde tu frente inclines
para dormir mejor.

Yo quiero oír latiendo
tu pecho junto al mío,
yo quiero oír qué dicen
los dos en tu latir,
y luego darte un beso
de ardiente desvarío,
y luego... arrodillándome
mirarte dormir.

VI

Las doce.. ¡adiós..! Es fuerza que me vaya
y que te diga adiós..
Tu lámpara está ya por extinguirse,
y es necesario.
                    –Aún no.

–Las sombras son traidoras, y no quiero
que al asomar el sol,
se detengan sus rayos a la entrada
de nuestro corazón..

–Y, ¿qué importan las sombras cuando entre ellas
queda velando Dios?
–¿Dios? ¿Y qué puede Dios entre las sombras
al lado del amor?
–¿Cuando te duermas me enviarás un beso?

–¿Y mi alma?
     –¡Adiós..!
          –¡Adiós..!

Hidalgo (sep. 1873)
(Soneto)

Sonaron las campanas de Dolores,
voz de alarma que el cielo estremecía,
y en medio de la noche surgió el día
de augusta libertad con los fulgores.

Temblaron de pavor los opresores,
e Hidalgo audaz al porvenir veía,
y la patria, la patria que gemía,
vio sus espinas convertirse en flores.

¡Benditos los recuerdos venerados
de aquellos que cifraron sus desvelos,
en morir por sellar la independencia;

aquellos que vencidos, no humillados,
encontraron el paso hasta los cielos
teniendo por camino su conciencia!

Nocturno (oct. 1873)
"A Rosario"

I

¡Pues bien! Yo necesito decirte que te adoro,
decirte que te quiero con todo el corazón,
que es mucho lo que sufro, que es mucho lo que lloro,
que ya no puedo tanto, y al grito que te imploro,
te imploro y te hablo en nombre de mi última ilusión.

II

Yo quiero que tú sepas que ya hace muchos días
estoy enfermo y pálido de tanto no dormir;
que ya se han muerto todas las esperanzas mías;
que están mis noches negras, tan negras y sombrías,
que ya no sé ni dónde se alzaba el porvenir.

III

De noche, cuando pongo mis sienes en la almohada
y hacia otro mundo quiero mi espíritu volver,
camino mucho, mucho, y al fin de la jornada
las formas de mi madre se pierden en la nada,
y tú de nuevo vuelves en mi alma a aparecer.

IV

Comprendo que tus besos jamás han de ser míos;
comprendo que en tus ojos no me he de ver jamás;
y te amo, y en mis locos y ardientes desvaríos
bendigo tus desdenes, adoro tus desvíos,
y en vez de amarte menos te quiero mucho más.

V

A veces pienso en darte mi eterna despedida;
borrarte en mis recuerdos y hundirte en mi pasión;
mas si es en vano todo y el alma no te olvida,
¡qué quieres tú que yo haga, pedazo de mi vida;
qué quieres tú que yo haga con este corazón!

VI

Y luego que ya estaba concluido tu santuario,
tu lámpara encendida, tu velo en el altar,
el sol de la mañana, detrás del campanario,
chispeando las antorchas, humeando el incensario
y abierta allá a lo lejos la puerta del hogar...

VII

¡Qué hermoso hubiera sido vivir bajo aquel techo,
los dos unidos siempre y amándonos los dos;
tú, siempre enamorada; yo, siempre satisfecho;
los dos, una sola alma; los dos, un solo pecho,
y en medio de nosotros, ¡mi madre como un Dios!

VIII

¡Figúrate qué hermosas las horas de esta vida!
¡Qué dulce y bello el viaje por una tierra así!
Y yo soñaba en eso, mi santa prometida.
Y al delirar en eso, con el alma estremecida,
pensaba yo en ser bueno por ti, no más por ti.

IX

¡Bien sabe Dios que ese era mi más hermoso sueño,
mi afán y mi esperanza, mi dicha y mi placer;
bien sabe Dios que en nada cifraba yo mi empeño
sino en amarte mucho bajo el hogar risueño
que me envolvió en sus besos cuando me vio nacer!

X

Esa era mi esperanza..., mas ya que a sus fulgores
se opone el hondo abismo que existe entre los dos,
¡adiós por la vez última, amor de mis amores;
la luz de mis tinieblas, la esencia de mis flores;
mi lira de poeta, mi juventud, adiós!

A un arroyo (dic. 1873)[1]
(A mi hermano Juan de Dios Peza)

Cuando todo era flores en tu camino,
cuando todo era pájaros tu ambiente,
cediendo de tu curso a la pendiente,
todo era en ti fugaz y repentino,

Vino el invierno, con sus nieblas vino
el hielo que hoy estanca su corriente,
y en situación tan triste y diferente,
ya ni un pálido sol te da el destino.

Y así es la vida; en incesante vuelo,
mientras que todo es ilusión, avanza
en sólo una hora cuanto mide un cielo;

Y cuando el duelo asoma en lontananza,
entonces como tú, cambiaba en hielo,
no puede reflejar ni la esperanza.

---

[1]Es la última composición del poeta, escrito un día antes de su muerte; la dedicatoria se dirige a un poeta mexicano, amigo de Acuña.

SALOMÉ UREÑA DE HENRÍQUEZ
República Dominicana: 1850-1897

Nace en la capital, de padre abogado y poeta quien, a pesar de la separación de los esposos, dirige la formación primera de su hija. En la sociedad de su época, cerrada e insular, la niña estudia en el recinto de la casa paternal; pocas veces sale de la casa. Se hunde en el derecho, las ciencias, las matemáticas y las humanidades, aprende bien el francés y algo de inglés. Lee y compone varias de sus composiciones en la 'Sociedad Amigos del País'. En la lectura de uno de sus poemas patrióticos, un crítico dominicano exclama: "¡Es muy hombre esa mujer!" –frase que recuerda lo dicho sobre Gertrudis Gómez de Avellaneda. Salomé Ureña puede publicar varias de sus composiciones en periódicos, haciéndose famosa bajo el pseudónimo de 'Herminia'. En 1880 la Sociedad Amigos publica sus *Poesías*, edición que contiene unos 35 poemas. Siente fuerte atracción por las ideas del positivista puertorriqueño Eugenio María de Hostos, quien trabaja en Santo Domingo en la formación del sistema educativo normal, en la que Ureña participa activamente. En 1878 se la celebra como la más grande poetisa dominicana, patriota y progresista. En 1880 contrae matrimonio con Francisco Henríquez y Carvajal, futuro presidente de la República; esta unión le anima en su estudio y pensamiento científicos. El matrimonio tendrá cuatro hijos, tres de los cuales, Max, Pedro y Camila, serán importantes críticos literarios, ensayistas y poetas de la primera mitad del siglo XX. Aunque nunca sale de la República Dominicana, su nombre llega a ser conocido en otros países. Decepcionada con la situación en su patria, escribe poco después de su matrimonio, aunque se mantiene activa en la enseñanza, con la fundación del Instituto de Señoritas en 1881. En 1887 comienza una ausencia de cuatro años de Francisco Henríquez para completar sus estudios en medicina en Francia. Así, Ureña sufre en soledad las enfermedades que amenazan la vida de sus hijos y el desmejoro de su propia salud. Después del nacimiento de su hija Camila en 1894, Ureña no recupera la salud y muere de tuberculosis en 1897. Ha escrito unos 60 poemas. A su entierro sale la población femenina de Santo Domingo por primera vez en acto público y se celebra una gran manifestación de duelo nacional.

Se considera a Salomé Ureña de Henríquez entre los mayores poetas dominicanos del siglo XIX. Es patente que Ureña concibe su poesía más bien como contribución racional y realista a su sociedad, con fuerte tono social y patriótico, y con rasgos que evidencian su admiración por el positivismo. Se cuenta asimismo entre las primeras poetisas que escriben sobre temas más allá de la esfera doméstica. Su poesía es considerada como un factor decisivo en la formación del concepto de la nación dominicana.

Bibliografía breve:

Poesías completas. Prólogo y notas adicionales de Diógenes Céspedes. Santo Domingo: Eds. de la Fundación Corripio, Inc., 1989. [total unos 67 poemas, republicación de la edición de 1950].
Balaguer, J. "Prólogo" a Salomé Ureña de Henríquez, *Poesías completas*. Ciudad Trujillo: Impresora Dominicana, 1950.
--. "Salomé Ureña", en *Letras dominicanas* [título original, ed. 1950: *Literatura dominicana*]. 3a ed. Santo Domingo: Ed. Corripio, 1990. 287-335.
Céspedes, D. "Salomé Ureña o la metrificación de una ideología: el positivismo", en *Poesías completas*, 1989. 7-55.

La gloria del progreso (1873)[1]

A la sociedad "La juventud"

No basta a un pueblo libre
la corona ceñirse de valiente;
no importa, no, que cuente
orgulloso mil páginas de gloria,
ni que la lira del poeta vibre
sus hechos pregonando y su victoria,
cuando sobre sus lauros se adormece
y al progreso no mira,

---

[1]Textos de: *Poesías completas*, 1989.

e insensible a los bienes que le ofrece,
de sabio el nombre a merecer no aspira.

El mundo se conmueve
cual de una fuerza mágica impulsado;
el progreso su luz extiende breve
desde la zona ardiente al mar helado
y vida y movimiento a todo imprime.
Por eso las naciones convocadas
en lucha tan sublime
dispútanse agrupadas
el lauro insigne del saber divino
y cada pueblo aspira
a llenar con honor su alto destino.
Lucha sublime, sí, donde se mira
en héroe convertido al ciudadano
ceñir triunfante la inmortal corona,
desde el pobre artesano
que en su taller humilde se aprisiona
hasta el genio que escala al firmamento
y fija al ígneo sol su inmoble asiento.

Contemplad al que atento y cuidadoso
se desvela en su estancia, retirado,
indagando la ciencia. Al que afanoso
sorprende los secretos de natura,
y con mano segura
al lienzo los traslada trasportado.
Mirad al que, domando
del mármol o del bronce la dureza,
de forma le reviste y de belleza;
al hábil arquitecto que elevando
hasta el cielo la cúpula gigante,
sublime y arrogante,
parece desafiar del tiempo cano
la destructora acción. Ved al que ufano
el ánimo sorprende y maravilla
trocando fácil con su diestra mano
en deslumbrante vidrio humilde arcilla;

al incansable obrero
que sobre su telar constante vela,
que sin cesar se afana,
y con prolijo esmero
hace que de algodón o tosca lana
brote bajo sus dedos rica tela;
al que tenaz horada las montañas
y en sus rudas entrañas
abre a la industria salvadora senda;
al que su rica hacienda
no consume en estéril opulencia,
y con afán loable
acorre presuroso a la indigencia,
y el pan de la instrucción le brinda afable.
Mirad al que a su imperio
hace que salve el líquido elemento
y atraviese, más rápida que el viento,
la palabra veloz otro hemisferio.
Miradlos todos, vedlos agrupados
oponer una valla al retroceso:
ellos son los guerreros denodados
que forman la vanguardia del progreso.

iOh, dichosas mil veces las naciones
cuyos nobles campeones,
deponiendo la espada vengadora
de la civil contienda asoladora,
anhelan de la paz en dulce calma
conquistar del saber la insigne palma!
Esa del genio inmarcesible gloria
es el laurel más santo,
es la sola victoria
que sin dolor registrará la historia
porque escrita no está con sangre y llanto.

iOh juventud, que de la Patria mía
eres honor y orgullo y esperanza!
Ella entusiasta su esplendor te fía,
en pos de gloria al porvenir te lanza.

Haz que de ese profundo
y letárgico sueño se levante,
y, entre el aplauso inteligente, al mundo
el gran hosanna del Progreso cante.

La llegada del invierno (1877)

Llega en buen hora, mas no presumas
ser de estos valles regio señor,
que en el espacio mueren tus brumas
cuando del seno de las espumas
emerge el astro de esta región.

En otros climas, a tus rigores
pierden los campos gala y matiz,
paran las aguas con sus rumores,
no hay luz ni brisas, mueren las flores,
huyen las aves a otro confín.

En mi adorada gentil Quisqueya,
cuando el otoño pasando va,
la vista en vano busca tu huella:
que en esta zona feliz descuella
perenne encanto primaveral.

Que en sus contornos el verde llano,
que en su eminencia la cumbre azul,
la gala ostenta que al suelo indiano
con rica pompa viste el verano
y un sol de fuego baña de luz.

Y en esos campos donde atesora
naturaleza tanto primor,
bajo esa lumbre que el cielo dora,
tiende el arroyo su onda sonora
y alzan las aves tierna canción.

Nunca abandonan las golondrinas
por otras playas mi hogar feliz:
que en anchas grutas al mar vecinas
su nido arrullan, de algas marinas
rumor de espumas y auras de abril.

Aquí no hay noches aterradoras
que horror al pobre ni angustia den,
ni el fuego ansiando pasa las horas
de las estufas restauradoras
que otras regiones han menester.

Pasa ligero, llega a otros climas
donde tus brumas tiendas audaz,
donde tus huellas de muerte imprimas,
que aunque amenaces mis altas cimas
y aunque pretendas tu cetro alzar,

Siempre mis aguas tendrán rumores,
blancas espumas mi mar azul,
mis tiernas aves cantos de amores,
gala mis campos, vida mis flores,
mi ambiente aromas, mi esfera luz.

Amor y anhelo (1879)[1]

Quiero contarte, dueño del alma,
las tristes horas de mi dolor:
quiero decirte que no hallo calma,
que de tu afecto quiero la palma,
que ansiando vivo sólo tu amor.

---

[1]Con ésta y otras composiciones Salomé Ureña abrió el camino para que
otras poetisas se permitieran expresar públicamente los sentimientos y las
pasiones femeninos. Es también de notar que este poema --junto con algunos
otros-- fue suprimido de la edición que en 1920 preparara Pedro Henríquez
Ureña de la poesía de su madre.

Quero decirte que a tu mirada
me siento débil estremecer,
que me enajena tu voz amada,
que en tu sonrisa vivo extasiada,
que tú dominas todo mi ser.

   Por ti suspiro, por ti yo vierto
llanto de oculto, lento sufrir;
sin ti es el mundo triste desierto
donde camino sin rumbo cierto,
viendo entre sombras la fe morir.

   Y con tu imagen en desvarío
vivo encantando mi soledad,
desde que absorta te vi, bien mío,
y arrebatada, sin albedrío,
rendí a tus plantas mi libertad.

   Deja que el alma temblando siga
de una esperanza soñada en pos,
que enajenada su amor te diga,
mientras un rayo de luz amiga
pido al futuro para los dos.

   ¡Oh! ¡si a tu lado pasar la vida
me diera el cielo por todo bien!
¡Si a tu destino mi suerte unida,
sobre tu seno de amor rendida
pudiera en calma doblar la sien!

   ¿Qué a mí la saña del hado crudo?
¿Qué los amagos del porvenir?
Tu amor llevando por todo escudo,
yo desafiara su embate rudo
y así me fuera grato vivir.

   ¡Ay! en las horas de hondo tormento
que al alma asedian con ansia cruel,
vuela en tu busca mi pensamiento,

mientras el labio trémulo al viento
tu nombre amado murmura fiel.

Ven y tu mano del pecho amante
calme amorosa las penas mil,
¡oh de mis ansias único objeto!
Ven, que a ti solo quiero en secreto
contar mis sueños de amor febril.

Mas no, que nunca mi amante anhelo
podré decirte libre de afán,
gimiendo a solas, en desconsuelo,
cual mis suspiros, en raudo vuelo,
mis ilusiones perdidas van.

Tuya es mi vida, tuya mi suerte,
de ti mi dicha pende o mi mal:
si al dolor quieres que venza fuerte,
sobre mi frente pálida vierte
de tu ternura todo el raudal.

Sueños (1880)

En horas gratas, cuando serena
reposa el alma libre de afán,
y el aura amena
pasa, de agrestes rumores llena,
y es todo calma, todo solaz;

Cuando la Patria suspende el ruido
de las contiendas aterrador,
y confundido
quedar parece bajo el olvido
cuanto es angustias al corazón,

Castas visiones vienen ligeras,
y en bullicioso giro fugaz,
cual mensajeras

de paz y dicha, nuevas esferas
al pensamiento mostrando van;

Nuevas esferas donde la mente
vislumbra absorta mares de luz,
donde se siente
que extraños sones lleva el ambiente
sobre las nubes del cielo azul.

Enajenada la fantasía,
de esas visiones corriendo en pos,
mira a porfía
pueblos y pueblos buscar la vía
de esas regiones de eterno albor.

Rasga el destino su denso velo,
y a sus fulgores el porvenir
muestra a mi anhelo
cómo a esa altura, con libre vuelo,
Quisqueya asciende grande y feliz.

Sueños de gloria que halagadores
el alma sigue llena de fe;
bien que traidores
huyen a veces, y sus fulgores
envuelven sombras de lobreguez.

¡Ay! Es que entonces, Patria bendita,
cubre tus campos ruido fatal,
que a la infinita
región se eleva, y el alma agita
con emociones de hondo pesar.

Mas cuando calla la voz terrible,
cuando sereno luce el confín,
y bonancible
pasa la brisa, con apacible
giro de blandos rumores mil,

Cándidas vuelven esas visiones
arrobadoras en multitud
y esas regiones
a poblar vuelven extraños sones
y claridades de viva luz.

A esas esferas del pensamiento
quiero llevarte, Patria gentil;
si oyes mi acento,
si verte quieres en alto asiento,
dominadora del porvenir.

¡Ah! Queda siempre suspenso el ruido
de las contiendas aterrador;
que enternecido
desde su trono de luz ceñido
sueños de gloria te ofrece Dios.

En horas de angustia (1884)
En la enfermedad de mi segundo hijo

Sin brillo la mirada,
bañado el rostro en palidez de muerte,
casi extinta la vida, casi inerte,
te miró con pavor el alma mía
cuando a otros brazos entregué, aterrada,
tu cuerpo que la fiebre consumía.

En ruego entonces sobre el suelo frío,
y de angustia y dolor desfalleciente,
aguardé de rodillas ¡oh hijo mío!
que descendiese el celestial rocío,
el agua bautismal, sobre tu frente.

Después, en mi regazo
volví a tomarte, sin concierto, loca,
de cabezal sirviéndote mi brazo,
mientras en fuego vivo

se escapaba el aliento de tu boca;
y allí cerca, con treguas de momentos,
el hombre de la ciencia, pensativo,
espiaba de tu ser los movimientos.

    Pasaron intranquilas
horas solemnes de esperanza y duda;
latiendo el pecho con violencia ruda,
erraban mis pupilas
de uno en otro semblante, si sosiego,
con delirio cercano a la demencia;
y entre el temor y el ruego
juzgaba, de mi duelo en los enojos,
escrita tu sentencia
hallar de los amigos en los ojos.

    ¡Oh terrible ansiedad! ¡Dolor supremo
que nunca a describir alcanzaría!
Al cabo, de esa angustia en el extremo,
reanimando mi pecho en agonía,
con voz sin nombre ahora
que a pintar su expresión habrá que cuadre,
¡salvo! —dijo la ciencia triunfadora
¡salvo! —gritó mi corazón de madre.

    ¡Salvo, gran Dios! El hijo de mi vida,
tras largo padecer, de angustia lleno,
vástago tierno a quien la luz convida,
salud respira en el materno seno.

    Hermoso cual tus ángeles, sonríe
de mi llamado al cariñoso arrullo,
y el alma contemplándole se engríe
de amor feliz y de inocente orgullo.

    Por eso la mirada
convierto al cielo, de mi bien testigo,
y, de santa emoción arrebatada,
tu nombre ensalzo y tu poder bendigo.

Mi ofrenda a la patria (1887)[1]

En la investidura de sus discípulas, las
primeras maestras normales de Santo
Domingo.

¡Hace ya tanto tiempo!... Silenciosa,
si indiferente no, Patria bendita,
yo he seguido la lucha fatigosa
con que llevas de bien tu ansia infinita.
Ha tiempo que no llena
tus confines la voz de mi esperanza,
ni el alma, que contigo se enajena,
a señalarte el porvenir se lanza.

He visto a las pasiones
levantarse en tu daño conjuradas
para ahogar tus supremas ambiciones,
tus anhelos de paz y de progreso,
y rendirse tus fuerzas fatigadas
al abrumante peso.
¿Por qué, siempre que el ruido
de la humana labor que al mundo asombra,
recorriendo el espacio estremecido
a sacudir tu indiferencia viene,
oculta mano férrea, entre la sombra,
tus generosos ímpetus detiene?

¡Ah! Yo quise indagar de tu destino
la causa aterradora:
te miro en el comienzo del camino,
clavada siempre allí la inmóvil planta,
como si de algo que en llegar demora,
de algo que no adelanta,

---

[1]En vez de un discurso, Salomé Ureña de Henríquez recitó este poema
en el acto de investidura del primer grupo de sus discípulas, primeras
maestras normales de Santo Domingo. [Nota de la ed. de 1950]

la potencia aguardaras impulsora...
¡Quién sabe si tus hijos
esperan una voz de amor y aliento!
dijo el alma, los ojos en ti fijos,
dijo en su soledad mi pensamiento.
¿Y ese amoroso acento
de qué labio saldrá, que así sacuda
el espíritu inerme, y lo levante,
la fe llevando a reemplazar la duda,
y del deber la religión implante?

  ¡Ah! La mujer encierra,
a despecho del vicio y su veneno,
los veneros inmensos de la tierra,
el germen de lo grande y de lo bueno.
Más de una vez en el destino humano
su imperio se ostentó noble y fecundo:
ya es Veturia, y desarma a Coroliano;
ya Isabel, y Colón halla otro mundo.
Hágase luz en la tiniebla oscura
que el femenil espíritu rodea,
y en sus alas de amor irá segura
del porvenir la salvadora idea.
Y si progreso y paz e independencia
mostrar al orbe tu ambición ansía,
fuerte, como escudada en su conciencia,
de sus propios destinos soberana,
para ser del hogar lumbrera y guía
formemos la mujer dominicana.

  Así, de tu futura
suerte soñando con el bien constante,
las fuerzas consagré de mi ternura,
instante tras instante,
a dar a ese ideal forma y aliento,
y rendirte después como tributo,
cual homenaje atento,
de mi labor el recogido fruto.

Hoy te muestro ferviente
las almas que mi afán dirigir pudo:
yo les dí de verdad rica simiente,
y razón y deber forman su escudo.
En patrio amor sublime,
templadas al calor de mis anhelos,
ya sueñan que tu suerte se redime,
ya ven de su esperanza abrir los cielos.

   Digna de ti es la prenda
que mi esfuerzo vivísimo corona
y que traigo a tus aras en ofrenda:
¡el don acepta que mi amor te abona!
Que si cierto es cual puro
mi entusiasta creer en esas glorias
que siempre, siempre, con placer te auguro;
si no mienten victorias
la voz que en mi interior se inspira y canta,
los sueños que en mi espíritu se elevan,
ellas al porvenir que se adelanta
de ciencia y de virtud gérmenes llevan.

RAFAEL OBLIGADO
Argentina: 1851-1920

Nace en Buenos Aires de familia acomodada; inicia estudios de derecho, pero no llega a terminarlos. Con regularidad celebra en su casa de Buenos Aires tertulias de artistas e intelectuales; también pasa largos tiempos en la estancia familiar a orillas del Paraná. Nunca viaja fuera del país. Es fundador de la Facultad de Filosofía y Letras de la Universidad de Buenos Aires, donde es profesor y luego Vice-decano, y donde inaugura la cátedra de Literatura Argentina. A su muerte, es poeta conocido y querido en su país.

Su amor a la patria y al terruño se tradujo en poemas muy apegados al espíritu nacional y popular. Fue practicante culto de la poesía gauchesca; su poesía depurada y cuidadosa. Publicó una sola obra corta, *Poesías*, en 1885 (edición definitiva de 1923), en París, en edición lujosa, cuyos temas son lo nacional y la naturaleza, y que le ganaron fama por su espíritu patriótico.

Bibliografía breve:

Poesías. [1885] Ed. dirigida y prologada por el prof. Dr. Augusto Cortina, con un romance final de Carlos Obligado. 1941. Buenos Aires: Espasa Calpe, 3a ed. 1944.

Arrieta, R. A. (dir.) "Rafael Obligado", en *Historia de la literatura argentina*. Tomo III. Buenos Aires: Ed. Peuser, 1959. 315-333.

Giusti, R. "Rafael Obligado, poeta de la nostalgia". *Poetas de América y otros ensayos*. Buenos Aires: Losada, 1956. 79-99.

Oyuela, C. "Rafael Obligado". *Poetas hispanoamericanos*. Buenos Aires: Academia Argentina de Letras, 1950. 176-183.

La flor del seíbo (1876)[1]

Tu "Flor de la caña",
o Plácido amigo, no tuvo unos ojos
más negros y lindos,
que cierta morocha
del suelo argentino,
llamada... Su nombre
jamás lo he sabido;
mas tiene unos labios
de un rojo tan vivo,
difúndese de ella
tal fuego escondido,
que aquí, en la comarca,
la dan los vecinos
por único nombre,
La flor del seíbo.

Un día –una tarde
serena de estío–,
pasó por la puerta
del rancho que habito.
Vestía una falda
ligera de lino;
cubríala el seno,
velando el corpiño,
un chal tucumano
de mallas tejido;
y el negro cabello,
sin moños ni rizos,
cayendo abundoso,
brillaba ceñido
con una guirnalda
de flor de seíbo.

---

[1]Texto de *Poesías*.

Miréla, y sus ojos
buscaron los míos...
Tal vez un secreto
los dos nos dijimos,
porque ella, turbada,
quizá por descuido,
su blanco pañuelo
perdió en el camino.
Corrí a levantarlo,
y al tiempo de asirlo,
el alma inundóme
su olor a tomillo.
Al dárselo, "¡Gracias,
mil gracias!" –me dijo,
poniéndose roja
cual flor de seíbo.

Ignoro si entonces
pequé de atrevido,
pero ello es lo cierto
que juntos seguimos
la senda, cubierta
de sauces dormidos;
y mientras sus ojos,
modestos y esquivos,
fijaba en sus breves
zapatos pulidos,
con moños de raso
color de jacinto,
mi amor de poeta
la dije al oído:
¡Mi amor, más hermoso
que flor de seíbo!

La frente inclinada
y el paso furtivo,
guardó aquel silencio
que vale un suspiro.
Mas, viendo en la arena

la sombra de un nido
que al soplo tembalaba
del aire tranquilo,
"–Allí se columpian
dos aves, me dijo;
dos aves que se aman
y juntas he visto
bebiendo las gotas
de freso rocío
que absorbe en la noche
la flor del seíbo".

Oyendo embriagado
su acento divino,
también, como ella,
quedé pensativo.
Mas, como en un claro
del bosque sombrío
se alzara, ya cerca,
su hogar campesino:
Detuvo sus pasos,
y, llena de hechizos,
en pago y en prenda
de nuestro cariño,
hurtando a las siens
su adorno sencillo,
me dió, sonrojada,
la flor del seíbo.

SANTOS VEGA[1]

Santos Vega el payador,
aquel de la larga fama,
murió cantando su amor
como el pájaro en la rama
(Cantar popular)

I
El alma del payador (1876)

Cuando la tarde se inclina
sollozando al occidente,
corre una sombra doliente
sobre la pampa argentina.
Y cuando el sol ilumina
con luz brillante y serena
del ancho campo la escena,
la melancólica sombra
huye besando su alfombra
con el afán de la pena.

Cuentan los criollos del suelo
que, en tibia noche de luna,
en solitaria laguna,
para la sombra su vuelo
que allí se ensancha, y un velo
va sobre el agua formando,
mientras se goza escuchando
por singular beneficio
el incesante bullicio
que hacen las olas rodando.

---

[1]Este largo poema de 55 décimas, se divide en cuatro cantos: "El alma del payador" (1876), "La prenda del payador" (1880), "El himno del payador" (1885) y "La muerte del payador" (1880). Canta la sensibilidad del alma del gaucho, forma de vida ya caduca en la época de Obligado.

Dicen que, en noche nublada,
si su guitarra algún mozo
en el crucero del pozo
deja de intento colgada,
llega la sombra callada
y, al envolverla en su manto,
suena el preludio de un canto
entre las cuerdas dormidas,
cuerdas que vibran heridas
como por gotas de llanto.

Cuentan que en noches de aquellas
en que la pampa se abisma
en la extensión de sí misma
sin su corona de estrellas,
sobre las lomas más bellas,
donde hay más trébol risueño,
luce una antorcha sin dueño
entre una niebla indecisa,
para que temple la brisa
las blandas alas del sueño.

Mas, si trocado el desmayo
en tempestad de su seno,
estalla el cóncavo trueno,
que es la palabra del rayo,
hiere al ombú de soslayo
rojiza sierpe de llamas,
que, calcinando sus ramas,
serpea, corre y asciende,
y en la alta copa desprende
brillante lluvia de escamas.

Cuando en las siestas de estío
las brillazones remedan
vastos oleajes que ruedan
sobre fantástico río;
mudo, abismado y sombrío,
baja un jinete la falda

tinta de bella esmeralda,
llega a las márgenes solas...
¡Y hunde su potro en las olas,
con la guitarra a la espalda!

Si entonces cruza a lo lejos,
galopando sobre el llano
solitario algún paisano,
viendo al otro en los reflejos
de aquel abismo de espejos,
siente indecibles quebrantos,
y, alzando en vez de sus cantos
una oración de ternura,
al persignarse murmura:
"¡El alma del viejo Santos!"

Yo, que en la tierra he nacido
donde ese genio ha cantado,
y el pampero he respirado
que el payador ha nutrido,
beso este suelo querido
que a mis caricias se entrega,
mientras de orgullo me anega,
la convicción de que es mía
¡la Patria de Echeverría,
la tierra de Santos Vega!

IV
La muerte del payador (1880)

Bajo el ombú corpulento,
de las tórtolas amado,
porque su nido ha labrado
allí al amparo del viento;
en el amplísimo asiento
que la raíz desparrama,
donde en las siestas la llama
de nuestro son no se allega,

dormido está Santos Vega,
aquel de la larga fama.

En los ramajes vecinos
ha colgado, silenciosa,
la guitarra melodiosa
de los cantos argentinos.
Al pasar los campesinos
ante Vega se detienen;
en silencio se convienen
a guardarle allí dormido;
y hacen señas no hagan ruido
los que están a los que vienen.

El más viejo se adelanta
del grupo inmóvil, y llega
a palpar a Santos Vega,
moviendo apenas la planta.
Una morocha que encanta
por su aire suelto y travieso
causa eléctrico embeleso
porque, gentil y bizarra,
se aproxima a la guitarra
y en las cuerdas pone un beso.

Turba entonces el sagrado
silencio que a Vega cerca
un jinete que se acerca
a la carrera lanzado;
retumba el desierto hollado
por el casco volador;
y aunque el grupo, en su estupor,
contenerlo pretendía,
llega, salta, lo desvía
y sacude al payador.

No bien el rostro sombrío
de aquel hombre mudo vieron,
horrorizados, sintieron

temblar las carnes de frío.
Miró en torno con bravío
y desenvuelto ademán,
y dijo: "Entre los que están
no tengo ningún amigo;
pero, al fin, para testigo
lo mismo es Pedro que Juan."

Alzó Vega la alta frente,
y lo contempló un instante,
enseñando en el semblante
cierto hastío indiferente.
"Por fin –dijo fríamente
el recién llegado– estamos
juntos los dos, y encontramos
la ocasión, que estos provocan,
de saber cómo se chocan
las canciones que cantamos."

Así diciendo, enseñó
una guitarra en sus manos,
y en los raigones cercanos,
preludiamos, se sentó.
Vega, entonces, sonrió,
y al volverse al instrumento,
la morocha hasta su asiento
ya su guitarra traía
con un gesto que decía:
"La he besado hace un momento."

Juan Sin Ropa ("se llamaba
Juan sin Ropa el forastero")
comenzó por un ligero,
dulce acorde que encantaba.
Y con voz que modulaba
blandamente los sonidos,
cantó tristes nunca oídos,
cantó cielos no escuchados,

364

que llevaban, derramados,
la embriaguez a los sentidos.

Santos Vega oyó suspenso
al cantor; y toda inquieta
sintió su alma de poeta
con un aleteo inmenso.
Luego, en un preludio intenso,
hirió las cuerdas sonoras,
y cantó de las auroras
y las tardes pampeanas,
endechas americanas
más dulces que aquellas horas.

Al dar Vega fin al canto,
ya una triste noche oscura
desplegaba en la llanura
las tinieblas de su manto.
Juan Sin Ropa se alzó en tanto,
bajo el árbol se empinó,
un verde gajo tocó
y tembló la muchedumbre,
porque, echando roja lumbre,
aquel gajo se inflamó.

Chispearon sus miradas,
y torciendo el talle esbelto,
fue a sentarse, medio envuelto
por las rojas llamaradas.
¡Oh, qué voces levantadas
las que entonces se escucharon!
¡Cuántos ecos despertaron
en la Pampa misteriosa
a esa música grandiosa
que los vientos se llevaron!

Era aquella esa ocasión
que en el alma solo vibra,
modulada en cada fibra

secreta del corazón;
el orgullo, la ambición,
los más íntimos anhelos,
los desmayos y los vuelos
del espíritu genial,
que va, en pos del ideal,
como el cóndor a los cielos.

Era el grito poderoso
del progreso, dado al viento;
el solemne llamamiento
al combate más glorioso.
Era, en medio del reposo
de la Pampa ayer dormida,
la visión ennoblecida
del trabajo, antes no honrado;
la promesa del arado
que abre cauces a la vida.

Como en mágico espejismo,
al compás de ese concierto
mil ciudades el desierto
levantaba de sí mismo.
Y a la par que en el abismo
una edad se desmorona,
al conjuro, en la ancha zona
derramábase la Europa,
que sin duda Juan Sin Ropa
era la ciencia en persona.

Oyó Vega embebecido
aquel himno prodigioso,
e inclinando el rostro hermoso,
dijo: "Sé que me has vencido."
El semblante humedecido
por nobles gotas de llanto,
volvió a la joven, su encanto,
y en los ojos de su amada

clavó una larga mirada.
Y entonó su primer canto:

"Adiós, luz del alma mía;
adiós, flor de mis llanuras,
manantial de las dulzuras
que mi espíritu bebía;
adiós, mi única alegría,
dulce afán de mi existir;
Santos Vega se va a hundir
en lo inmenso de esos llanos...
¡Lo han vencido! ¡Llegó, hermanos,
el momento de morir!"

Aún sus lágrimas cayeron
en la guitarra copiosas,
y las cuerdas temblorosas
a cada gota gimieron;
pero súbito cundieron
del gajo ardiente las llamas,
y trocado entre las ramas
en serpiente, Juan Sin Ropa
arrojó de la alta copa
brillante lluvia de escamas.

Ni aun cenizas en el suelo
de Santos Vega quedaron,
y los años dispersaron
los testigos de aquel duelo;
pero un viejo y noble abuelo
así el cuento terminó:
"Y si cantando murió
aquel que vivió cantando,
fue –decía suspirando–
porque el diablo lo venció."

Basta y sobra

¿Tú piensas que te quiero por hermosa,
    por tu dulce mirar,
por tus mejillas de color de rosa?
Sí, por eso y por buena, nada más.

¿Que entregada a la música y las flores,
    No aprendes a danzar?
Pues me alegra, me alegra que lo ignores;
yo te quiero por buena, nada más.

¿Que tu ignorancia raya en lo sublime,
    de Atila y Gengis-Khan?
¡Qué muchacha tan ciega!... Pero, dime:
¿Si lo supieras, te querría más?

Bien se están con su ciencia los doctores:
    la tuya es el hogar;
los niños y la música y las flores,
bastan y sobran para amarte más.

ADELA ZAMUDIO
Bolivia: 1854-1928

Nace y pasa toda su vida –soltera– en el valle de Cochabamba. Escribe versos desde la adolescencia, usando a menudo el pseudónimo de 'Soledad'. Ejerce también las artes de la pintura, la música y la cerámica. Es persona rebelde, individualista y de fuerte carácter. Desde joven defiende los derechos de la mujer, con frecuencia de forma beligerante. En 1887 puede publicar en Buenos Aires sus *Ensayos poéticos* y es nombrada por el Presidente de la República socio del Círculo Literario de La Paz. Durante las revueltas políticas de 1898-99 organiza un puesto de socorro para los heridos. En 1900 opta por la enseñanza, única profesión disponible a las mujeres de la época. En 1901 funda una academia de pintura para mujeres y en 1906 la primera escuela fiscal de señoritas. La publicación de su poema "Quo Vadis" en ese mismo años causa un escándalo en la prensa y la alta sociedad de Cochabamba, por considerarse anticlerical. Por algunos años sirve de madre a unos sobrinos adolescentes, huérfanos a la muerte de su madre, hermana de Zamudio. Después vive sola en un apartamento de la ciudad. En 1913 es centro de la "controversia Zamudio" –como se dio en llamar el acontecimiento en Bolivia, controversia mantenida por espacio de meses en la prensa de las ciudades principales del país. En un artículo periódico Zamudio había defendido la supresión de la enseñanza religiosa en los establecimientos fiscales, atacando al mismo tiempo la hipocresía religiosa de la alta sociedad de Cochabamba. La novela que publica en ese mismo año, *Intimas*, queda bastante mal recibida por la escasa crítica que la considera. Su segundo volumen de poemas es entregado a la editorial bajo el título *Peregrinando*; sale como *Ráfagas* en París en 1914. En 1918 el Círculo de Bellas Artes de La Paz le ofrece un homenaje nacional, para el que Zamudio hace su primer y único viaje a la capital. En 1920 se establece en Cochabamba el primer Liceo de Señoritas y se le ofrece a Zamudio el puesto de directora, posición que mantendrá hasta 1926. En 1922 publica un artículo 'feminista': "La misión de la mujer" en el que considera que es el hombre que ha malogrado el destino de la mujer, y aboga por la emancipación económica de la mujer por medio del trabajo. En 1926 se celebra una coronación pública en Cochabamba, patrocinada por el

Presidente de la República. Escribe también varios cuentos, muchos inéditos a su muerte.

Adela Zamudio se negó conscientemente a aceptar la corriente modernista; su obra poética desarrolla a lo largo de su vida hacia un renovado romanticismo, y en su prosa hacia el realismo y el psicologismo.

Bibliografía breve:

Ensayos poéticos. Buenos Aires: Peuser, 1887.
Ráfagas (Poesías). París: Librería Paul Ollendorff, 1914 [23 poemas, incl. siete de la obra de 1887].
Guzmán, Augusto. *Adela Zamudio. Biografía de una mujer ilustre*. La Paz: Librería y Ed. Juventud, 1955.

Baile de máscaras[1]

La vida es un gran baile
   con antifaces,
en que todos los hombres
   usan disfraces;
   y en el que todos
se adornan de oropeles
   de varios modos.

Cada cual con el traje
   que en baile tiene,
el papel representa
   que le conviene.
   En él hay farsas,
enredos y aventuras
   entre comparsas.

---

[1]Textos de: *Ensayos poéticos*.

En él dan los poetas
    sus sinfonías
poblando los espacios
    de melodías;
    mas los poetas
también como los otros,
    llevan caretas.

Baile en que toma entrada
    todo el que nace,
y en que es imprescindible
    que se difrace;
    y en que bailando
las horas y los años
    pasan volando.

En el baile del mundo
    nuestra alegría
es traje deslumbrante
    de fantasía,
    con que cubrimos
la incógnita tristeza
    que reprimimos.

Y cuando entre las turbas
    enmascaradas
publica su contento
    con carcajadas,
    el hombre siente
un dolor en el alma
    que le desmiente.

Entonces, envidiando
    la dicha ajena,
devora ocultamente
    su acerba pena,
    y se figura
ser él solo quien sufre
    tal desventura.

¡Ay, si todos los hombres
se descubrieran!
¡Cuántos dolores, cuántos
se conocieran!
Cada careta
esconde alguna pena
grande y secreta.

Desde la edad primera,
la más lejana,
en que se dió a la escena
la historia humana,
toda la tierra
no es más que un gran teatro
que no se cierra.

Primavera

Después de la aridez y la tristeza
y del invierno pálido, inclemente,
hoy que ya vuelves, primavera ausente,
todo a tu aliento a revivir empieza.

Despierta la feraz naturaleza;
susurra el tibio y perfumado ambiente,
canta el ave, y el bosque nuevamente
se viste de su espléndida belleza.

Mas, de la vida en la estación helada,
¡jamás torna a venir la primavera,
jamás se ve lucir otra alborada!

¡Ah! ¡Si también la juventud volviera!
¡Si el alma de ilusiones despojada,
otra vez de ilusiones se vistiera!

Progreso

Hubo un tiempo de amor contemplativo
en que el saber, muy poco positivo,
confundiendo la tierra con los cielos,
ensalzaba las vírgenes modelos.

Y en que inspirándoles horror profundo
la realidad prosaica de este mundo,
las muchachas de quince primaveras
se arrobaban en místicas quimeras.

Pero desde que el hombre sabio y fuerte,
compadecido de su incierta suerte,
discute con profundos pareceres
la educación moral de las mujeres;

Desde que ha definido su destino,
no señalándole más que un camino,
y ni virtud ni utilidad concilia
sin la maternidad en la familia;

Ya saben ellas desde muy temprano
que amar un ideal es sueño vano,
que su único negocio es buscar novio
y quedar solterona el peor oprobio.

Ninguna ha de quedar chasqueada hoy día
por elegir −como antes sucedía−
que hoy ocupa el lugar de la inocencia
la prematura luz de la experiencia.

Hoy el amor, preciso es no hacer caso,
porque el amor es pobre y pide plazo,
y por salir cuanto antes del apuro,
se acepta lo más próximo y seguro.

De modo que todo hombre hoy al casarse
podrá con la certeza consolarse

de que –a no serlo suya– siempre fuera
su adorada mitad de otro cualquiera.

Peregrinando

I

Un sol de primavera
sobre una senda fácil y florida–
tal es el mundo al despertar –tal era
la jornada primera
del viaje de mi vida.
¡Aurora bendecida en que bastaba
para marchar serena
pensar que ser feliz, era ser buena!...
¡Ser feliz! ¡ser feliz! ¡móvil constante
que nos arrastra en el fatal camino!
¿Quién nos ha prevenido de antemano
que es éste el gran secreto del destino?

II

Yo también de mi lira destemplada,
las notas quejumbrosas
vengo a mezclar al mundanal concierto.
Un alma delicada,
entre esta multitud, se halla tan sola,
como pudiera estarlo en un desierto.
Soñar una región más elevada,
buscar un ideal, y resistirse
a festejar este sainete humano,
que danza sobre el fétido pantano;
fatigarse del aire nauseabundo
de este asqueroso mundo,
es ser maldito, odiado, escarnecido.
¡Ay de aquel que se aparte
de la infame algazara!...
¡Le arrojarán el cieno por la cara!

III

¡Cuántos hay que se agrupan a montones
   en la encantada orilla
del insondable mar de las pasiones!
En la noche de horror y desamparo
del que se lanza en ese rumbo incierto,
   raro será, muy raro,
quien llegue pronto a divisar un faro
   que le conduzca al puerto.
¡Cuántos llevan el seno hecho jirones
por la garra feroz del desencanto!
   ¡Gastados corazones,
lápidas de sus muertas ilusiones
   tal vez medio borradas
   con un raudal de llanto!
¡Qué horrible procesión la que acompaño!
Sus falsas carcajadas me hacen daño.
   Yo no puedo, no puedo
ponerme la careta del engaño
y hacer de esos dichosos un remedo.

IV

   En la cima de un monte solitario
   termina mi calvario:
sentándome en los bordes del sendero,
con la frente apoyada entre las manos,
gozar de paz unos instantes quiero.
Desde aquí vuelvo atrás con la mirada
y en un abismo de dolor me pierdo.
¡En las nubladas ondas del olvido
se despierta la voz desconsolada
   del ángel del recuerdo!
¡Ah! no es tan fácil como yo creía
idiotizar un alma resignada.
No es fácil afrontar por mucho tiempo,
   con faz siempre serena,

de un vacío sin término la pena
y de un truncado porvenir la nada.

V

Existe un misterioso sentimiento,
que en horas de despecho y desaliento,
hablaba en otro tiempo a mis oídos
como voz interior –"Espera, espera;
no juzgues de la historia de tu vida
sin llegar a la página postrera."
Ya es tiempo de llegar –voy trasponiendo
    la trabajosa cima;
ya se apaga la luz y el sol se esconde,
    la noche se aproxima.
Quiero llamar a la postrera puerta
donde sólo el silencio nos responde.
Tengo una horrible sed que me devora;
mi espíritu se baña desde ahora
en esa melancólica frescura:
¡Estoy ansiosa ya de tu reposo
    oh lecho delicioso,
    callada sepultura!

Nacer hombre

Ella, ¡qué trabajos pasa
por corregir la torpeza
de su esposo! y en la casa,
(permitidme que me asombre)
tan inepto como fatuo
sigue él siendo la cabeza,
    porque es hombre.

Si alguna versos escribe –
–"De alguno esos versos son
que ella sólo los suscribe";
(permitidme que me asombre.)

376

Si ese alguno no es poeta
¿por qué tal suposición?
    –Porque es hombre.

  Una mujer superior
en elecciones no vota,
y vota el pillo peor;
(permitidme que me asombre)
con sólo saber firmar
puede votar un idiota,
    porque es hombre.

  El se abate y bebe o juega
en un revés de la suerte;
ella sufre, lucha y ruega;
(permitidme que me asombre:)
ella se llama 'ser débil',
y él se apellida 'ser fuerte'
    porque es hombre.

  Ella debe perdonar
si su esposo le es infiel;
mas, él se puede vengar
(permitidme que me asombre)
en un caso semejante
hasta puede matar él
    porque es hombre.

   ¡Oh, mortal!
¡Oh mortal privilegiado,
que de perfecto y cabal
gozas seguro renombre!
para ello ¿qué te ha bastado?
    Nacer hombre.

JUAN ZORRILA DE SAN MARTÍN
Uruguay: 1855-1931

Nace en Montevideo de familia pudiente, católica; huérfano desde muy joven, es criado por la abuela materna. Se educa en colegios de jesuitas; va a Chile en 1873, donde se recibe de abogado. A la vuelta al Uruguay en 1878, se casa con Elvira Blanco Sierra, la novia que le esperaba, y publica su *Leyenda patria*, que le gana amplia fama. Es juez y profesor de literatura en la Universidad Nacional. Comienza a trabajar en *Tabaré* en 1879, escribiendo primero una versión de drama poético; sigue corrigiendo hasta publicar la versión definitiva en edición lujosa en París en 1888. Al oponerse al presidente Máximo Santos, tiene que exilarse y difícilmente llega a la Argentina, donde reside de 1885 hasta 1887, regresando viudo y con cinco hijos pequeños. Es Diputado en la Cámara hasta 1890. Desempeña varios cargos diplomáticos en Europa desde 1891, estableciéndose con su segunda esposa –hermana de la primera– en Madrid y luego en Francia y haciéndose conocer por varios discursos públicos sobre la historia del Uruguay y de Hispanoamérica. Cuando regresa al Uruguay en 1897, es nombrado a varios puestos altos en el gobierno. Muere con el renombre de 'poeta nacional'.

Durante su vida produjo Zorrilla de San Martín una extraordinaria cantidad y variedad de escritos (sus *Obras completas* cuentan 16 volúmenes): poesía, ensayo (sobre estética, filosofía, historia, asuntos contemporáneos), crónicas, cartas, discursos y conferencias. Su primer volumen de poesía, *Notas de un himno* (1877), sigue la línea de los románticos españoles Espronceda y Zorrilla; presente está ya la nota de entusiasmo y misterio que perdurará en toda su vida y producción literaria. Ganó fama por la recitación de su poema "La leyenda patria", en 1879, poema en diez secciones que canta los últimos años de la historia del Uruguay y que luego le tipificó ante el público.

En una Conferencia de 1896 pronuncia un interesante comentario con respecto al modernismo y el 'arte por el arte', el que, según Zorrilla, no significa sino "la belleza para la sensibilidad". Su declaración en favor de esta modalidad artística, sin embargo, no anula su concepto de que el arte "puede ponerse al servicio de una idea moral o científica ajena al arte mismo..." (I, 253-258). En otro discurso de ese mismo año, considera que el 'literato' en él no ha sido sino "un accidente de mi vida... una forma amiga que... se fue con mi juventud primera..." Declara tener más orgullo en su trabajo para la nación (II, 42) porque, como insistirá en 1920, la gloria humana es pasajera, pero la patria, "ella no pasa; ella es lo solo que tiene algo de eternidad en el tiempo" (III, 68).

En *Tabaré* –obra comenzada en 1879 y publicada en 1888, con edición definitiva en 1923–, es un intento de recuperación del pasado americano, y considerada su obra maestra. En ella se notan huellas del pensamiento de Rousseau y su concepto del 'noble salvaje'. Desecha la tradicional octava real de la épica en favor de estrofas de 4 versos de 7 y 11 sílabas asonantados (delatando rasgos bécquerianos), lo que ayuda a que el tono sea más elegíaco que épico. En su prólogo a la obra Zorrilla de San Martín reconoce a "las luces que le alumbraban": Dante, Shakespeare, Homero, Cervantes, Bécquer, Goethe, Schiller... Asimismo aquí pronuncia sus ideas sobre el arte, que "contribuye al mejoramiento social porque, por medio de él, el común de las gentes participa de la visión de los hombres excepcionales, y se eleva y ennoblece en la contemplación de aquello cuya existencia no conocería, si el poeta no le dijera..." Y prosigue: "El arte no es otra cosa que la reproducción sensible de la vida ideal. De ahí que... la sola fuente de belleza artística sea el pensamiento en que el bien se difunde y la verdad esplende; de ahí que... el poeta no puede decir mentiras." Y de ahí, agrega, "que la verdad, lo real en el arte, no esté en la forma, como lo eterno del hombre no está en el cuerpo."

La obra alcanzó gran fama y muchas traducciones y, aunque hoy se le atañe sus muchos defectos, sigue siendo una composición memorable que atrae por sus descripciones de la naturaleza y sus vivas imágenes y metáforas. En "El libreto de *Tabaré*," escrito a raíz de una petición por autorizar una adaptación a ópera de la obra, Zorrilla nota que considera que los elementos naturales, aun los que no sean de carne y hueso, son igualmente personajes y deben tener voz y cuerpo: "lo son tanto o más que Don Gonzalo y que Blanca, y tanto como el mismo Tabaré, su interlocutor; debe vérseles, no sólo oírseles, si se quiere transformar el poema en comedia divina..."

Bibliografía breve:

Conferencias y Discursos. Tomos 1-3. Montevideo: Impresora Nacional Colorada, 1930.

"El libreto de *Tabaré*". *Huerto cerrado* [1900]. Montevideo: Impresora Nacional Colorada, 1930. 171-186.

Obras escogidas. Ed., estudio preliminar y notas de Roberto Bula Píriz. Madrid: Aguilar, 1967.

Tabaré. México: Porrúa, 2a ed., 1973. [Existen numerosas otras ediciones].

Anderson-Imbert, Enrique. "La originalidad de Zorrilla de San Martín". *Crítica interna*. Madrid: Taurus, 1960. 137-162.

Anido, Naiade, "Tabaré: Mythe stigmatique de l'indigenisme uruguayen et réalité génétique dans la société 'rioplatense'". In C. Dumas, ed. *Culture et société en Espagne et en Amérique Latine aux XIXe siècle*. Lille: Centre d'Etudes Ibériques et Ibéroaméricaines de l'Université de Lille, III. 169-197.

Esquer Torres, R. "Juan Zorrilla de San Martín y Gustavo Adolfo Bécquer", *Revista de Filología Española* (Pamplona), 1971. 537-561.

Lazo, Raimundo. "Estudio crítico, Notas bibliográficas" a *Juan Zorrilla de San Martín, 'Tabaré'*. México: Porrúa, 2a ed., 1973. 9-31.

Zum Felde, A. "Prólogo" a *Juan Zorrilla de San Martín, 'Tabaré'*. Buenos Aires: Angel Estrada y Cía Eds., 1950. vii-xxxix.

La leyenda patria (1879)[1] [selecciones]

I

Es la voz de la Patria... Pide gloria...
Yo obedezco esa voz. A su llamado
    siento en el alma abiertos
los sepulcros que pueblan mi memoria;
y, en el sudario envuelto de la historia,
    levantarse sus muertos.

---

[1]Texto de: *Obras escogidas*.

Uno de ellos, recuerdo pavoroso
de un lustro aciago, se levanta impuro,
como visión que en un insomnio brota,
    del fondo nebuloso,
a la voz de un conjuro, y su flotante
negra veste talar mi frente azota.
¡Lustro de maldición, lustro sombrío!
Noche de esclavitud, de amargas horas,
sin perfumes, sin cantos, sin auroras,
vaga en la margen del paterno río...

    De los llorosos sauces
que el Uruguay retrata en su corriente
    cuelgan las arpas mudas,
¡Ay! las arpas de ayer, que, en himno ardiente,
himno de libertad, salmo infinito,
vibraron, al rodar sobre sus cuerdas
las auras de las Piedras y el Cerrito.
Hoy, la mano del cierzo deja en ellas
el flébil son de tímidas querellas.

Apenas si un recuerdo luminoso
    de un tiempo no distante,
    de un tiempo asaz glorioso,
tímido nace entre la sombra errante,
para entre ella morir, como esas llamas
que, alumbrando la faz de los sepulcros,
lívidas un instante fosforecen;
como esos lirios pálidos y yertos,
desmayados suspiros de los muertos
que, entre las grietas de las tumbas, crecen.

    La fuerte ciudadela,
baluarte del que fué Montevideo.
Desnuda ya del generoso arreo,
    entre las sombras vela
el verde airón de su imperial señora,
que, en las almenas al batir el aire,
    encarna macilenta,

la sombra vil de la paterna afrenta.
Todo mudo en redor... campos, ciudades...
    todo, apenas se agita,
y, del pecho en las negras soledades,
el patrio corazón ya no palpita.

X

    Todo acabó... Ya el mundo,
firme al novel batallador escucha
dictar sus leyes, y escribir su historia;
y al solio de los pueblos levanta,
que, aun cubierto del polvo de la lucha,
trepa el guerrero, con serena planta
la patria redención ya consumada,
exige el culto de sus hijos fieles,
en el altar del alma conservada.
Tú, a la sombra feliz de tus laureles,
    patria, patria adorada,
en tu tranquila tarde el presente,
de tus santos recuerdos al arrullo,
duerme ese sueño de los pueblos grandes,
    de paz y noble orgullo.
Rompa tu arado, de la madre tierra,
    el seno en que rebosa
la mies temprana, en la dorada espiga,
    y la siega abundosa
corone del labriego la fatiga.
Cante el yunque los salmos del trabajo;
muerda el cincel el alma de la roca,
del arte inoculándole el aliento.
Y, en el riel de la idea electrizado,
muera el espacio, y vibre el pensamiento.
En las viriles arpas de tus bardos,
palpiten las paternas tradiciones,
y despierten las tumbas a sus muertos,
a escuchar el honor de las canciones.
Y siempre piensa en que tu heroico suelo
no mide un palmo que valor no emane:

Pisas tumbas de héroes...
¡Ay del que las profane!
¡Protege, oh Dios, la tumba de los libres!
Protege a nuestra patria independiente,
    que inclina a Ti tan sólo,
sólo ante Ti, la coronada frente.

TABARE[1] [Selecciones]

INTRODUCCION

I

Levantaré la losa de una tumba;
    e, internándome en ella
encenderé en el fondo el pensamiento,
que alumbrará la soledad inmensa.

Dadme la lira, y vamos: la de hierro,
    la más pesada y negra;
esa, la de apoyarse en las rodillas,
y sostenerse con la mano trémula,

Mientras la azota el viento temeroso
    que silba en las tormentas,
y, al golpe del granizo restallando,
sus acordes difunde en las tinieblas;

La de cantar, sentado entre las ruinas,
    como el ave agorera;
la que, arrojada al fondo del abismo,
del fondo del abismo nos contesta.

Al desgranarse las potentes notas
    de sus heridas cuerdas,

---

[1]Textos de: *Tabaré*. Ed. Porrúa, 1973.

despertarán los ecos que han dormido
sueño de siglos en la obscura huesa;

Y formarán la estrofa que revele
   lo que la muerte piensa:
Resurreccíon de voces extinguidas,
extraño acorde que en mi mente suena.

II

Vosotros, los que amáis los imposibles;
los que vivís la vida de la idea;
los que sabéis de ignotas muchedumbres,
que los espacios infinitos pueblan,

....

Seguidme, hasta saber de esas historias
que el mar, y el cielo, y el dolor nos cuentan;
que narran el ombú de nuestras lomas,
el verde canelón de las riberas,

La palma centenaria, el camalote,
el ñandubay, los talas y las ceibas:
la historia de la sangre de un desierto,
la triste historia de una raza muerta.

Y vosotros aún más, bardos amigos,
trovadores galanos de mi tierra,
vírgenes de mi patria y de mi raza,
que templáis el laúd de los poetas;

Seguidme juntos, a escuchar las notas
de una elegía, que, en la patria nuestra,
el bosque entona, cuando queda solo,
y todo duerme entre sus ramas quietas;

Crecen laureles, hijos de la noche,
que esperan liras, para asirse a ellas,
allá en la obscuridad, en que aún palpita
el grito del desierto y de la selva.

III

....

Y así cuajó en mi mente obedeciendo
   a una atracción secreta,
y entre risas, y llantos y alaridos,
se alzó la sombra de la raza muerta:

De aquella raza que pasó, desnuda
   y errante, por mi tierra,
como el eco de un ruego no escuchado,
que, camino del cielo, el viento lleva.

....

LIBRO PRIMERO
Canto primero

I

El Uruguay y el Plata
vivían su salvaje primavera;
la sonrisa de Dios, de que nacieron,
aún palpita en las aguas y en las selvas;

   Aún viste el espinillo
su amarillo tipoy; aún en la yerba
engendra los vapores temblorosos,
y a la calandria en el ombú despierta;

   Aún dibuja misterios
en el mburucuyá de las riberas,

anuncia el día, y, por la tarde, enciende
su último beso en la primera estrella;

Aún alienta en el viento
que cimbra blandamente las palmeras,
que remece los juncos de la orilla,
y las hebras del sauce balancea;

Y hasta el río dormido
baja, en el rayo de las lunas llenas,
para enhebrar diamantes en las olas,
y resbalar y retorcerse en ellas.

II

Serpiente azul, de escamas luminosas,
que, sin dejar sus ignoradas cuevas,
se enrosca entre las islas, y se arrastra
sobre el regazo virgen de la América,

El Uruguay arranca a las montañas
los troncos de sus ceibas,
que, entre espumas y grandes camalotes,
al "río como mar" y al mar entrega.

El himno de sus olas
resbala melodioso en sus arenas,
mezclando sus solemnes pensamientos
con el del blando acorde de la selva;

Y al grito temeroso
que lanzan en los aires sus tormentas,
contesta el grito de una raza humana,
que aparece desnuda en las riberas.

Es la raza charrúa,
de la que el nombre apenas
han guardado las ondas y los bosques,
para que evoque el alma de un poema;

Nombre que aún reproduce
la tempestad lejana, que se acerca
formando los fanales del relámpago
con las pesadas nubes cenicientas.

Es la raza indomable,
    que alentó en esta tierra,
patria de los amores y las glorias,
que al Uruguay y al Plata se recuesta;

La patria, cuyo nombre
es canción en el arpa del poeta,
grito en el corazón, luz en la aurora,
fuego en la vida, y en el cielo estrella.

....

Canto segundo

I

¡Cayó la flor al río!
Los temblorosos círculos concéntricos
balancearon los verdes camalotes,
y en el silencio del juncal murieron.

Las aguas se han cerrado;
las algas despertaron de su sueño,
y la flor abrazaron, que moría,
falta de luz, en el profundo légamo...

Las grietas del sepulcro
han engendrado un lirio amarillento;
tiene el perfume de la flor caída,
su misma palidez... ¡La flor ha muerto!

Así el himno sonaba
    de los lejanos ecos;

así cantaba el urutí en las ceibas,
y se quejaba en el sauzal el viento.

II

Siempre llorar la vieron los charrúas:
   siempre mirar al cielo,
y más allá... Miraba lo invisible,
con los ojos azules y serenos.

el cacique a su lado está tendido;
   lo domina el misterio.
Hay luz en la mirada de la esclava,
luz que alumbra sus lágrimas de fuego,

   Y ahuyentan al indio, al derramar en ellas
   ese blanco reflejo
de que se forma el nimbo de los mártires,
la diáfana sonrisa de los cielos.

   Siempre llorar la vieron los charrúas,
   y así pasaba el tiempo.
Vedla sola en la playa. En esa lágrima
rueda por sus mejillas un recuerdo.

Sus labios las sonrisas olvidaron.
   Sólo salen de entre ellos
las plegarias, vestidas de elegías,
como coros de vírgenes de un templo.

III

Un niño llora. Sus vagidos se oyen,
   del bosque en el secreto,
unidos a las voces de los pájaros
que cantan en las ramas de los ceibos.

Le llaman Tabaré. Nació una noche,
   bajo el obscuro techo

en que el indio guardaba a la cautiva
a quien el niño exprime el blanco seno.

Le llaman Tabaré. Nació en el bosque
    de Caracé el guerrero:
ha brotado, en las grietas del sepulcro,
    un lirio amarillento.

Risa de mi dolor, hijo del alma,
    alma de mis recuerdos,
lo llamaba gimiendo la cautiva
al apretarlo en su calor materno,

Y al entonar los cánticos cristianos
    para arrullar su sueño;
los cantos de Belén, que al fin escucha
la soledad callada del desierto.

....

IX

Cayó la flor al río.
Se ha marchitado, ha muerto.
Ha brotado, en las grietas del sepulcro,
    un lirio amarillento.

La madre ya ha sentido
    mucho frío en los huesos;
la madre tiene, en torno de los ojos,
    amoratado cerco;

Y en el alma la angustia,
    y el temblor en los miembros,
y en los brazos el niño que sonríe,
    y en los labios el ruego.

Duerme, hijo mío. Mira: entre las ramas
    está dormido el viento;

el tigre en el flotante camalote,
y en el nido los pájaros pequeños...

Los párpados del niño se cerraban.
   Las sonrisas entre ellos
asomaban apenas, como asoman
las últimas estrellas a lo lejos.

Los párpados caían de la madre,
   que, con esfuerzo lento,
pugnaba en vano porque no llegaran
de su pupila el agrandado hueco.

Pugnaba por mirar al indio niño
   una vez más al menos;
pero el niño, para ella, poco a poco,
en un nimbo sutil se iba perdiendo.

....

LIBRO SEGUNDO
Canto Segundo

X
[Se dirige Blanca a su hermano:]

–¿Quién es, Gonzalo, ese indio que trajiste,
   el de la frente pálida,
que me miró de un modo tan extraño
cuando venía entre tus hombres de armas?

¿Está enfermo? ¿Qué tiene?
   ¡Me ha dado tanta lástima!
   ¿Qué tiene en esos ojos?
¿Qué harás con él? ¿Quién es? ¿Cómo se llama?

–¿Lo sé yo acaso? Ese hombre es un misterio,
   todo misterio, Blanca.

Al cruzar aquel bosque, lo encontramos
en actitud de duelo o de plegaria.

Y es el mismo, lo es, estoy seguro,
    que he visto, en las batallas,
reír con el peligro y con la muerte,
bravo como el aliento de su raza.

    ¡Y qué! ¿Tiene algún crimen?
¿No lucha por su hogar y por su patria?
¿No defiende la tierra en que ha nacido,
la libertad que el español le arranca?

    Cuando a él nos llegamos,
no sintió nuestros pasos a su espalda,
ni demostró sorpresa, al verse solo,
rodeado de arcabuces y de adargas.

    Tendrá el pueblo por cárcel...
    El ha de respetarla.
Yo probaré, en ese hombre, si se encuentra
capaz de redención su heroica raza.

    ¡Qué! ¿Sólo duelo y muerte
ha de obtener América de España?
¡La sangre de esos hijos del desierto,
más que el orín, deslustra nuestras armas!

    —Gonzalo, no te olvides
de la española sangre derramada,
le dijo doña Luz; esos salvajes
hombres no son; la redención cristiana

    No alcanza a redimirlos,
pues para ellos no fue: no tienen alma;
nos son hijos de Adán, no son, Gonzalo;
esta estirpe feroz no es raza humana.

....

LIBRO TERCERO
Canto Primero

III

....

Tabaré escucha. En el profundo hueco
   de sus ojos inmóviles,
introduce los dedos del delirio,
que atruena su cabeza con sus voces.

Y ora fugaces, y ora persistentes,
   comenzaron entonces
a hablar, y cobrar vida, los espacios,
la tierra, el aire, el corazón del bosque.

IV

Y, a los pies del charrúa,
   la tierra daba gritos.
Retorcían los árboles sus troncos,
como animados de un airado espíritu.

–¡El genio de la tierra
ha de morder tus pies, con los colmillos
de sus víboras negras, que se arrastran
silbando como el viento! ¡No eres indio!

¡Pasa! ¿Por qué me huellas?
La sangre brota de tus pies heridos,
¿Por qué me manchas? De tu sangre, nacen
malas serpientes, negros cocodrilos.

¡No te detengas! ¡Huye!
Aquí en mi seno no hallarás abrigo:
Ya, para ti, la patria es un recuerdo.
¿No te sientes llamar? Eres tú mismo.

Tabaré oyó la voz, cual si brotara
de las grietas del suelo removido;
    lejanas muchedumbres
a sus pies agitaban el vacío;

    Crujían las raíces de los árboles,
        como si extraño fluido
las retorciera, al circular en ellas,
dándoles movimientos convulsivos.

....

    Y, del añoso ceibo,
cayó, voletando en animados giros,
una hoja seca, que miró al charrúa,
que a su vez la miraba. Y ella dijo:

    —Yo rodaré a tus pies ensangrentados,
        realidad de mi símbolo;
el viento me ha arrancado de mi rama;
a ti te empuja el viento del destino.

    Yo vivo con la vida de tu estirpe,
        con tu fiebre palpito;
y un polvo, y el polvo de tus huesos,
van a formar el légamo del río.

    Vamos, charrúa; sígueme, salvaje.
        Nos llama el torbellino.
Tus lunas han pasado; el sueño negro
anda en tus venas, derramando frío.

    Te vuelca el suelo. ¿No lo sientes? Vente;
        vente, sigue conmigo.
¿No sientes el aliento de otra raza,
que te sopla del suelo en que han nacido?

    Es la raza de vírgenes tan pálidas
        como la flor del lirio;

393

hermosa cual la Luna, cuando se hunde
entre las aguas trémulas del río;

Y tienen luz de aurora en la mirada,
    y sus ojos tranquilos
miran con odio al indio de los bosques,
    y le llaman maldito.

....

Canto Sexto

XI

Cuando al fondo del soto
el anciano llegó con los guerreros,
Tabaré, con el pecho atravesado,
yacía inmóvil, en su sangre envuelto.

La espada del hidalgo
goteaba sangre que regaba el suelo;
Blanca lanzaba clamorosos gritos...
Tabaré no se oía... Del aliento

De su vida quedaba
un estertor apenas, que sus miembros
extendidos en tierra recorría,
y que en breve cesó... Pálido, trémulo,

Inmóvil, don Gonzalo,
que aún oprimía el sanguinoso acero,
miraba a Blanca, que, poblando el aire
de gritos de dolor, contra su seno

Estrechaba al charrúa,
que dulce la miró, pero de nuevo
tristemente cerró, para no abrirlos,
los apagados ojos en silencio.

El indio oyó su nombre,
al derrumbarse en el instante eterno.
Blanca, desde la Tierra, lo llamaba;
lo llamaba, por fin, pero de lejos...

Ya Tabaré, a los hombres,
ese postrer ensueño
no contará jamás... Está callado,
callado para siempre, como el tiempo,

Como su raza,
como el desierto,
como tumba que el muerto ha abandonado.
¡Boca sin lengua, eternidad sin cielo!

....

BIBLIOGRAFÍAS[1]

I. Antologías de poesía hispanoamericana:

de Albareda, Ginés y Francisco Garfias. *Antología de la poesía hispanoamericana. Argentina.* Madrid: Biblioteca Nueva, 1959 [Este volumen, así como los demás en esta serie, presenta selecciones de los autores nacionales, desde la colonia hasta el siglo XX].

---. *Antología de la poesía hispanoamericana. Colombia.* Madrid: Biblioteca Nueva, 1957.

---. *Antología de la poesía hispanoamericana. México.* Madrid: Biblioteca Nueva, s.f.

---. *Antología de la poesía hispanoamericana. Perú.* Madrid: Biblioteca Nueva, 1963.

Anderson-Imbert, Enrique, y E. Florit. *Literatura hispanoamericana. Antología e introducción histórica.* 1960. 2 vols. 2a ed. New York: Holt Rinehart Winston, 1970.

Antología de la poesía hispanoamericana. Selección y prólogo de M. Menéndez y Pelayo. Madrid: Real Academia Española, 1893-1895.

Becco, Horacio Jorge. *Poesía gauchesca.* Madrid: Aguilar, 1972 [cita las obras en su totalidad; incl. a Gutiérrez, Mitre, Echeverría, Obligado].

Blasi Brambilla, A.B. *Antología de la poesía hispanoamericana. La Independencia.* Introd., notas y vocabulario. Buenos Aires: Huemul, 1967. [Incluye selecciones breves de Heredia, Plácido, J.E. Caro, Althaus, Zorrilla de San Martín].

---

[1]No se repiten aquí los trabajos que aparecen en la selección de textos dedicados a los autores.

Borges, Jorge Luis y Adolfo Bioy Casares. *Poesía gauchesca*. 2 vols. México: Fondo de Cultura Económica, 1955 [excl. a Echeverría, Mitre y Obligado por ser poetas 'cultos'; cita las obras en su totalidad].

Caillet-Bois, Julio. *Antología de la poesía hispanoamericana*. Madrid: Aguilar, 1958 [páginas 187-671; antología muy completa de todos los países y épocas; presenta breves selecciones de muchos autores; cita los poemas en su totalidad, menos los muy extensos].

Campa, Antonio de la, y Raquel Chang-Rodríguez. Selección, estudio y notas. *Poesía hispanoamericana colonial. Historia y antología*. Madrid: Alhambra, 1985. [Muy útil; es de las pocas antologías que provee datos y selecciones sobre la poesía del período anterior al romántico].

Carilla, E. *Poesía de la Independencia*. Compilación, prólogo, notas y cronología. Caracas: Ayacucho, 1979. [Presenta la poesía del primer cuarto del siglo XIX; útil ensayo introductorio; incluye a Heredia y Bello].

Castillo, Homero. *Antología de poetas modernistas hispanoamericanos*. New York: Blaisdell, 1966. [Util en cuanto contextualiza la poesía romántica en su proyección posterior].

Ferro, Hellén. *Antología comentada de la poesía hispanoamericana. Tendencias - Temas - Evolución*. New York: Las Américas, 1965 [A pesar de su título, incluye muy pocos poetas de las épocas anteriores al modernismo; algunas selecciones de Bello, Pombo, Obligado, Hidalgo].

Hespelt, Herman (ed.) *An Anthology of Spanish American Literature*. Prepared under the Auspices of the Instituto Internacional de Literatura Iberoamericana. 1946. 2a ed. New York: Appleton-Century-Crofts, 1968. [Texto pedagógico, introducción y presentación en inglés, incluye solamente selecciones breves; es texto muy completo en la selección de autores presentados].

Martínez, José Luis (Prólogo) y Alí Chumacero (selección). *Poesía romántica*. México: Eds. de la Universidad Nacional Autónoma, 1941 [antología de la poesía romántica mexicana].

Millán, María del Carmen. *Poesía romántica mexicana*. México: Libro Mex Editores, 1957 [prólogo y selección].

Pacheco, José Emilio. *La poesía mexicana del siglo XIX. Antología*. México: Empresas Editoriales, 1965. [Introducción, notas biográficas sobre autores, breves selecciones].

Panero, Leopoldo. *Antología de la poesía hispanoamericana. Desde sus comienzos hasta Rubén Darío*. Tomo I. Madrid: Editora Nacional, 1944 [prólogo; breves selecciones, incluyendo a unos 40 poetas del romanticismo].

Santiago, José Alberto. *Antología de la poesía argentina*. Madrid: Ediciones Nacional, 1973. [Bastante completo en las selecciones; no presenta en su totalidad los poemas largos].

Silva Castro, Raúl. *Antología crítica del modernismo hispanoamericano*. New York: Las Américas, 1963. [Util en cuanto contextualiza la poesía romántica en su proyección posterior].

Vintier, Cintio. *Los grandes románticos cubanos. Antología*. La Habana: Eds. La Tertulia, 1960. [incl. a Heredia, Gómez de Avellaneda, Valdés].

II. Sobre poesía del romanticismo de Hispanoamérica[1]

Anderson-Imbert, Enrique. *Historia de la literatura hispanoamericana. Tomo I. La colonia. Cien años de república*. 1954. 2a ed., 6a reimpresión. México: Fondo de Cultura Económica, 1987.

---

[1]También las obras de Giusti y de Oyuela; ver bibliografía presentada para Rafael Obligado.

Ara, Guillermo. *La poesía gauchesca*. Buenos Aires: CEAL, 1967.

Arrieta, Rafael A. (Dir.) *Historia de la literatura argentina*. Tomos II y III. Buenos Aires: Eds Peuser, 1958 y 1959 resp.

Borello, Rodolfo A. "La poesía gauchesca," en Madrigal, 345ss; ver **Bibliografía III**.

Borges, Jorge Luis. *Aspectos de la literatura gauchesca*. Montevideo: Número, 1950.

Carilla, Emilio. *El romanticismo en la América Hispánica*. 1957. 2 vols. 2a ed. revisada y ampliada. Madrid: Gredos, 1967. [el libro fundamental sobre romanticismo en Hispanoamérica]

---. "La lírica del 80". *Simposio Internacional de Lengua y Literaturas Hispánicas*. Bahía Blanca: Universidad Nacional del Sur, 1980. 49-69. [Sobre la segunda generación romántica argentina]

Dauster, Frank. *Breve historia de la poesía mexicana*. México: Eds. de Andrea, 1956. "De la independencia al modernismo. Románticos y clásicos." 67-98.

Fernández, Teodosio. *La poesía hispanoamericana (Hasta el final del modernismo)*. Madrid: Taurus, 1989. "El romanticismo," págs. 53-67; "La poesía gauchesca", págs. 68-77. [Breve discusión de corrientes y poetas; incl. a Heredia en la época neoclásica].

Ferro, Hellén. *Historia de la poesía hispanoamericana*. New York: Las Américas, 1964.

Forster, Merlin H. *Historia de la poesía hispanoamericana*. Clear Creek, Ind.: The American Hispanist, 1981. ("El romanticismo [1835-1880], págs. 49-69).

Franco, Jean. *Historia de la literatura hispanoamericana . A partir de la Independencia*. 1973. Ed. revisada y puesta al día. Barcelona: Seix Barral, 7a ed., 1987.

Historia de la literatura argentina. Vol. I. Buenos Aires: CEAL, 1980.

Menéndez y Pelayo, M. *Historia de la poesía hispanoamericana.* 2 Vols. Madrid: Librería General de Victoriano Suárez, 1911, 1913. [Reeditado en *Obras completas,* Vols. 27 y 28. Madrid: CSIC, 1948].

Orjuela, Héctor H. "La poesía romántica colombiana", en *La obra poética de Rafael Pombo.* Bogotá: Publicaciones del Instituto Caro y Cuervo, 1975. 15-59.

Pagés Larraya, Antonio, "Santos Vega, mito de la pampa", *Revista Iberoamericana,* 40 (1955): 213-224.

Paz, Octavio. "¿Poesía latinoamericana?" *El signo y el garabato.* 1973. 2a ed. México: Joaquín Mortiz, 1986. 153-165.

Rela, Walter. *El mito Santos Vega.* 1958. Montevideo: Ed. Ciudad Vieja, 3a ed. 1966. "Origen, evolución y variantes del mito", págs. 5-17.

Rivera Rodas, Oscar. *La poesía hispanoamericana del siglo XIX (Del romanticismo al modernismo).* Madrid: Alhambra, 1988.

Roggiano, Alfredo, "La poesía decimonónica", en Madrigal, ver **Bibliografía III.** 277-288.

Sarlo Sabajanes, B. *Capítulo; la historia de la literatura argentina,* Buenos Aires: CEAL, 1967-68, # 17.

Tiscornia, Eleuterio. *Poetas gauchescos. Hidalgo, Ascasubi, Del Campo.* Edición con estudio. Buenos Aires: Losada, 1940.

Torres Caicedo, J.M. *Ensayos biográficos y de crítica literaria.* 3 tomos. París: Librería de Guillaume y Cía Eds. 1863. [Breve biografía y discusión de muchas figuras literarias contemporáneas]

Weinberg, F. "Una etapa poco conocida de la poesía gauchesca", *Revista iberoamericana,* 87-88, abril-sep. 1974: 353-391.

III. Obras generales[1]

Andreu, Jean. "Le projet libéral et la recherche d'une culture nationale en Argentine au XIXe siècle". Claude Dumas (ed.) *Nationalisme et littérature en Espagne et en Amérique Latine au XIXe siècle.* Lille: Université de Lille, 1982. 197-216.

Carrera Andrade, Jorge. "Poesía y sociedad en Hispanoamérica", *Revista Iberoamericana*, 78 (enero-mayo 1972): 31-45.

---. "Spanish American Originality", en *Reflections on Spanish American Poetry.* Transl. Don C. Bliss & Gabriela de C. Bliss. Albany: State Univ. of N.Y. Press, 1973: 1-20 [vol. también incluye el artículo sobre "Poesía y sociedad", traducido al inglés].

Garrido Pallardó, F. *Los orígenes del romanticismo.* Barcelona: Labor, 1968.

Gómez Martínez, J.L. "Pensamiento hispanoamericano del siglo XIX". En Madrigal, q.v. 399-414.

Gutiérrez Girardot, R. "Tesis para una sociología de la literatura hispanoamericana". *Literatura de la emancipación hispanoamericana y otros ensayos.* Memoria del XV Congreso del Instituto de Literatura hispanoamericana (1971). Lima, 1972. 108-113.

Henríquez Ureña, Pedro. "El descontento y la promesa". 1928. En *Seis ensayos en busca de nuestra expresión. Obra crítica.* México, FCE, 1960. 241-253.

---. *Las corrientes literarias en la América Hispánica.* 1945 (en inglés). México: Fondo de Cultura Económica, 3a reimpr. 1969.

---

[1]También ver los trabajos de Echeverría, Gutiérrez, J.E. Caro, M.A. Caro, Palma y Altamirano, anotados en la sección referente al poeta en cuestión.

Jitrik, Noé. "Soledad y urbanidad. Ensayo sobre la adaptación del romanticismo en la Argentina". *Ensayos de literatura argentina*. Buenos Aires: Ed. Galena, 1970. 139-178.

Kahiluoto Rudat, Eva. "From Enlightenment to Romanticism in Spanish America: An Aesthetic Approach." *Hispanic Journal* (Indiana U.). Fall 2(1): 1-16.

Madrigal, Luis Iñigo (Coordinador). *Historia de la literatura hispanoamericana. Tomo II. Del neoclasicismo al modernismo*. Madrid: Cátedra, 1987.

Navarro, T. *Métrica española. Reseña histórica y descriptiva*. La Habana: Instituto del Libro, 1968.

Quilis, Antonio. *Métrica española*. 2a ed. Madrid: Alcalá, 1973.

Rivero, Eliane. "Reflexiones para una nueva poética: la lírica hispanoamericana y su estudio". *Actas del 6o Congreso Internacional de Hispanistas*, [1977]. Toronto: University of Toronto, 1980. 601-605.

Rodó, J.E., "El americanismo literario". 1895. *Obras completas*. Madrid: Aguilar, 1957. 767-789.

Roggiano, A. "Proposiciones para una revisión del Romanticismo argentino", *Revista Iberoamericana*. 90 (ene-mar. 1975), 69-77.

Rojas Mix, Miguel, "La cultura hispanoamericana del siglo XIX", en Madrigal, q.v. 55-74.

Schnelle, Kurt. "Problemas de relación escritor-sociedad en el siglo XIX hispanoamericano. *Literatura de la emancipación y otros ensayos*. Memoria del XV Congreso del Instituto de Literatura hispanoamericana (1971). Lima, 1972. 102-107.

Van Oss, Adrian C. "La América decimonónica," en Madrigal, q.v. 11-53.

Vidal, Hernán. "Romanticismo hispanoamericano". *Literatura hispanoamericana e ideología liberal: surgimiento y crisis*. Buenos Aires: Ediciones Hispamérica, 1976. 29-64.

ÍNDICES

I. POETAS AGRUPADOS POR PAÍS Y CRONOLÓGICAMENTE

pág.

404

II. ÍNDICE ALFABÉTICO DE AUTORES INCLUIDOS

pág.

INTRODUCCIÓN E HISTORIA DE LA FILOSOFÍA,
Humberto Piñera Llera
LA ESTRELLA DE SEVILLA, Lope de Vega
edición de Richard A. Picerno
PSICOLOGÍA: CURSO BÁSICO,
Darío Casado
EL CRECIMIENTO DE LAS EMPRESAS EN LOS ESTADOS UNIDOS Y
LA AMÉRICA LATINA,
G. Hugo Vivó
PUERTO RICO: CUNA Y FORJA,
Edilberto Marbán
20 CUENTOS (texto de lecturas),
Ana Lucía Jaramillo
MEDIEVAL SPANISH EJEMPLA: A STUDY OF SELECTED TALES FR
"CALILA Y DIMMA", "EL LIBRO DE LOS ENGAÑOS DE LAS MUJERES" A
THE "LIBRO DE LOS EXEMPLOS POR A.B.C.",
Richard A. Picerno
PERFIL Y AVENTURA DEL HOMBRE EN LA HISTORIA,
Octavio R. Costa
120 CHARLAS DE SOBREMESA,
Ana Lucía Jaramillo
LA MAESTRA NORMAL, Manuel Gálvez
(edición crítica de Myron I. Lichtblau
SE COSECHA LO QUE SIEMBRA,
Ana Lucía Jaramillo

LA OBRA NARRATIVA DE CARLOS MONTENEGRO, Enrique J. Pujals
FEMENISMO ANTE EL FRANQUISMO, Linda G. Levine & Gloria F. Waldman
LO CHINO EN EL HABLA CUBANA, Beatriz Varela,
HISTORIA DE LA LITERATURA CATALANA, Juan V. Solanas
ANÁLISIS E INTERPRETACIÓN DE DON JUAN DE CASTRO DE
LOPE DE VEGA, Antonio González
LEZAMA LIMA: PEREGRINO INMÓVIL,
Alvaro de Villa y José Sánchez-Boudy
NUEVAS TENDENCIAS EN EL TEATRO ESPAÑOL (NATELLA-NIEVA Y
RUIBAL)., Anje C. Van der Naald
EL MUNDO DE MACONDO EN LA OBRA DE GABRIEL GARCÍA MÁRQUEZ,
Olga Carrera González
LA PROBLEMÁTICA PSICO-SOCIAL Y SU CORRELACIÓN LINGÜÍSTICA EN
LAS NOVELAS DE JORGE ICAZA,, Anthony J. Vetrano
LA TEMÁTICA NARRATIVA DE SEVERO SARDUY, José Sánchez-Boudy
THE STRUCTURE OF THE ROMAN DE THEBES, Mary Paschal
JULIÁN DEL CASAL, ESTUDIOS CRÍTICOS SOBRE SU OBRA,
Varios autores
ÍNDICE BIBLIOGRÁFICO DE AUTORES CUBANOS (DIÁSPORA 1959-1979).
José B. Fernández,
CARMEN CONDE Y EL MAR/CARMEN CONDE AND THE SEA,
Josefina Inclán
ORÍGENES DEL COSTUMBRISMO ÉTICO SOCIAL. ADDISON Y STEELE:
ANTECEDENTES DEL ARTÍCULO COSTUMBRISTA ESPAÑOL Y
ARGENTINO., Gioconda Marún
JUEGOS SICOLÓGICOS EN LA NARRATIVA DE MARIO VARGAS LLOSA,
María L. Rodríguez Lee
LA NARRATIVA DE LUIS MARTÍN SANTOS A LA LUZ DE LA PSICOLOGÍA,
Esperanza G. Saludes
NUEVAS PERSPECTIVAS SOBRE LA GENERACIÓN DEL 27,
Héctor R.Romero
LA DECADENCIA DE LA FAMILIA ARISTOCRÁTICA Y SU REFLEJO EN LA
NOVELA ESPAÑOLA MODERNA,, Heriberto del Porto
EL BOSQUE INDOMADO...DONDE CHILLA EL OBSCENO PÁJARO DE LA
NOCHE, Josefina A. Pujals
EL INDIO PAMPERO EN LA LITERATURA GAUCHESCA,
Conrado Almiñaque
LA CRÍTICA LITERARIA EN LA OBRA DE GABRIELA MISTRAL,
Onilda A. Jiménez
LA NARRATIVA DE JOSÉ SÁNCHEZ-BOUDY (TRAGEDIA Y FOLKLORE)
Laurentino Suárez